Michael Poliza, Jahrgang 1958, hat sich nach Schule in Hamburg und Informatikstudium in den USA mit 22 selbstständig gemacht und zwei Computerfirmen aufgebaut. Mit 30 verkaufte er die Unternehmen, entdeckte die Fotografie und Filmerei und entwickelte die Idee zu einer 1000-Tage-Reise um die Welt.

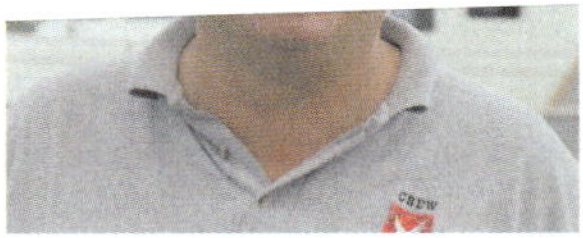

Er gewann für sein Projekt das *stern*-Magazin und namhafte Sponsoren, die in der Reise auch eine technologische Herausforderung sahen.

Peter Sandmeyer, promovierter Kulturwissenschaftler und passionierter Hobby-Seemann, arbeitet seit 20 Jahren als Reporter für den *stern*. Er begleitete Bau und Stapellauf der »Starship« in den USA, fuhr mit dem Schiff zu den Trobriand-Inseln in Papua-Neuguinea, folgte der letzten Reise Magellans zu den Philippinen und umrundete mit dem Schiff das stürmische Kap der Guten Hoffnung.

Mit einem Team der Redaktion recherchierte er Themen auf der Route, koordinierte den Einsatz der Reporter und stellte die Beiträge für dieses Buch zusammen.

Die Deutsche Bibliothek – CIP-Einheitsaufnahme
Ein Titeldatensatz für die Publikation ist bei
Der Deutschen Bibliothek erhältlich.

Ein Buch der Partner stern und Frederking & Thaler

1. Auflage November 2004, erstmals im Taschenbuch

Herausgeber: Michael Poliza und Peter Sandmeyer
Texte: Reimer Eilers, Wilfried Erdmann, Rainer Fabian, Teja Fiedler,
Cornelia Fuchs, Uli Hauser, Wolfgang Metzner, Michael Poliza, Dörte Rehren,
Wolfgang Röhl, Peter Sandmeyer, Gerd Schuster, Klaus Thews,
Hans-Christof Wächter, Jan Christoph Wiechmann
Fotos Umschlag: Michael Poliza und Obi Oberholzer
Fotos Innenteil: siehe Bildnachweis S. 382
Positionskarte: Microsoft Encarta TM
Reproduktion: Lorenz & Zeller, Inning a. A.
Umschlaggestaltung: Dorkenwald Grafik-Design, München
Herstellung: Caroline Sieveking, München
Druck und Bindung: Ebner & Spiegel, Ulm
Printed in Germany

ISBN 3-89405-237-6
www.frederking-thaler.de

Das Papier wurde aus chlorfrei gebleichtem Zellstoff hergestellt.

MICHAEL POLIZA
PETER SANDMEYER

DIE REISE DER »STARSHIP«

In 1000 Tagen um die Welt

SIERRA
BEI FREDERKING & THALER

Inhalt

Irenäus Eibl-Eibesfeldt 1975 bei den Eipo im Hochland von Neuguinea.

Die Verlockung der Ferne

VON IRENÄUS EIBL-EIBESFELDT

Irenäus Eibl-Eibesfeldt ist Evolutions-Biologe und Gründer der Forschungsstelle für Humanethologie der Max-Planck-Gesellschaft

Reiseberichte fesseln uns auf besondere Weise. Sie verleihen unserem Geist Flügel, erwecken schlummernde, doch stets vorhandene Wünsche, und sie erweitern mit ihren Schilderungen unseren Horizont. Und waren wir einmal selbst auf Reisen, dann wird die eigene Erfahrung zum Schlüssel, der es uns erlaubt, die Berichte anderer nachzuvollziehen. Dann reisen wir mit dem Berichterstatter, und seine Bilder erwachen in uns zu neuem Leben.

Aber worin besteht der Anreiz des Neuen, was drängt uns in die Ferne? Nehmen wir nicht unnötig Risiken auf uns, wenn wir auf die hohen Tafelberge in den Regenwäldern Venezuelas klettern oder uns durch das unwegsame Hochland Neuguineas schlagen? Was veranlasst uns, in die Meeresabgründe zu den Hammerhaien zu tauchen? Wozu dieser Wagemut? War er einst überlebensfördernd – und ist er es heute noch?

Wir suchen die Herausforderung, um uns zu bewähren. Und wir wollen Neues erleben, im Kleinen wie im Großen. Das Treiben an einer Putzerstation im Korallenriff fasziniert uns ebenso wie die Spiele der Seelöwen, die Balz der Blaufußtölpel oder die Turnierkämpfe der Meeresechsen auf den wogenumbrandeten Klippen der Galapagos-Inseln.

Der Philosoph Karl Popper meinte, alle Lebewesen wären Sucher nach einer besseren Welt. So auch wir! Er wollte damit auf die allem Leben innewohnende Dynamik hinweisen und so dem verbreiteten Bild entgegenwirken, das Organismen nur als passive Erleider von

Auslese vorstellt. Allerdings drängt sich das meiste Leben ziellos voran mit Mutationen, neue Möglichkeiten auslotend. Ob Treffer oder Niete, entscheidet die Selektion. Wir Menschen allein können uns auch die Zukunft vergegenwärtigen und uns dementsprechend im Wissen um die Folgen unseres Verhaltens Ziele setzen. Sind wir zur rechtzeitigen Fehlerkorrektur bereit, dann können wir, wie Popper betont, Hypothesen sterben lassen. Wir müssen Irrtümer nicht notwendigerweise mit dem Tod bezahlen. Wir sind die ersten in die Selbstverantwortung entlassenen Lebewesen.

Aber was treibt uns nun konkret in die Ferne? Da wäre zunächst einmal unsere Neugier zu nennen. Wie das Wort »Gier« schon ausdrückt, handelt es sich bei diesem Hunger um eines unserer stärksten Begehren. Das spiegelt auch der umfangreiche Markt, der ihm seine Dienste anbietet: Fernsehen, Rundfunk, Kinos, Internet, Presse, Buchhandel, Museen und nicht zuletzt die Touristik. Neugier kennen schon die höheren Säugetiere, deren Junge ihre Umgebung erkunden und die im Spiel mit Umweltdingen und Artgenossen Kenntnisse und motorisches Geschick erlernen. Während ihre Neugier mit zunehmendem Alter abnimmt, bleibt bei uns Menschen der Appetit auf Neues bis ins hohe Alter erhalten.

Seine Umwelt zu erkunden mit allen ihren Gefahren und Angeboten war für unsere Vorfahren von lebenserhaltender Bedeutung. Sie mussten um die Wanderungen des Wildes wissen, um Feinde und um mögliche Orte der Zuflucht. Kurz, sie mussten bereit sein zu lernen. Der Wortsprache, mit der wir Wissen mitteilen können, danken wir das Wachsen kulturellen Wissens. Neugier motiviert auch den Forscher.

Ausgezeichnetes Objekt unserer Neugier ist der Mitmensch, als potenzieller Handelspartner, Freund, aber auch Feind von lebenswichtiger Bedeutung. Zuweilen wirkt dieser Mitmensch fremd. Er spricht eine andere Sprache, betet zu einem anderen Gott, kleidet und ernährt sich anders. Doch wer längere Zeit in der Fremde weilt, wird feststellen, dass Fremde uns so fremd nicht sind. In aller Welt erleben Menschen die gleichen Gefühle des Glücks, der Trauer und der Verärgerung, und sie teilen dies durch die gleiche Mimik mit.

Aber es ist nicht allein die Neugier, die uns in Bewegung setzt. Sie verbindet sich vielmehr mit der Aggression, dem Drang vorwärts zu streben und sich Welt und Wissen zu erobern. Es handelt sich um einen ursprünglich im sozialen Kontext entwickelten Trieb, der im Wettstreit um begrenzte Lebensgüter anspornte, ein höchst problematischer Antrieb, wie wir wissen. Aber wir können ihn auch als Werkzeug einsetzen, um uns in die verschiedensten Aufgaben zu verbeißen. Und in solchem Zusammenhang ist unsere kämpferische Natur, die sich nicht so leicht unterkriegen lässt, durchaus zu bejahen. Zu ihr passt eine hohe Risikobereitschaft, man kann sogar von einem »Appetit« auf Risiko sprechen. Gewinnen wir im Spiel der Kräfte, dann werden wir auf bemerkenswerte Weise belohnt. Das fand man zunächst bei Tennisspielern heraus, als man den Testosteronspiegel im Blut vor und nach einem Turnier maß. Hatte der Spieler gewonnen, dann stieg der Spiegel des Hormons Zeit deutlich an. Hatte er verloren, sank er ab. Beides wirkt sich auf die Gemütslage aus. Sieg ruft Glücksgefühle hervor, Versagen wirkt sich in vorübergehender Depression aus. Man fand heraus, dass nicht nur Sieg im sportlichen Zweikampf, sondern jeder erkämpfte Erfolg physiologisch so belohnt wird, auch der Gipfelstürmer, der den Kampf mit den Naturgewalten bestand.

Alle diese Verhaltensweisen entwickelten sich in der langen Zeit, in der unsere Vorfahren auf der Kulturstufe altsteinzeitlicher Jäger und Sammler lebten. Sie macht gut 99 Prozent der Menschheitsgeschichte aus, denn erst vor zehn- bis fünfzehntausend Jahren begannen die Menschen mit der Feldbestellung und Tierhaltung – und leiteten die rasante Entwicklung bis zur Jetztzeit ein.

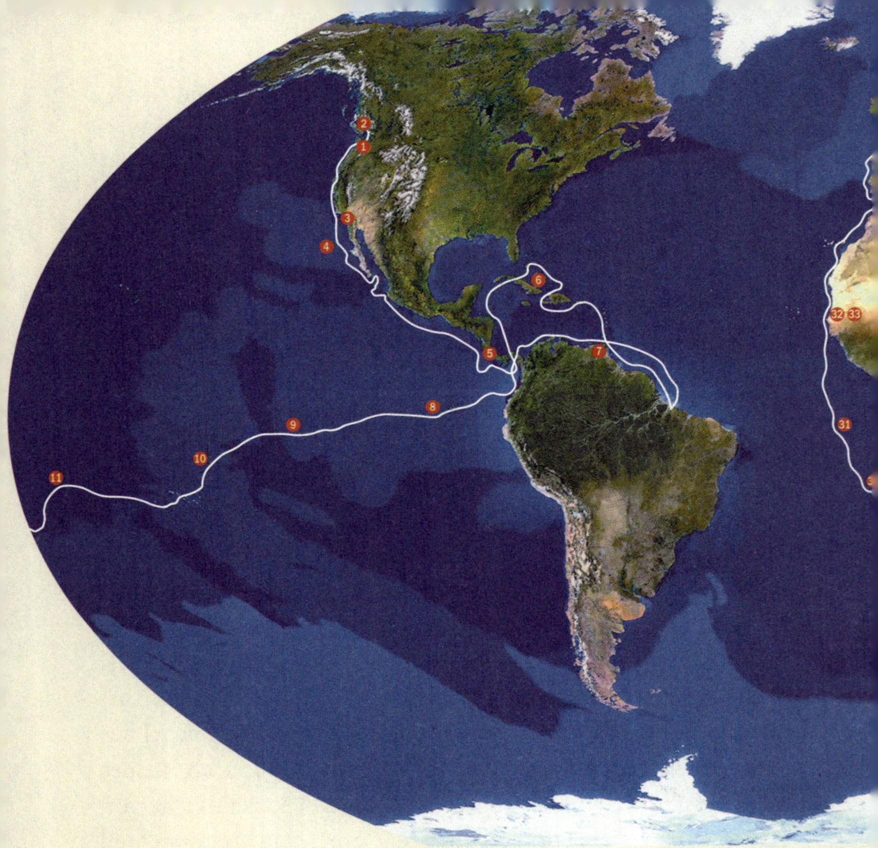

1. *September 1998 Start in Anacortes*
2. *September 1998 Orcas, Vancouver Island*
3. *Oktober 1998 Mikroben, San Diego*
4. *November 1998 Robbenfelsen, Guadaloupe*
5. *Dezember 1998 Zentralamerika*
6. *Februar/März 1999 Karibik*
7. *April 1999 Humboldt, Venezuela*
8. *Juni 1999 Tierexpedition, Galapagos*
9. *Juli 1999 Passage nach Marquesas*
10. *August 1999 Marquesas, Polynesien*
11. *November 1999 Fidschi, Rotuma*
12. *November 1999/Februar 2000 Neuseeland*
13. *März 2000 Great Barrier Reef, Australien*
14. *April/Mai 2000 Trobriands, Papua-Neuguinea*
15. *Juni 2000 Palau, Yap, Mikronesien*
16. *Juni/Juli 2000 Magellan, Philippinen*
17. *Juli 2000 Sulawesi, Indonesien*
18. *August 2000 Komodo Island, Indonesien*

- 19 *August 2000 Orang Utans, Borneo*
- 20 *September 2000 Liebesmahl, Singapur*
- 21 *Oktober 2000 Seychellen*
- 22 *Oktober/November 2000 Sansibar, Tansania*
- 23 *November 2000 Aldabra, Seychellen*
- 24 *November/Dezember 2000 Madagaskar*
- 25 *Dezember 2000 Kap der Stürme, Südafrika*
- 26 *Dezember 2000 Safari, Botswana*
- 27 *Januar 2001 Weiße Haie, Südafrika*
- 28 *Februar 2001 Lüderitz, Namibia*
- 29 *Februar 2001 Himba, Namibia*
- 30 *März 2001 Napoleon, St. Helena*
- 31 *März 2001 Flaschenpost, Ascension*
- 32 *März 2001 Schimpansen, Gambia River*
- 33 *März/April 2001 Fischerfrauen, Gambia*
- 34 *April 2001 Balearen*
- 35 *Mai 2001 Finesterre, Nordspanien*
- 36 *Juni 2001 Ankunft in Hamburg*

Der Traum, der Mann, das Schiff, die Crew

Am Anfang gibt es eine Traumvorstellung, am Ende ein komplettes Schiff mit High-Tech-Ausrüstung, Proviant, Mannschaft und einem Projektprogramm für 1000 Tage. Was liegt dazwischen? Und wer sorgt dafür, dass der Wunsch zur Wirklichkeit wird? Welche Schwierigkeiten überwindet er dabei? Und warum?

VON PETER SANDMEYER

Jeder Traum ist Gegenwelt. Die Welt: Das waren Business-Termine, Büroluft, stressige Konferenzen, hektische Reisen; alles, was zur Führung eines erfolgreichen Software-Unternehmens gehört. Zivilisationsalltag im ausklingenden 20. Jahrhundert. Der Traum: Das waren lange Sonnenuntergänge, freier Himmel, Gemächlichkeit, Natur, eine lange, langsame Entdeckungsfahrt. Der feiertägliche Beginn eines neuen Jahrtausends. Der Mann mit diesem Traum ist kein Träumer. Er hat bei Microsoft in Seattle gelernt, hat in Deutschland erfolgreich zwei Unternehmen aufgebaut und ist es gewohnt, aus Träumen Taten werden zu lassen.

Der Mann überlegt: Firma verkaufen, Schiff kaufen und dann mit der Freundin die Westküste Amerikas hinunterbummeln, von Alaska bis Mexico. Gemütlich fahren, nach Lust und Laune in lauschigen Buchten liegen, Zeit haben. Aussteigen. Fotografieren.

Aussteigen? Der Mann ist kein Aussteiger. Er ist ein Einsteiger. Er hat immer neue Ideen, entwickelt Projekte, fährt Schiffe, fliegt Flugzeuge, lernt Sportarten, unternimmt Reisen, macht Tauchexpeditionen. Warum, denkt er, sollte er nur die Westküste Amerikas entdecken, warum nicht die Welt? Und warum sollte die Welt nicht dabei sein bei dieser Entdeckung?

Entdeckung – ein großes Wort. Sind die Tage der Entdecker nicht lange vorbei? Ist die Welt nicht erschlossen, bekannt, vermessen von den Regenwäldern des Äquators bis zu den Eisgebirgen der Antarktis?

Zwei gegensätzliche Antworten gibt es. Beide stimmen.

Ja. Es gibt keinen Quadratmeter des blauen Planeten, den die Kameras der Satelliten nicht in gestochener Schärfe an die Erde übermittelt und für Atlantenhersteller und Spionagezentralen zur Verfügung gestellt haben. Weiße Flecken gibt es nicht mehr.

Nein. Erstens wird die Welt immer wieder neu entdeckt, und immer wieder werden auf ihr neue Wunder entdeckt. Und zweitens gibt es ja doch noch eine gigantische letzte Wildnis auf dieser Welt – ihre Ozeane. Voller unbekannter Tiefen und Geheimnisse, Heimat unentdeckter Lebewesen, mächtiger Ströme, gewaltiger Kräfte, großer Mythen. Welches bessere Ziel für eine Entdeckungsreise zum Jahrtausendwechsel könnte es geben als das Meer?

So wird der Traum zur Idee: eine lange Fahrt ins neue Jahrtausend, über die blauen Meere zu den bunten Küsten der Welt. Die Idee trägt der Mann dem größtem Magazin Europas vor. Der Redaktion gefällt sie. Man beschließt Zusammenarbeit, und aus der Idee wird ein Projekt. Sein Name: »Millennium Voyage«. Der Mann heißt Michael Poliza. Das Magazin ist der *stern*. Frühjahr 1997.

Dann fängt die Arbeit an.

Ein Schiff muss gebaut, Ausrüstung zusammengestellt, eine Crew gefunden werden. Dann müssen Themen recherchiert und Sponsoren gewonnen werden.

Das Schiff soll ein besonderes Schiff sein. Wenig Tiefgang haben, damit Flüsse und flache Küsten befahren werden können; große Reichweite besitzen, damit es möglichst unabhängig ist; ausreichend Komfort bieten, damit man drei Jahre darauf leben kann; und vor allem über die beste Navigations- und die fortgeschrittenste Kommunikationstechnik verfügen, damit das Schiff jeden Punkt der Welt erreicht, an jedem Punkt erreichbar ist und von jedem Punkt die Welt erreichen kann.

Wer baut ein solches Schiff, das passen muss wie ein Maßanzug? Auf seinen Reisen ist Michael Poliza auch nach Anacortes gekommen, eine 14.000-Seelen-Stadt auf einer Insel im äußersten Nordwesten der USA, früher Zentrum der pazifischen Lachsfischerei. Dort gibt es die Northern-Marine-Werft, die sich auf den Bau von Kunststoffbooten spezialisiert hat, die am Typus der klassischen amerikanischen Fischtrawler orientiert sind. So sollte er aussehen, der Maßanzug. Die Werft für den Bau der »Starship« ist gefunden.

23 Meter lang, sechs Meter breit, 1,8 m Tiefgang: Die Starship war eine Spezialanfertigung für diese Expedition. Voll gestopft mit modernster Navigations- und Kommunikationstechnik, konnte sie Kontakt zu Menschen in aller Welt halten.

Damit ist ungefähr ein Promille aller Probleme gelöst. Jede große Expedition erlebt im Vorfeld diese Verstrickung von Hunderten verschiedener Taue, an deren Enden ein Problem hängt; zusammen bilden sie ein unentwirrbares Knäuel, und je mehr Kraft man darein setzt, an ihnen zu ziehen, um ein Problem zu lösen, desto stärker verknäult sich das Ganze.

Trotzdem macht das Projekt sichtbare Fortschritte. Im Sommer 1997 ist der Schiffsrumpf fertig, im September werden die MAN-Dieselmotoren eingebaut, und im Mai 1998 beginnt der Innenausbau. Viel zu spät. Michael Poliza pendelt ständig zwischen Hamburg und Anacortes und gilt dort inzwischen als »bloody pushing German«. Denn ein Cyberschiff wie dieses hat die Werft noch nie gebaut, voll gestopft mit Computern und überragt von einem gewaltigen Satellitendom. Über 20 Kilometer Kabel müssen an Bord verlegt werden.

Im Juli 1998 dann der große Augenblick: Dörte Rehren, die Reisegefährtin Polizas, tauft das Schiff und lässt eine Flasche Champagner am Wulstbug zerschellen. Und dann heißt es für die Probefahrt zum ersten Mal: »Los die Vorleinen, los achtern!«

Maschinen, Ruderanlage, Instrumente werden geprüft, sechstausend Seekarten weltweit hat der Navigationscomputer gespeichert. Er ist mit dem Satelliten-Navigator, dem Radar und dem Autopiloten vernetzt, zeigt immer exakt, wo sich das Schiff befindet, und sorgt dafür, dass der Autopilot den richtigen Kurs hält. Zehn bewegliche Ziele kann das Radar gleichzeitig verfolgen, ihren Kurs berechnen und bei Kollisionsgefahr warnen. Eines der beiden Sonarsysteme des Schiffes kann in Fahrtrichtung voraus schauen und Alarm auslösen, wenn Auflaufgefahr auf ein Riff besteht oder der Zusammenstoß mit einem treibenden Container droht. Über siebzig Sensoren an Bord registrieren ständig Motortemperatur, Treibstoffverbrauch, Tankinhalt, Luftfeuchtigkeit, Windstärke etc.

Zwei Meerwasseraufbereitungsanlagen sorgen für 6000 Liter Trinkwasser pro Tag.

Natürlich fördert die Probefahrt Mängel zutage. Die Seitenstrahlruder funktionieren nicht richtig. Es gibt andere Kinderkrankheiten. Nachbesserungen werden nötig, gerade montierte Verkleidungen wieder geöffnet, frisch verlegte Kabel wieder gelöst. Neues Chaos an Bord. Und noch größeres Chaos herrscht inzwischen in der Landbasis der Expedition, einem kleinen Haus an der nebelkalten Bay, wo die allmählich eintreffenden Crew-Mitglieder wohnen, umtürmt von Digitalkameras, Gummistiefeln, Töpfen, Ferngläsern, Videotechnik, Pfannen, Navigationshandys, Software aller Art, Rettungsanzügen, Restlichtverstärkern, Ladegeräten, Klappfahrrädern, Brotbackgeräten, Verbandskästen, Schwimmwesten, Werkzeug, Seekarten, Mikroskopen und Stapeln von Büchern über Wale, Wetter, Routenplanung, indische Küche, Survival, Seevögel und – nicht zu vergessen – Seekrankheit.

Die richtige Crew zu finden ist die schwierigste Aufgabe – und sie wird sich während der folgenden drei Jahre immer wieder stellen. Die Teilnehmer der Fahrt müssen sehr viele und sehr verschiedene Voraussetzungen mitbringen, spezielle Fachkenntnisse besitzen, möglichst tauchen können, neugierig, einsatzwillig, gruppenfähig und einigermaßen seefest sein. Kein Wunder, dass sich die Zusammensetzung der Crew während der Reise immer mal wieder ändert. Die prinzipielle Verteilung der Verantwortung aber, die in Anacortes gefunden wird, bewährt sich in den folgenden drei Jahren.

Neben Michael Poliza als dem Gesamtleiter des Projektes und seiner Reisegefährtin Dörte Rehren, die für Buchführung, Bordapotheke und die Koordination des Gästebesuchs zuständig ist, gibt es einen Kapitän, der die Oberverantwortung für Nautik,

Schiffstechnik und Schiffssicherheit trägt; seine Frau (oder Lebensgefährtin) kümmert sich um das reiche Innenleben des Schiffes, Messe und Möbel, Vorräte und Getränke, Wäsche und Geschirr.

Hinzu kommen vier Volontäre, von denen einer gut kochen können soll; ein weiterer soll möglichst professionelle Videokenntnisse haben und für den Schneideraum verantwortlich sein; die beiden anderen führen die Oberaufsicht über das umfangreiche Tauchequipment, arbeiten als Deckshände und schreiben zeitweilig die Internet-Logbücher. Oft bringen sie auch spezielles Fachwissen mit, das die Wahrnehmung der Crew beispielsweise um meeresbiologische oder zoologische Aspekte bereichert.

Leichter als die Teilnehmer der Fahrt zu finden ist es, Unterstützer für sie zu gewinnen. Erstaunlich leicht. Denn bei dieser Sponsorensuche geht es nicht um übliches Schnorren, um mildtätige Unterstützung, sondern um das Angebot, sich an einer technologischen Herausforderung zu beteiligen. Taugt die avancierte Computer-Technik dazu, eine Seefahrt von 75.000 Meilen zu überstehen und in allen Lebenslagen des Schiffes funktionsfähig zu bleiben? Ist die Technik der Digitalkameras gut genug, um nicht nur Bilder von den entlegensten Orten der Welt zu übermitteln, sondern auch den hohen Ansprüchen von Europas führendem Bild-Magazin zu genügen? Was wird die Reise eher demonstrieren – die Großartigkeit oder die Grenzen moderner Telekommunikation?

Die angesprochenen Führungskräfte von Sony, Microsoft, Olympus und der Deutschen Telecom begreifen die Chance dieses globalen Qualitätstestes auf Anhieb und sind schnell mit im Boot, trotz der Flut von Sponsoring-Bitten, mit der jede dieser Firmen fertig werden muss. Allein Microsoft-Deutschland bekommt jeden Tag 13 Anfragen. Am schnellsten entscheidet sich Olympus für die Unterstützung des »Starship«-Projektes.

Wie klug diese Entscheidung ist, demonstriert nicht zuletzt dieses Buch: 65 Prozent seiner Fotos sind mit digitalen Kameras aufgenommen. Auch Sony ist nach Prüfung des Projektes zu großzügiger Förderung bereit; der Konzern stellt den Schneideraum an Bord und schickt eigens einen Techniker in die USA, um ihn einzurichten. Ebenso entsendet Microsoft Mitarbeiter nach Anacortes, um die Computer des Schiffes zu installieren und die Netzwerke zu konfigurieren.

Auch Brockhaus und der WWF-Deutschland unterstützen die Fahrt der »Starship« und stehen ihr mit Fachwissen und Kontakten zur Verfügung.

So ist schließlich auch die Finanzierung der Millennium Voyage gesichert. Die Start-Crew steht bereit. Die Computer funktionieren. Konserven, Bücher und Schwimmwesten sind verstaut. Die Kojen frisch bezogen. Die ersten Reporter an Bord. Und die Reise geht los.

Anacortes, 17. September 1998.

Mails aus aller Welt – Sehnsucht fährt mit

Das Internet macht's möglich: Während ihrer Fahrt steht die »Starship« stets in Kontakt mit einer weltweiten Fangemeinde, die virtuell mitreist

13.1.1999
Ernst-August Kuhlemann
ernst-august.kuhlemann@t-online.de
In meinem früheren Leben muss ich mal ein Fisch gewesen sein. Wenn ich Eure Bilder sehe, höre und spüre ich den Wind, das mächtige Rauschen der großen Wellen, und ich halte mich an der Schreibtischkante fest. Wenn ich doch nur einen Tag lang bei Euch sein könnte! Herzliche Grüße hier aus Lemgo, ich werde Euch noch oft besuchen!

28.3.1999
Bernhard 'Bearfood' Bechter
bearfood@globalance.com
Viele Grüße an die »Starship« von einem winzig kleinen roten »Walschützer«-Kayak (derzeit in Miami) mit Kurs Österreich – Grönland – Amerika – Venezuela – Grenada (Ankunft geplant am 24. Mai 99 zur 51. IWC). Schade, dass sich unser Kurs nicht gekreuzt hat, aber vielleicht bläst mich mal ein Sturm vor Euren Bug. Lass mich dann gerne von Euch retten. Keep on moving . . .

Matthias Ennersch
M.Ennersch@gmx.net
Während in den kalten Gefilden der deutschen Lande selbst die Sonne sich den ganzen Tag über nicht getraut hat, ihre wärmenden Strahlen hinter der dicken Wolkendecke herauszustrecken, ging der triste Tag langsam in eine wolkenzerfetzte Nacht über. Mit Fernweh im Herzen sitze ich in meiner kleinen Kemenate, flackerndes Licht über dem Monitor, und das Herz möchte mir übergehen bei dem Gedanken, wie viel interessanter es jetzt bei Euch wäre. Ich hoffe, Ihr nehmt mich das nächste Mal mit. Immer eine Handbreit Wasser unterm Kiel!!

5.5.1999
Peter Grimm
pgrimm@dr-grimm.de
Ahoi »Starship«, herzlichen Dank für die aktuellen Streiflichter Eurer Reise. Die Beiträge sind sehr gut gelungen. Es gelingt Euch auch, uns Landratten und Daheimgebliebenen ein bisschen Fernweh zu machen und einen kleinen

Hauch von Salzwassergeschmack auf die Lippen zu zaubern. Ich freue mich auf den nächsten Besuch auf dieser Site und wünsche einen erfolgreichen Törn.

8.6.1999
neumayer@awi-bremerhaven.dez
An die »Starship«-Crew. Herzliche Grüsse aus dem ewigen Eis von der deutschen Antarktis-Forschungsstation Neumayer auf Position 70°39' Sued und 8°15' West, auf dem Ekstroemeisfeld. Wir verfolgen täglich Eure Route und Erlebnisberichte, die für uns willkommene Abwechslungen darstellen. Ein wenig beneiden wir Euch ob der tropischen Temperaturen. Wir sind seit Anfang des Jahres hier im Eis und erleben gerade den kalten und dunklen antarktischen Winter. Schade, dass Ihr nicht zum Mittwinterfest (21.06.) vorbeikommen könnt. Wir würden uns über diese Abwechslung freuen, und Ihr könntet Euch etwas Abkühlung verschaffen.

14.3.2000
Eugen Laub
eugenlaub@t-online.de
Hallo, »Starship«-Freunde, ich bin erst seit ein paar Wochen dabei. Inzwischen habe ich aber alle Logbuchberichte usw. gelesen und ausgedruckt. Drei Ordner sind fast voll. Ich bin begeistert, auf diese Weise an der Reise teilnehmen zu können, zumal ich viele Länder davon selbst, allerdings mit dem Flieger, besucht habe. Eure Reise um die Welt ist zur Zeit die größte Sache im Internet. Absolut super. Weiterhin gute Reise und beste Grüße.

16.4.2000
Anja Schnurer
cjana9@yahoo.com
I read about the »Starship« millennium voyage in stern. Imagine my suprise when I went on a dolphin excursion with Dr. Michael Poole in Moorea, Tahiti, and he wore a »Starship« hat! I am from Germany, live in Portland, OR, and went on vacation on Moorea. And meet a guy who just met you. How is that for a small world? Michael told me how impressed he was with the whole idea. Did you enjoy the spinner dolphins as much as I did? It was wonderful to see them wild and free. Too bad I missed you. I would have loved to hear about your experiences first hand. But the webpage helps – keep up the great work!

10.5.2000
Johannes Württemberger
JWuerttemberger@aol.com
Liebe »Starship«-Crew, was Ihr betreibt, ist für mich der spannendste und bedeutendste Beitrag zum Kennenlernen und zum Verständnis unseres Planeten.Ich hoffe, dass Eure Erfahrungen und die dazugehörenden visu-

ellen Dokumentationen nicht nur Einzug in den stern, sondern vor allem in die Klassenzimmer unserer Kinder halten. Macht weiter so, vor allem auch mit der Präsenz im Internet. Herzliche Grüße, wo immer Ihr auch seid.

24.5.2000
Ulrike Oldemeier
Ulrike.Oldemeier@uni-bielefeld.de
Ich bin Biologielehrerin und versuche meine Begeisterung für die »Fahrten als solche« an meine SchülerInnen weiterzugeben. Vielleicht steckt in jedem von uns ein »Starshipper«. Vielleicht nehmt Ihr mal eine Lehrerin mit.

7.7.2000
Udo Fischer
udo.moersch@gmx.de
Nach langer Zeit bin ich mal wieder auf Eurer Website. Die Reise ist noch immer so spannend wie am ersten Tag. Ich wünsch Euch allen viel Glück und weiterhin gute Reise. Diese Aktion macht einem klar, dass wir nur diese eine Welt haben, und diese ist mit aller Kraft erhaltenswert . . .

Elke Alt
E-Alt@gmx.de
Schiff ahoi! Wünsche Ihnen voller Neid noch eine gute Reise! Als Landratte aus dem meerfernen Regensburg habe ich voller Ehrfurcht Ihre Kapreportage verfolgt, hin und her gerissen zwischen »ich will auch!« und »bloß nicht!«. Bin süchtig nach Ihren Dossiers und Reportagen und will noch jede Menge davon zu lesen bekommen. Und bei der nächsten »Starship«-Reise bin ich garantiert Bewerber um einen Platz.

21.7.2000
Thomas Reko
bootshaus@online.de
Ihr von »Gott Geliebten«. Wollte schon immer mal reinschauen. Jetzt bin ich sprachlos. Einfach beneidenswert!!! Good luck und »immer eine Hand voll Wasser unterm Kiel«.

30. 01. 2001
Marcel Kaluza
kaluzamarcel@hotmail.com
Vielen Dank für Eure stets wundervollen Berichte, und macht unbedingt weiter so! Warte auf einen großen Abschlussbericht im Fernsehen von und über Euch. Hoffentlich wird eine Serie daraus.

22.3.2001
Beat Gerber
beat.gerber@vebo.ch
Vielen Dank für die tollen Bilder von Eurer Reise. Habe selten so viel Interessantes und Verschiedenes aus einer einzigen Expedition herausnehmen können. Viel Glück und Erfolg auf dem letzten Teil Eurer Reise.

25.3.2001
Wolfgang März
Wolfimaerz@aol.com
Es ist immer wieder erstaunlich, was Menschen alles auf sich nehmen, um anderen die Wunder dieser Erde näher zu bringen. Vielen Dank dafür. Vielleicht hilft Ihre Reise, die Schätze dieser Welt zu erhalten. Wäre schön. Weiterhin viel Glück.

David Barrager
Georgetown, Ontario
It has been a great passage, wish I was there, thanks to the crew of »starship« and all the sponsors that make it possible for us (the cyber sailors) to be along and enjoy your day to day.

Skip-sfarwel@aol.com
Your discography and literary description of your journey makes one believe that they are just about one of the crew. A lucky crew it is, keep up the great work(fun).

Robert /e@eliæ, Rijeka,Croatia
Thank you, Michael, for providing us with such a good images. They are really something. I'm excited as much as man can be.

Yakayakme@aol.com
It's been fun watching this event unfold and just to share something with you that has blended this into my life is that just within the last week I've been diagnosed probable MS and you will never know how much this site has helped keep the spirit up.

André Sweeney
Montréal, Canada
The most fantastic idea anyone ever had. Now internet members have their own exploration team. Marvellous. Thanks for the incredible pictures. For those of us who never had the chance to tour the world, I'm glad the »Starship« Enterprise was imagined. What a fantastic venture!

John Janes, Syracuse IN
This website justifies the money spent on my pc and provider.
Thank you!

Ed Kellogg
I just stumbled across your web site today and I'm enthralled! Thanks for taking the world on this journey and for some of the best nature pictures I have ever seen, they make great wallpaper!

NORDAMERIKA

Orcas: Plädoyer für einen Killer

Orcas, auch Schwertwale genannt, sind elegante Killer mit weißer Weste, ebenso geschickte wie gnadenlose Jäger. Aber auch hoch entwickelte soziale Wesen, sensibel und dem Menschen wohlgesinnt. Doch der hat sie jahrhundertelang als Todfeinde behandelt und abgeschlachtet

VON GERD SCHUSTER

Es ist halb sieben, und die Orcas schlafen noch. Rund 150 Meter vor der »Starship« schieben sich zwölf gewaltige schwarz lackierte Buckel, breit wie Jagdbomberrümpfe, durch den Blackfish Sound. Die Schwertwale schwimmen wie in Trance. Ihre Formation ist so dicht geschlossen, dass sie sich berühren. Majestätisch und fast synchron heben sich die mächtigen Schädel mit der Kuppelstirn und die Spitzen der Rückenfinnen aus dem anthrazitgrauen Wasser. Die Riesen atmen unisono aus und ein, und es hallt wie eine Salve von Flintenschüssen durch die Morgenstille von British Columbia. Weiße Dampfwolken steigen auf wie Mündungsqualm. Die Rückenfinnen wachsen ganz aus dem Wasser empor, neigen sich in träger Eleganz nach vorn und schneiden langsam wieder nach unten. Kaum zu glauben, dass in jedem dieser träge dahinziehenden Wesen die Kraft einer ICE-Lokomotive steckt.

Die meisten »Schwerter«, denen die Wale ihren Namen verdanken, sind kurz und krumm wie Türkensäbel; eine Rückenfinne in der Mitte des Pulks ist jedoch gewaltig – fast zwei Meter lang, kerzengerade und spitz wie ein Messer. »Das ist Nimpkish, ein 27 Jahre alter Bulle. Er hat das Namenskürzel A33«, sagt Paul Spong, der auf der Brücke der »Starship« die Orcas beobachtet. »Hier haben sich die drei Familien A12, A8 und A25 zusammengeschlossen. Wir denken, dass sie das getan haben, um sich gegenseitig zu trösten; denn sie verloren kürzlich einen Angehörigen.«

Der Psychologe, der seit über 30 Jahren Leben und Laute der Orcas in den Gewässern von British Columbia studiert, erzählt, was passiert ist: A31, Bruder von Nimpkish und mit 40 Jahren ältester Sohn der Matriarchin A12, starb als Folge eines Unfalls seiner Schwester A34. Als sie im August 1995 von einem Motorboot verletzt wurde, geriet er völlig außer sich. Schwamm wie von Sinnen an den Strand einer Insel, lag fast eine Stunde auf dem Trockenen, schrie laut und ängstlich, kippte auf die Seite und atmete Wasser ein. Zwar konnte er sich befreien, aber er verfiel sichtlich. Im Dezember 1996 war er total abgemagert und kehrte im Sommer 1997 nicht zum Lachsfang in die Gewässer um Vancouver Island zurück – genau wie in diesem Jahr Stripe, das Oberhaupt der Fa-

Seit dem Film »Free Willy« erfreuen sich die einst gefürchteten Orcas größter Beliebtheit. Whale-Watching ist in British Columbia zu einem guten Geschäft geworden. Hier bestaunen Touristen eine Herde mit einem großen Bullen.

milie A23. 1997 starb auch die nur elfjährige Ivy (A57) aus der Sippe A8. Todesursache war ein vereiterter Zahn, der zu einer Blutvergiftung führte.

Auf einmal sind sie weg. Wenn Orcas schlafen oder dösen – niemand weiß genau, wie sie ruhen –, atmen sie immer fünf- bis sechsmal an der Oberfläche und tauchen dann drei Minuten lang weg. Man nimmt an, dass ein Mitglied des Rudels Wache hält. Plötzlich ist es totenstill in der Meerenge zwischen der kanadischen Pazifikküste und Vancouver Island. Nicht einmal eine Möwe kreischt. Der Himmel ist diesig-hyazinthenblau, und ein Nebelschleier hängt über den zottigen Hügeln der Plumber Islands und des Donegal Head. Der Kapitän dreht die »Starship« zehn Grad nach Backbord, um den Walen nicht in die Quere zu kommen, falls sie unter Wasser den Kurs ändern. »Die Orcas können sich stundenlang so ausruhen«, sagt Spong. Ein Schwarm winziger Odinshühnchen schwirrt davon. »Hat jemand auf die Uhr geschaut?«, fragt die Koordinatorin Dörte Rehren besorgt. Wie lange drei Minuten sein können.

Kawumm! Kawumm! Kawumm! Die Orcas sind etwa 200 Meter entfernt an Backbord aufgetaucht und schieben sich in eine enge Passage zwischen zwei Inselchen, wohin ihnen die »Starship« nicht folgen kann. »Sie haben etwas gemerkt«, sagt Paul Spong. Und dann erzählt er die Geschichte der Schwertwale, einer über 2000 Jahre lang als Monster diffamierten und immer noch weitgehend rätselhaften Tierart.

Es ist die Geschichte eines Wesens der Widersprüche. Schwertwale haben alle kalten und warmen Weltmeere von den Polen bis zum Äquator besiedelt, sind aber trotzdem selten. Ihre Kraft kennt keine Grenzen, und sie sind bei der Jagd ungeheuer brutal. Sie töten Riesenwale, nur um deren Lippen und Zunge zu fressen. Sie verspeisen den kapitalsten Weißen Hai wie wir eine Ölsardine. Im Umgang miteinander sind sie aber zärtlich, verspielt, fürsorglich und vernünftig. Sie besitzen Traditionen und Riten, die über Generationen weitergegeben werden. Und sie hatten das Geheimnis der harmonischen Koexistenz schon gelöst, als der Mensch noch überlegte, ob er aufrecht gehen sollte. Sie sind die furchtbarsten Killer der Meere, haben aber eine Schwäche für Menschen, ihren einzigen Feind. Soweit bekannt, haben frei lebende Schwertwale noch nie einen Menschen getötet. Ihre Gesellschaftsstruktur ist im Tierreich einzigartig. Alle Kinder bleiben zeitlebens bei der Mutter, dem sozialen Herz der Familie. So besteht die Großfamilie, der die »Starship« gefolgt ist, aus der Matriarchin Scimitar (A12, 57 Jahre alt), Nimpkish, seiner 23-jährigen Schwester Simoom (A34) und deren Kindern Echo (acht Jahre, A55), A62 (sechs) und A67 (zwei). Die Familie A8 wird von der 45-jährigen Licka geführt und besteht aus ihren Töchtern Havannah (A28, geboren 1974) und Holly (A42, geboren 1980) sowie Hollys Baby Surf (geboren 1996). Von der Familie A25 sind nur die Kuh Spike (13 Jahre) und die vierjährige Surge übrig geblieben.

Weil Fortpflanzung innerhalb der Familie tabu ist, werden die Babys bei großen partyähnlichen Treffs mehrerer Clans gezeugt. Die Begattung ist laut Spong noch nie von Menschen beobachtet worden. Kämpfe um Weibchen sind den Schwertwalen ebenso fremd wie Dominanzgerangel oder Auseinandersetzungen um Reviere und Nahrung. Spong: »Die Orcas haben gelernt, zusammenzuleben und ihre enorme physische Kraft zu kontrollieren. Sie haben gewaltfreie Methoden zur Lösung sozialer Konflikte entwickelt. Ihre Lebensprinzipien sind Kooperation, Koordination, Kommunikation, Vertrauen, gegenseitige Unterstützung und totale individuelle Freiheit. Sie haben keine Geheimnisse voreinander, gehen sich nicht auf die Nerven und teilen alles. Ihre sozialen Systeme funktionieren – im Gegensatz zu denen des Menschen. Was sie vorleben, würde bei uns Weisheit genannt.«

Neugierig hält ein Orca-Paar Ausschau. Spy-Hopping heißt das Manöver, bei dem die Wale sich aufrichten und ihre Köpfe über Wasser halten, um zu sehen, was es da oben gibt. Ihre Augen sind scharf wie die von Katzen.

Zwar glaubt der 59-jährige Psychologe, dass die mentale Potenz der größten Delfinart ihrer physischen Kraft entspricht; Spong zögert aber, die Lebensart der Meeressäuger auf ihre Intelligenz zurückzuführen. »Ihr hoher neurophysiologischer und sozialer Entwicklungsstand hängt eher damit zusammen, dass sie Millionen Jahre Zeit hatten, sich zu vervollkommnen.« Von Intelligenz redet Spong im Zusammenhang mit Walen und Delfinen nur ungern. Einmal wehrt er sich gegen die esoterische Mystifizierung und Verkitschung der Tiere. Zweitens sei es unmöglich, eine Intelligenz-Skala zu entwerfen, die Zahnwalen gerecht wird. Drittens könne er die Frage nicht beantworten, warum Orcas ein dermaßen hoch entwickeltes und voluminöses Gehirn besitzen – es ist rund viermal so groß wie sein eigenes – und wofür sie es benötigen.

Der vierte Grund, weshalb Spong so widerstrebend über die Intelligenz von Delfinen redet, ist besonders peinlich. »Streng genommen kann man den Menschen nicht ohne weiteres als intelligentes Wesen einstufen«, sagt der Gründer des »Orcalab«. »Er schafft es nämlich nicht, sich der Welt, in der er lebt, anzupassen. Wir zerstören mit der Umwelt die Grundlage für unsere Existenz und machen in unseren zwischenmenschlichen Beziehungen dauernd die gröbsten Fehler.«

Die »Starship« hat die Plumber Islands umrundet und wieder zu den Orcas aufgeschlossen. Auf dem Radarschirm sind sie als kleine Punkte zu erkennen – genau 412 Meter entfernt. Die Schwertwale hätten guten Grund, sich abzusetzen; denn die Menschen haben sie verkannt, verfolgt und abgeschlachtet – als wollten sie demonstrieren, wie unterlegen ihr Entwicklungsstand dem der Orcas ist. Seit der römische Historiker Plinius der Ältere vor 2000 Jahren schrieb, man könne den Killerwal nur als »eine riesige Masse von Fleisch mit gefährlichen Zähnen« angemessen charakterisieren, hatte die größte Delfinart ihren Ruf als blutrünstiges Monster weg. Noch in den 60er Jahren stufte das Taucherhandbuch der US-Navy Orcas in die höchste Gefahrenklasse ein.

Die schwarzweißen Großdelfine wurden gejagt, als seien sie das leibhaftig Böse. Weil die isländische Regierung meinte, Orcas seien für Fangverluste ihrer Heringsfischer verantwortlich, bat sie 1956 die US-Luftwaffe um Hilfe gegen die Ungeheuer. Die Marineflieger-Zeitschrift »Naval Aviation News« meldete später, Flugzeuge der US-Marine im Nordatlantik hätten »wieder eine erfolgreiche Mission gegen Killerwale abgeschlossen«, bei der »Hunderte mit Maschinengewehren, Raketen und Wasserbomben vernichtet« worden seien. 1964 veranstalteten US-Kampfflugzeuge über dem Atlantik mit ihren Bordkanonen ein Zielschießen auf Orcas.

Dabei wusste man so gut wie nichts über die Tiere, die man wie Ungeziefer ausmerzte. Zwar gab es eine Anzahl von grausigen Augenzeugenberichten von Attacken eines Orca-Rudels auf Roben, See-Elefanten, Delfine und Großwale. Erst 1964 konnten Meeresbiologen ein Exemplar des vermeintlichen Seeungeheuers aus der Nähe bestaunen. Der vor Vancouver Island mehrfach mit dem Gewehr angeschossene und später harpunierte junge Schwertwal wurde an dem in seinem Rücken steckenden Spieß nach Vancouver geschleppt. 87 Tage überlebte er im dortigen Aquarium seine Verletzungen und verblüffte Wissenschaftler und Zuschauermassen mit seiner Sanftmut. Der Orca, der nach seiner Einlieferung in das

Orcas vor British Columbia jagen vor allem Fisch. Ihre Verwandten vor der Küste Argentiniens stürzen sich auch auf Seelöwen, die an den Strand geflüchtet sind. Orcas sind die mächtigsten Raubtiere der See und töten selbst 200 Tonnen schwere Blauwale.

Betonbecken 55 Tage lang jede Nahrung verweigerte, wurde von den Forschern als Weibchen identifiziert und von der Presse »Molly Dick« getauft. Als sie starb, erschienen die ersten positiven Berichte über die Tierart seit Menschengedenken. Sogar die »Times« im weit entfernten London widmete dem Tier einen Nachruf.

Weil sich Molly Dick als Kassenmagnet erwiesen hatte, wollte jeder Vergnügungspark Orcas haben, um sie mit Sonnenbrillen und Perücken auftreten zu lassen. Bis 1973 wurden rings um Vancouver Island rund 262 Schwertwale in Netzen gefangen, 53 davon abtransportiert und in Betonbecken mit Chlorwasser gesperrt, die kaum größer waren als die Tiere selber. Die meisten Orcas, für die Trennung von ihrer Familie »Extremstress« (Spong) bedeutet, starben nach kurzer Zeit. Damit die Zuschauer nichts von der Tierquälerei hinter der fröhlichen Rummelplatz-Kulisse merkten, wurden die toten Wale durch Neufänge gleichen Namens ersetzt.

Paul Spong, der von der Brücke der »Starship« Nimpkish beobachtet, traf seinen ersten Orca auf dem Höhepunkt der Fangwelle. Nach seinem Examen suchte er einen Job als Psychiater. 1967 fand er einen Posten an der Uni Vancouver. Er sollte die Neurophysiologie gefangener Orcas erforschen. Im dortigen Aquarium ergründete der damals 28-Jährige das Sehvermögen der Orca-Kuh Skana. Klaglos kooperierte der Wal, mit Heringen belohnt, und erreichte stets eine Trefferrate von 100 Prozent. Spong ermittelte, dass Schwertwale über Wasser so scharfäugig sind wie Katzen.

Nach zwei Monaten und 72 eintönigen Versuchsreihen »schimpfte« Skana eines Tages plötzlich los, und die Quote der richtigen Antworten sackte auf null. Dem Jungforscher blieb nur ein Schluss: Der Orca machte die Fehler mit Absicht. Die Sehtests waren ihm offenbar zu öde. Spong brach das Projekt ab. »Wem hätte ich damals erklären sollen, dass mein Versuchstier die Tests hintertrieb, weil sie nicht unterhaltsam genug waren?«

Nächste Aufgabe für Spong war der Orca-Bulle Hyak. Er dümpelte so lethargisch in seinem winzigen Pool, dass sich der Aquariums-Veterinär Sorgen um Hyaks Überleben machte. Spong belohnte ihn mit Unterwassermusik von Bach, Beethoven und den Beatles, wenn er im Kreis schwamm – und der Wal drehte Runde auf Runde. Als ihm Spong aber zwei Tage hintereinander dasselbe Stück vorspielte, wurde er böse: »Er machte eine Vollbremsung, kam zu mir, hob sich aus dem Wasser und starrte mich ärgerlich an«, sagt Spong. »Ganz klar: Er wollte Abwechslung.«

Total vernarrt war Hyak in klassische Musik, und bei seinem Lieblingsstück, Beethovens Violinkonzert in D-Dur, flippte er ganz unmonstermäßig aus. Spong: »Sein Körper bewegte sich im Takt. Er schlug den Rhythmus mit den Brustflossen und untermalte die Melodie mit Paukenschlägen, indem er an genau den richtigen Stellen seine Fluke aufs Wasser knallte. Mit einem Wort: Er tanzte.«

Als dann noch Skana alle Anzeichen von Gram zeigte, weil sie ihren Spielgefährten, einen Tümmler, aus Versehen zerquetscht hatte, war Spong klar, dass Orcas weder blutrünstige Monster waren noch Clowns, die man in kleine Betonbecken einsperren durfte. »Skana kochte vor Scham. Sie schaute betrübt aus dem Wasser, und von ihrem schwarz glänzenden Schädelrund stiegen Dampfwolken auf wie aus einem Kochtopf.« Der Wissenschaftler begann, gegen den Schwertwalfang und die Show-Industrie zu kämpfen. Gleichzeitig erforschte er die Orca-Population in den Gewässern um Vancouver Island. Von seinem Holzhaus auf Hanson Island hört er über sechs Unterwassermikrofone die Rufe der so genannten Northern Residents ab – 16 Familien mit rund 200 Orcas.

Tag und Nacht klingt Musik durch Spongs Heim: ein Chor im Glissando klagender Sopran- und Altstimmen, untermalt mit Elefantentrompeten, Wildschweingrunzen, Nashornvogelgeschrei, Crescendo-Muhen und Wolfsgeheul, ab und zu einem Ochsenfrosch- und einem wütenden Bernhardiner-Fortissimo, Hahnengekrähe, dem Quietschen rostiger Türangeln, einem gelegentlichen Donnerfurz und dem Geräusch, als reibe ein Riese mit dem Daumenballen grob über einen zum Bersten aufgeblasenen Mega-Luftballon. Alles ist unterlegt mit dem gespenstischen Nachhall der riesigen Unterwasserräume und dem Knarren, Rattern und Rumpeln der Orca-Sonarortung. Zwar kann Spong die Großfamilien A, G und R an ihrem »Dialekt« erkennen, und er weiß, ob die belauschten Schwertwale jagen, dösen oder mit Besuch feiern, ob sie aufgeregt sind oder ruhig. Die Frage »Was sagen die denn?« kann er aber nicht beantworten. »Wir wissen nicht, was die Laute bedeuten und ob es überhaupt eine Sprache ist«, sagt Spong.

Für den Psychologen ist es »keine Frage«, dass die Orcas miteinander kommunizieren. »Wir sind nur zu blöde, um sie zu verste-

In ihrem »Orcalab« lauschen Dr. Paul Spong und seine Frau Helena den Rufen der Wale, die von Unterwassermikros übertragen werden. Der Forscher kennt die Laute jedes Wal-Clans.

hen.« Die Laute seien dermaßen vielfältig und variabel, dass sie das Potenzial zur Übermittlung komplexer Informationen besäßen. Spong kann aber auch nicht ausschließen, dass die Wale mit ihren Rufen bloß ihren Gemütszustand herausschreien oder mit den Familienmitgliedern akustisch auf Tuchfühlung bleiben wollen, um sie bei der Jagd nach Lachsschwärmen nicht aus den Ohren zu verlieren.

Klar ist nur die Physik: Die Rufe sind mit rund 125 Dezibel so laut, als würde einem mit einer Trompete ins Ohr geblasen. Wären die Wale, denen die »Starship« folgt, wach, würde der Schiffsrumpf möglicherweise von ihren Rufen vibrieren. Die sind unter Wasser bis zehn Kilometer weit zu hören, meist nur zwei Sekunden lang, und bestehen aus »Feuerstößen« von tausenden extrem kurzen Einzelimpulsen. Verwandte Familien haben das gleiche Ruf-Repertoire, das je nach Gruppe sieben bis 17 Basislaute umfasst und nicht angeboren, sondern erlernt ist. Jede Einzelfamilie hat aber einen eigenen »Dialekt«, den die Mutter ihren Kindern beibringt. Die Laute der »vagabundierenden« Orcas sind von denen der Sesshaften so verschieden wie Schwedisch von Spanisch.

In Betonbecken gefangene Wale schweigen. Wohl nicht nur, weil sie laut Spong nach spätestens zwei Jahren den Verstand verlieren. Ein Grund könnte auch die Lautstärke der Orca-Sprache sein. Ihre Rufe würden von den Wänden zurückgeworfen und ihnen als Echo ins Gesicht knallen. Das ist etwa so, als sänge Luciano Pavarotti in einer winzigen gekachelten Herrentoilette Puccini-Arien.

Beim Belauschen der Wale ist Spong Zeuge von Unterwasserdramen geworden: »In einer Nacht im Dezember 1990 hörten wir plötzlich ungewöhnliche Rufe der Familie A9, die uns ganz neu waren. Gegen sieben Uhr morgens änderte sich ihre Frequenz schlagartig, und uns war klar, dass etwas passiert sein musste«, erzählt der Forscher. Als es hell wurde, sah Spong die beiden Söhne der Matriarchin A9 zum ersten Mal ohne ihre Mutter. Die Tiere, 33 und 19 Jahre alt und längst erwachsen, waren wie von Sinnen und rasten im Schnellboottempo um Hanson Island. Eine Woche später wurde die Orca-Kuh A9 angeschwemmt. Sie war etwa sieben Tage lang tot. »Da waren wir sicher, dass wir gehört hatten, wie die Familie die Krankheit und den Tod ihrer Stamm-Mutter erlebt und betrauert hatte.« Trauer ist keine ungewöhnliche Orca-Emotion. Als die weiße Schwertwal-Frau Chimo am 2. November 1972 im Vancouver-Aquarium starb, verweigerte ihr »Mann«, der Bulle Haida, eine Woche lang jedes Futter. Haida musste zuschauen, wie Chimo am Beckenrand seziert wurde.

Wie gemein Menschen zu Schwertwalen sein können und wie erstaunlich die Orcas reagieren, wird am Beispiel von Chimos Familie deutlich, die zusammen mit ihr im März 1970 gefangen wurde. Nach dem Abtransport des Albinos Chimo und eines anderen Orcas waren drei Wale in der mit Netzen abgesperrten Pedder-Bucht auf Victoria Island übrig. Obwohl sie sich zu fressen weigerten, sahen die Menschen lieber zu, wie sie verhungerten, als sie freizulassen. Nach 75 Tagen ohne Futter (und Wasser, das die Tiere aus ihrer Nahrung beziehen) raste eins der drei Tiere in das Sperrnetz, blieb mit der Rückenflosse in den Maschen stecken und starb. Zwei Tage später, am 77. Tag des Martyriums, geschah das Unglaubliche: Der alte Bulle Charlie Chin nahm einen Lachs an, schwamm zu der Kuh, die entkräftet und sonnenverbrannt an der Meeresoberfläche dümpelte, und »redete« lange mit ihr. Dann ließ er den Fisch vor ihrer Schnauze fallen. Sie packte diesen am Schwanz, zog Kreise und »antwortete«. Charlie Chin biss in den Kopf des Lachses, der aus ihrem Maul hing. Die Wale schwammen umher, den Fisch zwischen sich gespannt. Schließlich rissen sie ihn in zwei Teile, und jeder fraß seine Hälfte.

Charlie Chin und die Kuh vertilgten später jeweils 200 Kilo Fisch am Tag. Sie wurden an einen Freizeitpark in Texas verhökert, doch im Oktober 1970, kurz vor dem Abtransport, von Unbekannten freigelassen. Ein paar Jahre später wurden sie vor Vancouver Island gesehen – mit einem jungen Kalb.

Warum sich die Orcas nicht an den Menschen rächen, ist auch für Paul Spong ein »absolutes Rätsel«. Möglicherweise hätten die Orcas, die seit undenklicher Zeit keine Feinde haben, die Bedrohung Mensch noch nicht zur Kenntnis genommen. Allzu lange sollten die Wale mit der Gegenwehr aber nicht warten. Denn obwohl ein Show-Orca heute eine runde Million Dollar kostet und der Schwertwal-Zirkus in den Vergnügungsparks dafür sorgt, dass die mächtigsten Raubtiere des Meeres immer mehr zu einer Art See-Panda umgestylt werden, hat sich an dem uralten Orca-Gemetzel auf offener See anscheinend wenig geändert.

1997 kaufte das Zoologische Institut der Universität Hamburg den Kadaver einer bei Island angeschwemmten Orca-Kuh für seine Schausammlung. Bei der Obduktion fanden die Zoologen eine Ladung Schrot in der »Melone« des Tieres, der Fettkuppel auf der Stirn, die zum Abstrahlen und Bündeln der Ortungssignale dient. Im Rückgrat steckte ein großkalibriges Geschoss, die Halswirbelsäule war durch den Rammstoß eines Schiffes zerschmettert.

Mikroben: die Macht im Meer

Nicht Haie, Wale oder Riesenkraken sind die Herrscher der Ozeane – sondern winzige Mikroorganismen. Myriaden von Algen und Einzellern bilden die Nahrungsgrundlage der Meere, beeinflussen das Klima der Erde und bestimmen über das Schicksal der Menschen. Aber Klimaerwärmung und Überdüngung bedrohen die Vielfalt der Winzlinge ebenso wie den Bestand der unterseeischen Kelp-Wälder vor Kaliforniens Küste

VON GERD SCHUSTER

Wenn Farooq Azam mit Meerwasser hantiert, vergisst er alles um sich herum. Behutsam träufelt der Meeresbiologe ein paar salzige Kubikzentimeter aus einer langen Glaspipette in ein Plastikgefäß. Damit in der Pazifikdünung kein Tropfen danebenfällt, hat sich der Professor von der Scripps Institution of Oceanography in San Diego zwischen Gummiwulst und Steuerkanzel des Beiboots der »Starship« festgekeilt. Seine buschigen Augenbrauen sind vor Konzentration gesträubt. »Wasser«, sagt der 57-jährige Forscher, »ist ein ganz großes Wunder.«

Zurück auf der »Starship«, verpackt Azam seine Proben. Im Labor wird er unter dem Fluoreszenz-Mikroskop das Gewusel von Meerwasser-Mikroben betrachten, das jeden Tropfen zu einem lebensstrotzenden Universum macht. »Heute ist es kaum noch zu verstehen, dass wir uns bis vor wenigen Jahren nur um Fische und andere Meerestiere kümmerten und es für unmöglich hielten, dass in der offenen See größere Mengen von Mikroorganismen leben können. Wir haben mehr als 99 Prozent des Lebens im Meer übersehen.«

Kopfschüttelnd geht der aus Pakistan stammende Gelehrte ins Ruderhaus der »Starship«, die zurückkehrt zu ihrem Liegeplatz auf

Shelter Island. Farooq Azam berichtet von seinen Entdeckungen und denen seiner Kollegen. Je genauer die Wissenschaftler das Meerwasser unter die Lupe nahmen, desto größere Heerscharen von mikroskopischen Winzlingen entdeckten sie: In einem einzigen Liter Oberflächenwasser drängeln sich Dutzende Milliarden Viren, etwa eine Milliarde Bakterien, rund fünf Millionen tierische Einzeller und eine Million Algen. Selbst in der lichtlosen und lebensfeindlichen Tiefe von 6000 Metern schwirren noch viele Hundert Millionen Viren und Dutzende Millionen Bakterien in jedem Liter umher.

Will man die Mikrobenpopulation ausrechnen, kommt man auf Zahlen, die jedes Vorstellungsvermögen sprengen. Denn die Ozeane, 361 Millionen Quadratkilometer groß und im Schnitt 3,7 Kilometer tief, enthalten rund 1,4 Milliarden Kubikkilometer Wasser – das sind 1 400 000 000 000 000 000 000 Liter. Nicht Großwale und Haie, Orcas und Riesenkraken, sondern die fürs bloße Auge unsichtbaren Einzeller-Myriaden sind die Macht im Meer. Allein Algen produzieren so viel Biomasse wie alle Wälder, Felder, Wiesen und Gärten auf dem Festland zusammen. Lange glaubte man, die Algenblüte sei auf Küstenzonen beschränkt. Doch dann zeigten Satellitenfotos, dass der Nordatlantik im Frühjahr vom US-Bundesstaat North Carolina bis nach Spanien ergrünt. Wesentlichen Anteil an diesem Aufblühen des Meeres hat die blaugrüne Alge Prochlorococcus marinus, eine Art Zwitter zwischen Bakterium und echter Alge. Sie wurde vor zehn Jahren rein zufällig von der amerikanischen Meeresbiologin Sally Chisholm entdeckt. Dabei ist der nur 0,0007 Millimeter große Einzeller die häufigste Kleinstpflanze der Ozeane. Sie produziert in vielen Meeresgebieten rund ein Drittel der pflanzlichen Biomasse. Bakterienschwärme verzehren rund die Hälfte der von Prochlorococcus und den anderen Algen synthetisierten Biomasse. Wie, weiß man erst seit wenigen Jahren. 1995 beobachteten Forscher, dass die mikroskopischen Myriaden im Meer nicht passiv auf Nahrung warten, sondern ihre Beute mit chemischen Sinnen orten, auf sie lospaddeln und sie mit ihrem Arsenal von Enzymen zerlegen. Bei dem großen Mikroben-Gelage frisst jeder jeden, und alle tun sich nebenher auch an den diversen Formen organischer Stoffe gütlich.

Simple horizontale »Nahrungsketten« gibt es nicht. Die von Generationen von Biologielehrern verbreitete Doktrin, Kleinsttiere weideten Algen ab und würden ihrerseits von Fischen verzehrt, war eine meeresbiologische Milchmädchenrechnung. Azam: »Bei dem Gerede darüber haben wir das wirklich wichtige Leben im Meer total missachtet und übersehen, dass die Ozeane ohne die Bergungs- und Recyclingarbeit der Bakterien rasch zu Unterwasserwüsten verkommen würden.«

Ebenfalls neu und noch ein wenig gewöhnungsbedürftig ist die Erkenntnis, dass Wasser für die Mikroorganismenschwärme quasi Balken hat: Der Lebensraum der Winzlinge ist von miteinander verknüpften Makromolekülen wie von Hängebrücken durchzogen – einem Flechtwerk, das unsere Vorstellungskraft auf eine harte Probe stellt. Azam: »Das Meerwasser besitzt ein Gerüst von langen Ketten aus Polysacchariden – Zuckermolekülen aus der klebrigen Hülle der Algen – sowie aus der Erbsubstanz DNS, Kolloiden und Polymeren. Unter dem Mikroskop sieht man Bündel von transparenten Fäden, Häuten und Filmen. Sie machen das Wasser zu einem dünnen Gel. Hier finden die Bakterien unzählige Nischen, in denen sie leben können.«

Azams Team hat errechnet, dass in einem einzigen Milliliter Seewasser, einem Würfel mit einem Zentimeter Seitenlänge, etwa zwei Kilometer DNS-Moleküle, 310 Kilometer Proteine und 5600 Kilometer Polysaccharide ausgespannt sind. »Ein dichteres Netz ist kaum denkbar.« Weil der Mikrokosmos einzelliger Fressmaschinen und Chemiefabriken sämtliche biochemischen Zyklen in den Meeren kontrolliert, bestimmen die Winzlinge über die Zukunft der Menschheit – und zwar gleich mehrfach. Beispielsweise steuern sie den Kohlenstoffkreislauf – und damit den Treibhauseffekt. Die Algen binden rund die Hälfte der von uns Menschen in Form von Kohlendioxid jährlich in die Atmosphäre gepusteten sechs Milliarden Tonnen Kohlenstoff. Täten sie das nicht, wüchsen in Grönland vielleicht längst Palmen. Die Bakterien entscheiden auch, welcher Teil des ungeheuren Kohlenstoffreservoirs im Meerwasser in Treibhausgas umgewandelt wird.

Azam: »In den Ozeanen ist zehnmal mehr Kohlenstoff gelöst, als in allen lebenden Tieren und Pflanzen enthalten ist.« Gewaltige Mengen des Grundbaustoffs irdischen Lebens sinken darüber hinaus als wasserunlösliche Chemikalien zum Meeresgrund. »Käme eine Bakterie auf die Idee, auch nur zehn Prozent des gelösten Kohlenstoffes oder der schwer zu knackenden Verbindungen in CO_2 zu verwandeln, würde die Erde zum Dampfkochtopf.«

Fazit des Forschers: »Die Bakterien haben uns in der Hand. Mikroorganismen spielen in allen globalen Klima-Szenarien die Hauptrolle. Sie kontrollieren sämtliche Parameter des Ökosystems. Sie steuern die Welt.« Doch die Menschen pfuschen den Winzlingen ständig ins Handwerk. Sie missbrauchen die Meere als Abfallkippe, Jauchegrube, Ölsumpf, Sonder- und Atommülldeponie sowie als Endlager für Giftgase und Kampfstoffe. Sie rotten eine Fischart nach der anderen aus und blasen derart viel Kohlendioxid in die Luft, dass die resultierende Erderwärmung die mächtige, aber sehr sensible Maschinerie der Meere durcheinander bringt.

»Sie glauben nicht an Erderwärmung? Dann schauen Sie sich das mal an.« John McGowan hebt zwei Marmeladengläser hoch. Das eine scheint mit dicker Hühnersuppe gefüllt; der Inhalt des anderen ist fast wasserklar. Beide Gefäße, erklärt der Scripps-Ozeanograph, enthalten an der gleichen Stelle vor der kalifornischen Küste entnommene Proben von Zooplankton – im Seewasser wimmelnde Winztierchen. Zwischen den beiden Proben liegen vier Jahrzehnte: Das eine Glas stammt aus dem Jahr 1954, das andere von 1994. »Unsere Studien beweisen, dass die Dichte des Zooplanktons in dieser Zeit um 80 Prozent abgenommen hat«, sagt der 73-jährige Forscher mit dem grauen Wurzelbart. »Zugleich ist die durchschnittliche Temperatur des Oberflächenwassers von 12,5 auf 14,1 Grad gestiegen. Das ist kein Zufall.«

Für McGowan, dessen Institut seit 1916 die Meerestemperaturen misst und seit 1951 die Planktondichte eines 130.000 Quadratkilometer großen Gebiets vor der kalifornischen Küste überwacht, ist es unbestreitbar, dass die Erderwärmung im Norden des Stillen Ozeans »fundamentale Veränderungen« bewirkt hat. Unter ande-

John McGowan, Meeresbiologe aus San Diego, vergleicht zwei Planktonproben, zwischen denen vier Jahrzehnte liegen. Von 1954 bis 1994 hat die Dichte des Zooplanktons vor Kaliforniens Küste um 80 Prozent abgenommen.

rem sei der Transport von Nährstoffen aus dem Tiefenwasser an die Oberfläche unterbrochen worden. Weil das Zooplankton verschwinde, seien mehrere planktonfressende Vogelarten dezimiert worden, und der Fischfang sei um 37 Prozent zurückgegangen.

Mit Aussagen über Gründe der Erwärmung ist McGowan noch vorsichtig. »Höchstwahrscheinlich erfahren wir in den nächsten fünf bis zehn Jahren, ob wir daran schuld sind.« Was der Forscher nicht ausspricht, steht in sein wettergegerbtes Gesicht geschrieben: Dann gnade uns Gott. »Wir kennen vom Meer und seinen Gesetzmäßigkeiten nur etwa ein Prozent, deshalb sollten wir die Finger von ihm lassen und nicht mit ihm herumpfuschen.«

Aus einem ganz anderen Grund beunruhigt der Gedanke an eine Erderwärmung Scripps-Wissenschaftler Russ Davis. Sein Forschungsgebiet sind Tiefseeströmungen. Seit 1990 hat er in den Weltmeeren knapp 1000 rund 1,20 Meter lange Aluminiumzylinder aussetzen lassen. Die schlanken Schwimmkörper treiben in 900 bis knapp 2000 Meter Tiefe in den mächtigen Unterwasserflüssen, steigen alle 25 Tage an die Meeresoberfläche, funken ihre Position an einen Satelliten und tauchen wieder ab. So lässt sich enträtseln, welchen Weg die »jet streams« des Meeres nehmen

Die Tiefseeströmungen bilden laut Davis ein komplexes Netzwerk gewaltiger Naturkräfte. Der die Antarktis umkreisende Südpolarstrom etwa ist 1000 Kilometer breit, 20.000 Kilometer lang und schiebt 100 Millionen Tonnen Wasser pro Sekunde durch die Tiefsee. Alle irdischen Flüsse zusammen schaffen nur ein Bruchteil davon. Verlasse ein solcher Mammutstrom seinen Kurs, sagt Davis, werfe er damit alle anderen Tiefseeflüsse aus ihrer Bahn. Antrieb der Strömungen ist das Gefälle im Salzgehalt der Meere, das vor allem durch Verdunstung von Atlantikwasser entsteht. Der zweitgrößte Ozean des Planeten verliert nach Berechnungen des amerikanischen Forschers Wallace Broecker pro Sekunde 350.000 Tonnen Wasser als Dampf. Dadurch steigt seine Salzkonzentration. Doch dieser »Motor« ist sehr anfällig für Klimaänderungen: Süßes Schmelzwasser von Gletschern kann ihn lahmlegen und so die Strömungsriesen stoppen.

Sollte das passieren, wären die Folgen katastrophal: Würde nur die obere Schleife des globusumspannenden Strömungssystems, das Broecker »das große Förderband« getauft hat, ihren Kurs ändern oder zum Stillstand kommen, bräche in London und Hamburg eine neue Eiszeit aus. In weiten Teilen Europas herrschte klirrende Kälte wie auf Spitzbergen, der Insel im Nordpolarmeer. Das Förderband führt in Form einer verknautschten Acht um die halbe Welt. Seine obere »Schleife« befördert warmes Oberflächenwasser vom Nordpazifik über den Indischen Ozean und um Afrika herum in den Nordatlantik. Die »Heizung Europas« gibt dort eine Wärmemenge an die Luft ab, die der Leistung von 400.000 großen Atomkraftwerken entspricht. Einmal ist die Katastrophe schon eingetreten: Vor rund 13.000 Jahren brachten Süßwassermassen, die von Gletschern ins Nordmeer geflossen waren, das Förderband zum Stillstand, und zwar ganz plötzlich. Bei der Untersuchung von Eisbohrkernen stellte sich heraus, dass das Klima damals innerhalb von nur zehn bis 20 Jahren komplett gekippt war.

In der kalten Tiefsee lauert eine weitere tödliche Gefahr für die Menschheit: Billionen Tonnen eines Gemisches aus Methan und Wasser, das unter dem hohen Druck kristallisiert ist. Bei einer Erwärmung der Ozeane könnte das Gashydrat, das an der Meeresoberfläche wie Zitroneneis aussieht, in seine Bestandteile zerfallen. Ungeheure Mengen Methan, dessen Treibhauswirkung zehnmal stärker ist als von CO_2, würden aus der See in die Atmosphäre blubbern – und durch die von ihnen bewirkte Aufheizung weitere Hydratlager aufkochen. Die Erde würde zum Backofen.

Unter der von McGowan festgestellten Wassererwärmung leidet auch der Kelpwald bei Point Loma. Das zehn Quadratkilometer große Biotop ist nur ein paar Kilometer von Scripps entfernt. Die »Starship« pflügt an der schmalen Landzunge entlang durch das ölig glatte Wasser. Nur hier und da sind Kelpzweige zu sehen. Die Stürme vom vergangenen Herbst haben die meisten der bis 50 Meter hohen Braunalgen-»Bäume« entwurzelt. »Ein ganz normaler Vorgang«, sagt die Meeresbiologin Mia Tegner, »die Bäume wachsen rasch wieder nach. Schlimmer sind Skrupellosigkeit und Gier der Menschen.« Sie weist auf einen rund 300 Meter entfernt liegenden Kutter, auf dessen Deck ein Tauchkompressor knattert: »Da drüben greift sich jemand die letzten Seegurken.«

Mia Tegner und ihr Kollege Paul Dayton, Scripps-Professor für Meeresökologie, haben während der vergangenen 27 Jahre auf mehr als 20.000 Tauchgängen mit ansehen müssen, wie der Tanghain vor ihrer Institutspforte von einem lebensstrotzenden »Regenwald des Meeres« (so nannte Charles Darwin die Kelpwälder wegen des »Laubdachs«, das die Pflanzen an der Wasseroberfläche ausbilden) zu einer Unterwassereinöde verkam. »Noch in den 50er Jahren war hier ein Paradies«, sagt Dayton. »Es wimmelte von kapitalen Kalifornischen Judenfischen, die über zwei Meter lang waren, und von großen Zackenbarschen, Haien und Mantas. Der weiße Sägebarsch war so häufig, dass beim Tauchen seine Schwärme stundenlang an einem vorbeizogen. Und auf dem Grund stapelten sich die Abalone-Schnecken übereinander.«

Das Schicksal der als Delikatesse geschätzten Abalone, die bis 30 Zentimeter groß werden und wegen der Form ihres Gehäuses bei uns »Meerohren« genannt werden, ist beispielhaft für die Zerstörung des Kelpwaldes. 1879 sammelten chinesische Einwanderer im flachen Wasser vor San Diego 1.860.000 Kilo, und ein Helmtaucher raffte 1913 in vier Stunden 1500 bis 2000 Kilo zusammen.

Zwischen 1969 und 1977 wurden die Bestände dann in großem Stil kommerziell ausgebeutet. Als die fünf wirtschaftlich bedeutenden Abalone-Arten im Mai 1997 endlich geschützt wurden, war es zumindest für die Weißen Meerohren, die begehrteste Art der delikaten Schnecken, zu spät: Ein Wissenschaftler, der ein mehrere Hektar großes Seegebiet nach Tieren für ein Zuchtprogramm absuchte, fand nur noch drei Exemplare. Alle waren männlich. Weil die Meerohren immer seltener werden, steigen nach dem Gesetz von Angebot und Nachfrage die Preise. Tiefgefrorenes Abalone-Steak kostet im US-Großhandel heute 330 Mark pro Kilo. Doch weil die Preise so gepfeffert sind, suchen die Fischer besonders eifrig nach den letzten Schnecken.

Als sie im Kelpwald auch alle Großfische und die Languste ausgerottet hatten, entdeckten sie den Kalifornischen Schafskopf-Fisch als neue Beute. Nach der Geschlechtsreife mit ungefähr vier Jahren ist das Tier zunächst weiblich und rot. Mit acht wird es männlich und trägt schwarzrote Streifen.

Ende der 80er Jahre wurden die Weibchen wegen ihrer Farbe bei Asiaten als »Good-luck-Fisch« beliebt, dessen Verzehr Glück bringt. Die Folge: 1989 zogen Fischer 16.203 Tonnen junger Weibchen aus dem Wasser, 1995 schon 194.942 Tonnen. Heute sind die Schafsköpfe verschwunden. Dadurch haben sich die Purpurseeigel, einst ihre Hauptbeute, explosionsartig vermehrt und fressen die Kelppflanzen ab.

Die roten Nadelkissen sind die letzten essbaren Überlebenden in dem Unterwasser-Forst, früher die Heimat von bis zu 1200 Arten. Im Unterschied zu den anderen ausgerotteten Seeigeln gelten sie als zu klein für Sushi. Dagegen sind die Gehäuseschnecken und Seegurken, die lange Zeit niemand wollte, mittlerweile so gut wie ausgemerzt. »Die Fischer wissen, dass ihr Beruf keine Zukunft hat«, sagt Paul Dayton bitter. »Deshalb schnappen sie sich den letzten Fisch, bevor es ein anderer tut – eine Katastrophe.« Nach dieser Maxime habe man 1949 die kalifornischen Sardinen fast ausgerottet, 1972 die peruanischen Sardellen und 1992 den neufundländischen Kabeljau. Alle drei Bestände galten als »unerschöpflich«.

Nach Angaben der Ernährungs- und Landwirtschaftsorganisation der Vereinten Nationen (FAO) stieg die angelandete Menge Fisch zwischen 1950 und 1989 von 18 auf 84 Millionen Tonnen. 3,8 Millionen Fangschiffe jagen Kabeljau, Knurrhahn und Köhler. Alle 17 wichtigsten Fanggebiete des Globus sind laut FAO an ihrer Ertragsgrenze angelangt. 86 Prozent der 152 kommerziell wichtigen Seefischarten sind nach einer Studie britischer Biologen bedroht. Obwohl die Schwärme schwinden, ist Verschwendung

Professor Farooq Azam bei einer Wasserprobe. Im Meer gibt es keine simplen »Nahrungsketten«. Das Leben beruht auf einem komplexen Geflecht von Räuber-Beute-Beziehungen.

weiterhin an der Tagesordnung: Zwischen 18 und 40 Millionen Tonnen, das sind 30 bis 70 Prozent der für den menschlichen Verzehr gefangenen Fische, werden nach einer Greenpeace-Schätzung als »Beifang« tot über Bord gespült.

Was auf den Meeren geschieht, ist für den Biologen Carl Safina von der National Audubon Society in New York ein totaler »Krieg gegen die Fische«, der auch noch staatlich subventioniert ist. »Die FAO hat ausgerechnet«, so Safina, »dass der globale Jahresfang einen Wert von rund 70 Milliarden Dollar hat, aber Kosten von 124 Milliarden verursacht. So entsteht bei der Zerstörung der Meere ein Defizit von 54 Milliarden.«

Auf der Brücke der »Starship« schüttelt Farooq Azam den Kopf. »Das ist Irrsinn. Das Geld, was dort unter gewaltigen Umweltkosten vergeudet wird, fehlt uns auch in der Forschung. Weil wir so kurz gehalten werden, entspricht unser Wissen über die Meere dem, was die Medizin vor 150 Jahren über den menschlichen Körper wusste. Damals war Aderlass das Allheilmittel.« Meeres-Meteorologe David Rogers stimmt Azam zu: »Wir beuten die Meere aus, aber wir wissen nichts über die Konsequenzen. Das kann sich rächen.«

Die amerikanische Meeresbiologin Sylvia Earle hat das Desinteresse an der Tiefsee auf einen Nenner gebracht. Der gesamte Etat für Tiefseeforschung der »National Oceanic and Atmospheric Administration« (NOAA), einer großen staatlichen Forschungsbehörde, habe 1993 schlappe 16 Millionen Dollar betragen. In die Toilette der amerikanischen Raumfähre dagegen habe man 23 Millionen Dollar investiert.

Neun Knoten, Richtung Robbenfelsen

Spröde und karg ist der größte Teil der langen Landzunge, die sich vor der Pazifikküste Mexikos ins Meer schiebt. Doch so arm an Attraktionen die Überwasser-Welt von Baja California ist, so reich ist sie unter dem Meeresspiegel. Für die Taucher der »Starship« sind die Begegnungen mit Seelöwen, Pelzrobben und See-Elefanten ein faszinierendes Vergnügen

VON WOLFGANG RÖHL

Es war auf der Fahrt zu den San-Benitos-Inseln, als unser Schiff zum ersten Mal Flagge zeigen musste. Treibstofffilter nicht rechtzeitig gewechselt, Strafe: abrupter Maschinenausfall. Kein Spaß bei Dreieinhalbmeter-Dünung nebst schaumgekrönten Windwellen. Die 23 Meter lange »Starship« kam heftig ins Rollen. Ganz ohne Fahrt funktionieren ihre hydraulischen Stabilisatoren nicht. Alles, was nicht solide verstaut war, ging da unvermeidlich koppheister. Ein Drehstuhl krachte von der Brücke in den Salon, ein Kühlschrank sprang auf und erbrach seinen Inhalt. Schranktüren und Schubladen, die man zu fixieren vergessen hatte (sie besitzen einen speziellen Sicherungsknopf für stürmische Passagen), schossen spukhaft auf und zu. Bei anderen funktionierte die Sicherung nicht.

Wir taumelten hektisch durch das Boot, um Schäden zu verhüten. Kamen uns dabei öfter in die Quere. Stellten schmerzlich fest, dass da und dort noch Haltegeländer fehlten. Die man überall benötigt in so einem unsteten Behältnis. Es war der erste echte Test für die »Starship«, und ein notwendiger. Denn auf jedem nagelneuen Kahn gibt es Schwachstellen, technische und menschliche. Als der Filter ausgetauscht war und das Boot sich, wieder Fahrt machend, stabilisierte, wusste die Mannschaft: Es gibt einiges nachzubessern.

Landratten wie mir kommt die »Starship« zunächst als Geisterschiff vor, gesteuert von magischen Kräften. Wir fahren von San Diego nach Guadalupe. Das Eiland, Mexikos westlichster Posten, liegt 140 Seemeilen vor der Halbinsel Baja California. Was dazumal intensiven Seekartenstudiums und zäher Zirkelei bedurfte, geht heute so: Poliza schaltet auf der Brücke einen Computer an, das Herz des hochmodernen Navigationssystems. Auf dem Schirm erscheint die nördliche Pazifikküste. Per Tastendruck wird der Ausschnitt zwischen Abfahrts- und Zielort herangezoomt, mit der Maus eine Linie zwischen beiden gezogen. Klick. Ein Rechner, dessen 20.000 Dollar teure Software über die seekartografischen Daten aller Weltmeere und vieler Buchten verfügt, arbeitet in ein paar Sekunden den schnellsten Kurs aus. Dabei berücksichtigt er Hindernisse wie Inseln oder Untiefen.

Klick. Das Programm wird mit dem »Global Positioning System« vernetzt. GPS liefert permanent die Position des Schiffs. Klick. Die Kursbefehle, automatisch korrigiert um strömungs- oder windbedingte Abdrift, werden auf die Ruderanlage übertragen. So erreicht das Schiff sein Ziel mit einer Fehlermarge von höchstens ein paar Metern. Die Elektronik errechnet aus Fahrstrecke und »Speed Over Ground« (tatsächliche Geschwindigkeit) sogar die voraussichtliche Ankunftszeit. Christliche Seefahrt am Ende des zweiten Jahrtausends: Kinderspiel für Computerfreaks?

Leider zum Glück denn doch nicht. Darüber später mehr. Wir erreichen nach 24 Stunden Guadalupe, ohne ein einziges Mal den kleinen Hebel für die manuelle Steuerung berührt zu haben. Die Vulkaninsel in Form eines Seepferdchens kommt surreal in Sicht. Fast ratzekahl, mit schroffen Küsten, idealer Drehort für einen Endzeitfilm. Und doch hausen Menschen an diesem Ende der

Die Isla Adentro an der Südspitze vor der Insel Guadalupe besteht aus nacktem Fels vulkanischen Ursprungs, auf dem keine Pflanze Wurzeln schlagen kann. Eine Welt, die den Seevögeln und den Robben gehört.

bewohnbaren Welt. Wir ankern im Süden und fahren mit dem Beiboot zu einer Fischersiedlung. Ein paar Bretterbuden, eine garagenhafte Behelfskirche. Gefischt wird, je nach Windlage, von verschiedenen Buchten der Insel. In einem Dorf im Westen, das eine kleine Schule unterhält, leben 20 Familien.

Die Geldwirtschaft ist auf Guadalupe suspendiert, mangels Kapitalumlaufmöglichkeiten. Wir tauschen eine Flasche Whisky sowie eine familienfreundliche Großration Süßigkeiten gegen acht lebende Langusten. Die Krustentiere sind Handelswährung vor den Küsten Baja Californias. Intensivere Recherchen untersagt der lokale Militärkommandant aus Gründen nationaler Sicherheit. Kunststück: Wem wäre eine Landungstruppe, auf deren Windjacken ein seltsam gezackter stern aufgenäht ist, wohl ganz unverdächtig?

Krustentiere sind die gängige Währung der Fischer an den Küsten Baja Californias. Der Gegenwert wird in Whisky und Männermagazinen bezahlt.

Die Gewässer vor Guadalupe sind ein Kultziel amerikanischer Harpunen-Enthusiasten, die sich »Blue Water Hunter« nennen. Enorme Tun- oder Schwertfische sind ihre Lieblingsbeute. Sie jagen auf die rustikale Art – Gummizugharpune, keine Tauchflasche – und fühlen sich deshalb als Erben der Indianer. »American Spearos« (Wortspiel aus Speer und Held) leben riskant.

Guadalupe ist ein Revier des Großen Weißen Hais. Den lockt das Gezappel blutender Fische zuverlässig. Al Schneppershoff, ein Freund von *stern*-Fotograf Jim Watt, wurde vor Jahren nahe unserem gegenwärtigen Ankergrund von einem »Great White« tödlich verletzt. Sein vorletzter Ruf, erinnern sich die Jagdfreunde, lautete: »Tunfisch, 300 Pfund!« Sein letzter: »Hai!«

Wir jagen nur mit Unterwasserkameras, und das auch erst, nachdem uns Guadalupes Fischer versichert haben, der letzte »Gran Blanco« sei vor Monaten gesichtet worden. Vor der Steilküste umkreisen uns junge schwarze Guadalupe-Pelzrobben. Sich um die eigene Achse drehend, uns nicht aus den großen Glubschaugen lassend, kommen sie aus allen Richtungen immer näher, lassen sich beinahe berühren. Die Spezies, wegen ihres seidig glänzenden, mit einem Unterfutter versehenen Fells bei exklusiven Kürschnern hoch im Kurs, galt schon mal als nahezu ausgerottet. Inzwischen hat sie sich erstaunlich erholt. Beim Landgang heulen uns die Sympathiebolzen aus Felsenhöhlen an.

Auf der zehntägigen Fahrt entlang der Baja-Küste sehen wir mehr Meeresgetier als in drei Cousteau-Filmen. Irgendeine Delfineskorte schwimmt jeden Tag ein Weilchen vor dem Tropfenbug der »Starship« her. Die fetten, ulkigen See-Elefanten gähnen uns von den Inseln an, die wir passieren. Hunderte von Pilotwalen – auch sie eine Delfinart – umzingeln das Schiff auf offener See, ihrerseits beäugt von Schildkröten. Und auf den San-Benitos-Inseln

Im Meer vor der Isla Benito del Centro tummeln sich Hunderte kalifornischer Seelöwen. Die menschenfernen Felsen bieten ihnen ideale Lebensbedingungen.

schaffen sich kalifornische Seelöwen rudelweise von ihren Sonnenfelsen, als unser Beiboot aufkreuzt. Wir sind kaum abgetaucht, als die silbermetallicfarbenen Torpedos, offenkundig nach Action lechzend, uns in ihre Mitte nehmen. Wem so etwas widerfährt, der ist reif für den Robbenschutzverein.

Inselhüpfen. Von den Benitos weiter zur Isla Cedros. Da päppeln sie Tunfische für den japanischen Markt hoch. Ein einträgliches, nicht unbedingt sympathisches Geschäft. Wir fotografieren im Inneren eines 20 Meter tiefen Netzgeheges. Ein paar hundert der bis zu 60 Kilo schweren Tunas drehen dort ihre Runden wie Knackis beim Hofgang. Behutsam laufen wir aus, wegen der zahlreichen Langustenfallen um den Hafen. Kurs Festland. Baja California ist eine der eigenartigsten, grandiosesten Landschaften der Welt. In der Abendsonne wirken ihre schluchtendurchzogenen Hügelketten wie von einer Riesenfaust zerknautscht.

Jede Reiseetappe braucht Zeit. Die »Starship« läuft im Normalbetrieb neun Knoten. Siebzehn km/h, Radlergeschwindigkeit. Oft fahren wir die Nacht durch. Jeder an Bord, auch der *stern*-Reporter Röhl, muss Wache schieben. In Wahrheit nämlich fährt das Schiff keineswegs von selbst. Im Gegenteil. Die hochgerüstete Technik muss dauernd gecheckt werden. Pendelt die Motordrehzahl um 1600 UpM? Liegen alle Drücke und Temperaturen, die ein Display auf der Brücke anzeigt, im grünen Bereich? Folgt das Boot, ein Pünktchen auf dem LCD-Schirm, brav dem vorgezeichneten Kurs? Zeigt das Echolot ausreichend Wasser unter dem Kiel? Was bedeuten die komplizierten Wetterdaten, die wir empfangen?

Ein Ohr lauscht dem Funkgerät, das auf den Kontakt- und Notfallkanal 16 eingestellt ist. Ein Auge vergewissert sich, wo im Jet-Cockpit-ähnlichen Gewirr der Schirme und Schalter und Tastaturen sich die womöglich lebensrettende MOB-Taste befindet. Sie

Ruhe suchen See-Elefanten am Strand, wo sie sich mit Sand zuschaufeln. Die 2 bis 3 Meter großen, fetten Tiere sehen aus wie aus einer Liaison von Robbe und Elefant hervorgegangen.

speichert im »Man Over Board«-Fall die aktuelle Position. Ohne die es bei Nacht kaum eine Chance gäbe, ein abgängiges Crewmitglied aufzufischen.

Ständig müssen Monitore überwacht werden, eingestellt etwa auf Maschinenraum und Heck. Nachts hellt eine Infrarotkamera die See auf. Zwei Radarschirme sind zu checken. Liegt da irgendwer mit uns auf Kollisionskurs? Auch die Überwacher werden überwacht. Wenn wir nachts nicht alle zehn Minuten eine Art Stechuhr drücken, schrillt der Alarm. Wir könnten ja entschlummert sein, im wiegenden Rhythmus des Bootes.

Geschlafen wird auf der »Starship«, wann es gerade passt. Wachdienst geht vor. Wir haben rasch begriffen: Auch das ankernde Boot muss kontrolliert werden. Nachts lassen wir das Radar

Letzte Ruhe finden die Toten der Küstenregion auf dem steinigen Gottesacker von Puerto Magdalena.

laufen, stellen den Radius ganz eng ein. Einmal, gegen ein Uhr früh, fängt das Gerät an zu fiepen. Mit einem Restlichtverstärker glasen wir die Finsternis ab.

Sieh da: In einem Panga, dem offenen Fischerboot der Region, warten 200 Meter von der »Starship« zwei Gestalten auf ihre Chance. Die schöne »Starship« weckt unvermeidlich Begehrlichkeiten. Eine Tauchflasche mit Tarierweste zum Beispiel, wie sie stets einsatzbereit am Heck steht, ist für manch armen Hund eine enorme Verlockung. Arme Hunde aber gibt es in der Baja wie Kakteen, und nicht nur dort. Dennoch haben wir vor, unsere Ausrüstung zu behalten.

Kurs Südost, Richtung Bahia Magdalena. Wir sind auf dem Whale Highway, sagt Jim. Er kennt die Baja wie seine Kameratasche. Ab Mitte bis Ende Dezember sammeln sich Grauwale in der riesigen Bucht, um sich zu paaren und Junge zu werfen. Dass sie wieder so weit südwärts ziehen, manche sogar bis zur Spitze der Halbinsel, ist relativ neu. Es beweist, wie sehr die Populationen erstarkt sind, dank der internationalen Ächtung des Grauwalfangs.

Bei Punta Belcher sehen wir Reste einer 150 Jahre alten Walfängerstation nebst ausgebleichten Mega-Knochen. Einst gab es hier Winter für Winter ein Gemetzel. Auch heute profitieren die Fischer von den Riesen. Wal-Gucker mit Booten hinauszufahren ist ein hübsches Saisongeschäft geworden. Die Mag Bay bietet eine Alternative für Touristen, denen die nördlicheren Whalewatcher-Lagunen von Guerrero Negro oder San Ignacio zu überlaufen sind. Hier unten herrscht noch träge Ruhe.

Auf der lang gezogenen Isla Magdalena entdecken wir ein einzigartiges Biotop. Eine weiträumige, bewachsene Dünenlandschaft wie in Westjütland, gesäumt von einem zig Kilometer langen, blitzsauberen Traumstrand. Kein Hotel, nicht die kleinste Bude zerstört das robinsoneske Idyll. Dessen einzige Nutzer scheinen langschnäbelige Strandläufer zu sein. Ein irgendwie anachronistischer Platz, wie aus einem Logbuch von James Cook oder einem Roman von Joseph Conrad.

Die ersten 100 Tage auf See

Kinderkrankheiten, Crew-Querelen, technische Probleme – jeder Anfang ist schwer. Es dauert einige Zeit, bis Mannschaft und Schiff zusammengewachsen sind und ihre erste Bewährungsprobe in einer stürmischen Nacht vor der mexikanischen Küste bestehen. Michael Poliza erinnert sich

Endlich unterwegs! Weg von der Werft und den letzten Horror-Monaten. Ich habe immer gedacht, ein Computerunternehmen mit 150 Mitarbeitern zu führen sei Stress. Aber es war ein Sonntagspicknick dagegen, ein Schiff zu bauen, noch dazu so komplex und unter so großem Zeitdruck. Stress mit der Werft, Stress mit der Mannschaft, Stress mit dem stern, der neun Stunden weit weg ist und nicht begreift, warum alles so lange dauert. Da die Werft immer noch einen Tag brauchte und noch einen, sind wir schließlich einfach losgefahren, buchstäblich bei Nacht und Nebel und unter Offenlassen diverser Rechnungen für Unerledigtes. Der Werftchef tobt. Will uns die Küstenwache hinterherschicken. Mein Anwalt beruhigt mich.

Kurs San Francisco. Ich Kapitän. Respekt! Der Sprung vom sechseinhalb Meter langen Motorflitzer zur 23 Meter langen »Starship« ist größer, als ich dachte. Aber dank Bug- und Heckstrahlruder lässt sie sich leicht manövrieren. Fünf Tage Fahrt und unterwegs kaum Häfen, in die wir bei technischen Problemen oder schwerem Wetter flüchten könnten. Vorsichtshalber ist ein zweiter Kapitän an Bord, der die Küste kennt. Doch das Glück ist auf unserer Seite. Das berüchtigte Revier vor Oregon und Nordkalifornien bleibt friedlich, das Wetter gut, die Sonne freundlich. Und langsam hebt sich meine Stimmung.

Bis am dritten Tag achtern plötzlich ein grauer Punkt auftaucht und schnell größer wird. Ein Schiff der US Coast Guard! Hat sich mein Anwalt getäuscht? Mit zwanzig Knoten Fahrt rauschen die Küstenschützer heran, holen die langsame »Starship« ruck, zuck ein und stoppen 200 Meter steuerbords. Angriff ist die beste Verteidigung, denke ich, und suche Funkkontakt. Ein wenig stotterig noch, aber dann klappt die Verständigung. Was macht so ein kleines deutsches Schiff hier, will die Coast Guard wissen, das auch noch diesen merkwürdigen Namen trägt – »Starship«. Ich erläutere unser Projekt und sehe, dass sie das Schiff mit Ferngläsern abchecken. Dabei sehen sie auch den Hinweis auf die Website am Brückenhaus. Jetzt beruhigt sich die Lage. »Good luck on your trip!« Und schon sind sie wieder weg.

San Francisco – Los Angeles – San Diego. Reporter kommen an Bord, Fernsehstationen berichten, das berühmte Monterey-Aquarium zeigt uns seine Schätze. In San Diego kommt die Werft erneut an Bord und versucht, die letzten Mängel zu beseitigen. Aber auch nach zwei Wochen ist noch nicht alles fertig. Wir kaufen ein und bunkern. Fast 8000 Ersatzteile und jede Menge Verbrauchsmaterial. Noch gibt es alles in Hülle und Fülle, und alles kann über Nacht geliefert werden. USA – das Logistikparadies.
Dann, wenige Meilen südlich von San Diego, ändert sich die Lage schlagartig. Kein Handy-Kontakt mehr, kaum Schiffe, und auch auf Kanal 16, der internationalen Ruf- und Notruffrequenz, wird es ruhig. Jetzt wird es zum ersten Mal ernst. Bisher war es ein Schönwettertrip und die Küstenwache immer in Rufweite. Zum ersten Mal lassen wir jetzt auch das Festland im Heckwasser. Vor uns liegt Guadalupe, ein gottverlassenes Inselchen, 200 Kilometer vom mexikanischen Festland entfernt.

Und dann kommt es, wie es kommen muss. Es fängt an zu blasen. Erst nur mit fünf bis sechs Beaufort, aber in der Nacht wird der Wind stärker, wir messen acht, in Böen neun Windstärken. Dann fällt plötzlich die Maschine aus. Wenn das Herz stehen bliebe, könnte der Schreck auch nicht viel größer sein.

Die »Starship« tanzt auf den großen Pazifikwellen wie eine Nussschale. Alles fliegt durcheinander. Auf alles habe ich versucht, mich vorzubereiten, jedes Buch über Stürme, Seenot und Krisenmanagement auf See gelesen – und jetzt möchte ich diesen Film nur noch anhalten, er ist mir zu heftig. Aber da gibt es keinen Stoppschalter, und die

Wenn die Küstengewässer für die flache »Starship« zu seicht werden, steigt die Crew auf das Zodiac-Beiboot um.

Minuten verrinnen und dehnen sich zu Stunden. Doch Ib, unser dänischer Mechaniker, bleibt gelassen und hat die Lage auch bald wieder im Griff. Die Treibstofffilter waren verstopft. Nachdem sie gewechselt sind, springt der Motor an, und die »Starship« stampft wieder ihrem Ziel entgegen. Die Stimmung an Bord steigt. Wir bekommen das Schiff immer besser in den Griff, das Leben an Bord spielt sich ein, und die ersten ausgedehnten Tauchgänge sind überwältigend. Wir begegnen den riesigen Mantarochen bei Socorro, den kalifornischen Seelöwen bei Los Islotes in den Buchten der Baja California und – besonders beeindruckend – den Walhaien, den größten Fischen der Meere. Weihnachten verbringen wir auf einer Trauminsel für Taucher, der Isla de Cocos, 600 Kilometer vor Costa Rica. Und auf dem Weg dahin erlebe ich den schönsten Sonnenuntergang meines Lebens, eine Symphonie in Rot und Gold, ultimativ kitschig und einfach klasse.

Hauptanziehungspunkt der Isla de Cocos sind Haie. Kein Tauchgang, ohne dass man 50, 60 von ihnen begegnet. Manchmal sind es Hunderte – Riff-Haie, Galapagos-Haie und riesige Schulen von Hammerhaien. Seltsamer Effekt: Weil es so viele sind, verliert man die Angst vor ihnen. Man muss sich entscheiden: Entweder bekommt man einen Herzinfarkt, oder man gewöhnt sich an sie. Wir entscheiden uns fürs Letztere. Silvester sind wir wieder auf See. Es ist mein Geburtstag. Ich schlafe ins Jahr 1999 und mein neues Lebensjahr hinein. Keine Raketen. Auf der Brücke stößt die Wache um Mitternacht mit sich selbst an. Alles entspannt. Der Panamakanal treibt den Adrenalinpegel wieder nach oben. In den Yachthäfen erzählt man sich Horrorgeschichten über den Papierkram, der zu bewältigen ist, und den Überlebenskampf kleiner Schiffe zwischen den Containerriesen im gurgelnden Strömungswasser der großen Schleusenkammern. Aber bei dem Papierkrieg hilft der nette Agent Pete Stevens, und auch beim Schleusen geht alles gut. Nach einem Tag Kanalfahrt haben wir die Karibik erreicht.

Dort mache ich meinen ersten schweren seemännischen Fehler. Da Sturm gemeldet ist, will ich versuchen, ihm auszuweichen, und eine Abkürzung durch die Honduran Banks fahren. Genau falsch. Denn statt rauszufahren aufs Meer und uns dem schweren Wetter auf sicheren Wassertiefen zu stellen, sind wir plötzlich zwischen unzähligen Untiefen in flachen Gewässern gefangen. Es wird dunkel, der Wind kommt von vorn und nimmt noch zu, und die Strömung schiebt von hinten. Die Wellen werden immer kürzer und steiler, hart fällt das Schiff in jedes neue Wel-

Begegnung mit einer Ikone: Bei dem für San Francisco typischen Nebel fährt die »Starship« unter der legendären Golden Gate Bridge durch und erreicht ihren ersten sicheren Hafen.

lental. Eine unangenehme Lage, in der wir uns ganz auf unsere TRANSAS-Navigationsanlage verlassen müssen und uns mit Radarhilfe zwischen den Inseln und Riffen hindurchtasten. Katastrophal wird die Lage, als plötzlich das GPS ausfällt. Es liegt nicht am Gerät – für das wir Ersatz hätten –, sondern an der Kommunikation mit den 24 Satelliten, die uns unseren Standort verraten. Jetzt haben sie Sendepause, und wir wissen nicht, wo wir sind. Wenn es nicht so heiß wäre, ginge mir der Arsch auf Grundeis. Denn die Inseln sind zwar auf dem Radarschirm zu erkennen, aber bei diesem Sturm ist das Meer so aufgewühlt, dass sich brechende Wellen über einem Riff auf dem Radarbild unerkannt bleiben – und mit ihnen leider auch das Riff. Hans Albers schießt mir durch den Kopf: »Schroff ist ein Riff und schnell geht ein Schiff zugrunde / Früh oder spät schlägt jedem von uns die Stunde . . .« Aber das wäre doch verdammt früh.

Zum Glück nimmt das GPS nach fünf Minuten seine Arbeit wieder auf, und die Lage beruhigt sich. La Paloma, ohé! Über Funk kommt wenig später ein Hilferuf der US-Küstenwache. Einer Segelyacht ist das passiert, was ich befürchtet hatte: Sie ist auf ein Riff gelaufen und in Not. Wir bieten unsere Hilfe an, sind aber zu weit weg. Die Küstenwache notiert unsere Position und verspricht, uns auf dem Laufenden zu halten. Zwei Stunden später Entwarnung. Ein Fischkutter konnte das Segelschiff relativ unbeschädigt vom Riff ziehen. Und vier Wochen später in Florida kommt der Skipper der Yacht zu uns an Bord und bedankt sich für unser Hilfeangebot. Die Welt ist klein.

SÜDAMERIKA

Humboldt – ein Preuße am Orinoco

Vor 200 Jahren brach der deutsche Naturforscher Alexander von Humboldt zu einer Expedition nach Venezuela auf. Von der Küste folgte er dem Lauf des Orinoco, der sich mehr als 2000 Kilometer lang ins Landesinnere windet. Als er zur Heimreise wieder an Bord geht, führt er 45 Kisten voll exotischer Fundsachen mit sich

VON RAINER FABIAN

Am 16. Juli 1799, die Sonne ist gerade aufgegangen, fährt die Fregatte »Pizarro« in den venezolanischen Hafen Cumaná ein. Zwei Männer stehen an der Reling und blicken auf die Mündung des Manzanares-Flusses. Einbäume kommen ihnen entgegen, in denen Indianer sitzen, unbeweglich wie »Bronzestatuen«. Alexander von Humboldt hört das Schlagen der Ruder, die in das hellgrüne Wasser eintauchen, sieht die »Schätze der armen Indios«, Wunder der Tropen in seinen Augen, Bananenbüschel, den Schuppenpanzer eines Gürteltiers, »Früchte als Trinkgefäße«.

Schon beim ersten Blick auf die Uferlandschaft überkommt Humboldt das Entzücken vor dem »großartigen Charakter der tropischen Natur«. Da fliegen Silberreiher, Flamingos und Pelikane vorüber, da wachsen Kandelaber-Kakteen, Mimosen und »Bäume mit riesenhaftem Wuchs auf den Hügeln«, und da sind – wie er hinzufügt – »viele, viele echte halbwilde Indianer«. In den ersten Tagen sind der preußische Naturforscher Alexander von Humboldt und der französische Botaniker Aimé Goujaud Bonpland aufgeregt wie Kinder an einem Muschelstrand, »wir konnten kaum die Pflanzen tragen, die wir bei jedem Schritt sammelten«.

Da ist die Tropenidylle am Fluss, da sind die Delfine, die den Manzanares heraufkamen und die Badenden erschreckten, da sind die Einwohner der ältesten spanischen Stadt des südamerikanischen Kontinents, die des Nachts bei »schönem Mondschein Stühle ins Wasser stellten«, die Füße in die Kühle streckten, Zigarren rauchten und in die Nacht schwatzten.

Die »Pizarro«, auf der Humboldt und Bonpland den Atlantik überquerten, war von einem halbirren Kapitän geführt worden.

Schon zwischen den Kanarischen Inseln wusste der Seemann oft nicht, wo er sich befand. So hielt er einen Basaltfelsen für eine militärische Festung, grüßte den Klotz durch Flaggenhissen, und am Hafen von Cumaná fuhr er fast vorbei.

In Cumaná war aus dem spanischen Postdampfer ein schwimmendes Hospital geworden. Im stickigen Zwischendeck herrschte typhusähnliches Fieber, das der Quacksalber an Bord einer mysteriösen »Verderbnis des Blutes« zuschrieb. Die Passagiere waren dem Fieberwahn verfallen – »keine Chinarinde an Bord«, notierte Humboldt. Ein Matrose war gestorben und seine Leiche beim Läuten der Totenglocke im Meer versenkt worden.

Am 25. März 1999, die Sonne ist fast untergegangen, läuft die »Starship« in den Hafen von Cumaná ein, bemannt mit Internauten und Cybersailors, unterwegs auf der benutzerfreundlichen Oberfläche des Planeten. Der erste Blick auf das Ufer von Cumaná, auf die verschwitzte Provinzhauptstadt des Bundesstaates Sucre, ein Blick in die Dritte Welt. Die Mündung des Flusses ist zu einem Müllschlucker verkommen, im Wasser treiben aufgehackte Kokosnüsse und Plastikflaschen, es riecht nach Fischblut und den Innereien geschlachteter Tiere. Östlich von Cumaná sieht man die Kette der Küstenberge, an denen das Humboldtsche Tropengrün wie mit riesigen Klauen weggekratzt ist, kahle Berge wie Tierkadaver, die unter der tropischen Sonne zerfallen.

Der erste Schritt an Land. Am Kai sitzt eine Frau und verkauft Chiclets, die kleinen rechteckigen Kaugummis. Abgesplitterte Fingernägel, ein goldglänzendes Gebiss, ein Karibiklächeln. Humboldt? »Wer ist das, dieser Humboldt?«, antwortet sie. »Ist das einer von der Regierung? Hat er was zu essen?«

Die Karibikküste, die einmal das Entzücken Humboldts gefunden hatte, ist zu einer Müllküste verkommen, eine riesige Franse von Plastikbechern, Kronkorken und Zigarettenkippen wäscht an die Strände. Und was in der von vielen Erdbeben totgemachten und von Schmutz zerfressenen Hafenstadt an Humboldt erinnert, das sind nur noch die Graffiti an den zerborstenen Mauern der Stadt, naive Malereien von tropischen Paradiesen, »nach denen ich mich seit meiner frühesten Jugend gesehnt hatte«, Bilder von Flamingos in ihrem Hochzeits-Rot, so fremd, so ausgestorben wie die Saurier.

Es war nicht nur der Wissensdurst gewesen, der Alexander von Humboldt in die Ferne getrieben hatte. Das preußische Wunderkind hatte es schon immer weit hinausgezogen, zu den Sternbildern des Südens, den »Ufern des Ganges mit ihren Bananenbäumen und

Forscher in der Wildnis und an der Küste: Humboldt und sein französischer Kollege Bonpland.

Palmen«, zu den Tropen. Humboldt fühlte sich »eingeengt, engbrüstig«, aber auch das »häusliche Leben der feineren Welt« stieß ihn ab. Nagendes Fernweh überfiel den Europamüden schon beim Anblick eines getrockneten Reishalms in einem Herbarium.

Aber er wollte wohl auch dem Schloss Tegel entkommen, dem düsteren Familiensitz, das die Humboldts in Erbpacht verwalteten. »Schloß Langweil« nannten es die Humboldt-Brüder Wilhelm und Alexander. Hier, inmitten von Sanddünen und Kiefernwäldern, hatten sie ihre Kindheit in »entbehrender Einsamkeit« verbracht, von Privatlehrern und der Mutter streng erzogen, die Alexander für das Finanzamt bestimmt hatte. An der Akademie der Wissenschaften in Berlin ließ der künftige Universalgelehrte kein gutes Haar, er verspottete sie als »Leprahaus«, mokierte sich über Wissenschaftler, die noch daran glaubten, dass die Pyramiden Vulkane wären und die Sonne eine Art Küchenofen, Rußhaufen die Sonnenflecke. Als er die berühmte Baumschule besuchte, sah er dort »viele Glieder der Naturforschenden Gesellschaft, krüppelhafte Figuren«, die ihm mehr Abscheu als Liebe zur Naturkunde einflößten.

Doch die Sehnsucht nach dem Exotischen gehörte in der Epoche der Forschungsreisen zum Zeitgeist. In den königlichen Gärten und Parks gab es Gewächshäuser, in denen Heliconien wuchsen, tropische Pflanzen mit Blüten, rot und riesig wie Fleischlappen. »Orchideenjäger« beschafften kostbarste, nie gesehene Blumen, die bei Krönungsfeierlichkeiten für eine Nacht an den Brüsten der Hofdamen erblühten. Seeleute brachten von ihren Reisen Kuriositäten mit, ausgestopfte Tiere, Tukanschnäbel, Schrumpfköpfe.

Nun ist Alexander von Humboldt in Cumaná, und auf die Einheimischen wirkt er wie ein Wesen von einem anderen Stern. Ein Mensch, der Gläser an die Augen hält! Der andauernd Steine und Pflanzen in die Taschen stopft! Die größte Attraktion ist das Mikroskop des merkwürdigen Fremden. Die Señoritas klauben sich gegenseitig die Läuse aus den Frisuren und wollen sie zu Monstren vergrößert sehen. »Jede Läuseart hat ihren eigenen indianischen Namen«, bemerkt Humboldt.

Fast ein halbes Jahr bleiben die beiden Naturforscher in Cumaná. Aber sie gehen nicht nur am Ufer des Manzanares spazieren, sie beobachten auch den Alltag in der spanischen Kolonie. Was Humboldt am meisten empört, ist der Menschenhandel. Wie sie die schwarzen Sklaven mit Kokosöl einreiben! Wie die Käufer den Männern den Mund aufreißen, »als wären sie zum Verkauf stehende Pferde!« Wie die Kreaturen geschlagen werden, mit Seekuhriemen.

Eines Nachts erleben Humboldt und Bonpland einen Meteoritenschauer: »Tausende von Feuerkugeln« rasen über den Himmel, und »viele zogen einen Schweif hinter sich her«. Dann das erste Erdbeben. Humboldt ist eher entzückt als verschreckt, spürt den heftigen Stoß, obwohl er gerade in der Hängematte liegt. Doch beobachtet er auch geistesgegenwärtig, dass sich die magnetische Neigung der Nadel um mehr als einen Grad vermindert. Am größten ist die Euphorie der beiden Freunde, als sie die Hafenstadt in Richtung Inland verlassen und – endlich! – in den Tropenwald eintreten. Der Urwald ist für Humboldt kein Schlachtfeld im darwinistischen Sinn, sondern ein Naturparadies. Er schwärmt von der Himmelsbläue, der Saftfülle der Kräuter und dem Glanz der »ungeheuren Blätter«, er fühlt sich in das »göttlichste und vollste Land« versetzt. Was Humboldt über die Pflanzen notiert, gleicht denn oft eher einem barocken Gemälde als einer botanischen Beschreibung der Spezies.

»Die verschiedenen Eindrücke der Fröhlichkeit und der Melancholie!« Quirlförmige Äste! Mimosen mit »sehr reizbaren Blättern!« »Nankinggelbe« Wollbüschel! »Der Seidenglanz und das strotzende Fleisch der« Saftpflanzen! Eine »schaumgebende« Seifenfrucht! Von Wind geschaukelte Rankengewächse! Schmarotzer, die »durcheinander wirren!« Und der Kuhbaum, dessen Rinde eine Milch ausscheidet, »die die Neger trinken!«.

Humboldt war Ökologe, als es den Begriff noch gar nicht gab. Wer die Wälder durch Brandrodungen zerstört, schrieb er prophetisch, zerstört die Quellen, »die Dürre des Bodens vermehrt sich in dem Verhältnis, wie die Bäume sich vermindern, die ihm Schutz vor den brennenden Sonnenstrahlen gewähren«.

Humboldt und Bonpland, das schienen Figuren zu sein wie aus einem Roman von Jules Verne. Auf den alten Stichen sieht man zwei modisch gekleidete Herren aus der Goethezeit, die durch die Raubtierwelt der Tropen streifen. Der Herr Baron trägt eine weite, bauschige Hose und eine langärmelige Bluse im französischen Stil, ein blaues Jackett mit vergoldeten Knöpfen und seinen »müden, alten Hut«, einen schwarzen Sombrero, und an einem exotischen Baum lehnt ein exotischer Eingeborener und reicht dem Herrn aus der Mark Brandenburg den Sextanten. Ununterbrochen ist er damit beschäftigt, die Welt zu erforschen, das Chaos durch Daten zu bändigen. Schon auf der Überfahrt nach Venezuela hatte er Längen- und Breitengrade und die Temperatur des Meerwassers gemessen, das an den Planken der »Pizarro« vorbeirauschte, hatte Tangbüschel unter dem Mikroskop betrachtet, Quallen und Fliegende Fische untersucht und festgestellt, dass deren Schwimmblasen 98 Prozent Stickstoff enthielten.

Auf der Reise ins Amazonasgebiet erfasst er die Fließgeschwindigkeit der Flüsse wie den Durchsichtigkeitsgrad der Luft; er macht Luftröhrenschnitte an Krokodilen und stellt fest, dass man aus deren Rückenmuskeln bessere Gitarrensaiten machen kann als aus den Därmen der Brüllaffen. Er misst die Neigungswinkel der Bergpfade und die Länge der Eingeweide (33 Meter) einer Seekuh.

Die Humboldt'schen Instrumente sind heute Museumsstücke: der Inklinationskompass, das Cyanometer (eine Skala zur Messung der Himmelsbläue), die Leidener Flasche (die älteste Form eines Kondensators), Eichmaß und Quecksilberhorizont und der achtzöllige Spiegelsextant »von Ramsden mit silbernem Limbus«. Oft wendet Humboldt noch primitive Messmethoden an. Um die Höhenmeter eines Berges zu erfahren, erhitzt er Schmelzwasser über einem Feuer, aus dem Siedepunkt des Wassers liest er die Höhe ab.

Die Wege, auf denen Humboldt vor 200 Jahren durch die Savanne zwischen Cumaná und Ciudad Bolívar auf dem Maultier ritt, sind heute Highways durch eine Industrielandschaft, die Region ist das zweitgrößte Ölförderungsgebiet Venezuelas. Pipelines. Nickende Ölpumpen. Tote Buschlandschaften mit Riesendisteln. Felsen, auf die Politiker ihre Namen gekalkt haben. Autowracks mit pathetischen Blechschäden. Benzinzapfstellen, unkrautüberwachsene Hütten, Billboards mit Frauen in weißer Unterwäsche.

Durch diese Ölprärie gehen Männer, auf deren T-Shirts »construcción« steht und »desarollo« (Fortschritt). Im Foyer der »PDVSA« (Petróleos de Venezuela) sind die Objekte der Ölindustrie zu sehen, das Kuriositätenkabinett des 20. Jahrhunderts: vergoldete Schutzhelme wie aus präkolumbischer Zeit. Ein Bohrkopf wie ein zu lange benutzter Zahn. Auch in den abgelegenen Dörfern dieser Industrielandschaft ist nichts Humboldt'sches mehr. Es sind Genreszenen in einem Dritte-Welt-Land, wo die Moderne ein Markenartikel ist, etwas Importiertes, sonst nichts. Die Männer sitzen in Pepsibuden aus Blech und trinken »Budweiser« und »Heineken«, die Kinder tragen Mützen der »Chicago Bulls« und werfen Kronkorken in Plastikeimer, aufgehängt über ihren Köpfen, und in den termitenzerfressenen Hütten laufen die Fernseher, kreischen die Disneymäuse und das Baby Sauro.

Nur an einem einzigen Ort in der Nähe von Cumaná kann man heute, Ende des Jahrtausends, noch so etwas wie die Gegenwart des Forschungsreisenden fühlen. Es ist eine legendäre Höhle, deren Alter auf etwa 130 Millionen Jahre geschätzt wird. Nichts hat sich hier geändert, seit Humboldt und Bonpland mit Fackeln aus Baumrinde und Harz in das Innere der Tropfsteinhöhle vordrangen und das infernalische Hitchcockgekreisch der »Guácharos«, der Fettvögel, vernahmen.

Der surrealistische Vogellärm ist wie das Gezeter kämpfender Katzen, wie Rabenkrächzen, ein »gellendes, durchdringendes Geschrei«, aber auch ein metallisches Klicken, mit dem sich die Nachtvögel im Höhlendunkel nach Art der Fledermäuse orientieren, es sind – wie Bioakustiker herausgefunden haben – 9000 Klicks pro Sekunde.

Nach wenigen Metern des Ganges, der neun Kilometer tief in die Höhle führt wie die Windungen einer unterirdischen Riesenschnecke, wird es stockdunkel. Es knirscht beim Treten auf die violetten Kotplacken, es stinkt nach Raubtier. Zehntausende von Guácharos – Fettschwalm auf Deutsch – nisten in den 20 Meter hoch in den Wänden gelegenen Tropfsteinnischen. Erst nach Einbruch der Dämmerung verlassen die geflügelten Höhlenbewohner die von Feuchtigkeit triefende Grotte, schwärmen aus auf der Suche nach Palmnüssen und Beeren.

Die Grubenlampe unseres Führers reißt das Grottenleben aus dem ewigen Dunkel: Krebse, dünnstielige Pflanzen, bleich wie Bohnenkeime, kleine, blinde Ratten und Grottengrillen. Jeder »Saal« hat einen anderen Namen, Schutzengel, Elefantenkopf, Humboldt-Platz, dann die »Galerie des Schweigens«, ein Reich der Toten, in dem kein einziger Tierlaut mehr zu hören ist. Zu den Guácharos gehen, so hatten die Indianer dem Forschungsreisenden erzählt, »bedeutet, zu den Vätern zurückzukehren, also zu sterben«.

Eine zeitgenössische Darstellung des Fettschwalms. Humboldt notierte: »Je tiefer man in die Höhle hineinkommt, je mehr Vögel das Licht der Copal-Fackeln aufscheucht, desto größer wird der Lärm«.

Damals schlugen die Indianer jedes Jahr Tausende der Vogelküken tot, schnitten die Fettwulst zwischen After und Unterleib ab. Sie siedeten daraus ein klumpiges, geruchloses Fett und ein Öl, mit dem in den Klosterküchen gekocht und das ewige Kirchenlicht über dem Altar gespeist wurde. Das Fett, das die Tiere im Dunkel ansetzten, erinnerte Humboldt an »die uralten Erfahrungen beim Mästen der Gänse und des Viehs«, den Vögeln dient es in Wirklichkeit als Schutz gegen die Grottenkälte.

Nach Anbruch der Abenddämmerung ist es wie in Key West in Florida, wo die Touristen der Sonne applaudieren, wenn sie im Meer versinkt. Hier setzen sie sich vor dem Höhleneingang auf die Steinstufen, warten auf das Ausfliegen der krähengroßen Vögel, und dann ist es so weit, die riesige Horde flattert ins Freie. Es ist ein Geräusch wie in den Horror-Comics.

Aaaaaargh!

Als Alexander von Humboldt im Jahre 1804, nun 35 Jahre alt, wieder in Europa eintrifft, geht eine der größten Forschungsreisen in der Geschichte der Naturwissenschaften zu Ende. Auf der Reise durch sieben Länder der beiden Amerikas hatten sich Humboldt und Bonpland 10.000 Kilometer durch Savannen, Regenwälder und Hochgebirge geschlagen, 700 Orte mit astronomischen Methoden bestimmt, zum ersten Mal die Grundlagen einer Pflanzengeografie und Geophysik beschrieben und – als Höhepunkt der anderthalb Jahre dauernden Venezuela-Reise – entdeckt, dass der Casiquiare-Fluss, 320 Kilometer lang und breit wie der Rhein, den Orinoco mit dem Amazonas verbindet.

Das Ergebnis der Zwei-Mann-Expedition steckte in 45 mit Gesteinen, Zeichnungen, Tierbälgen, Karten, Muscheln und Samen gefüllten Kisten. Auch eine Hand voll Guano-Vogelmist war dabei, »eine chemische Merkwürdigkeit« für Humboldt – und ein mit dem indianischen Pfeilgift Curare gefülltes Gläschen. Vor allem war da

Alexander von Humboldt war ein fleißiger Zeichner. Der erste, der Menschen, Landschaft, Tiere und Pflanzen des heutigen Venezuela dokumentierte. Bis heute inspiriert sein Aufenthalt die Menschen des Landes – wie den Straßenkünstler Rafael Zerpa, der Porträts des Forschers verfertigt.

aber ihr »Heu«, wie es die Freunde nannten: Herbarien mit 6000 getrockneten Pflanzen, mehr als die Hälfte davon neu entdeckte Spezies für die Botaniker der Alten Welt.

Humboldt war ein besessener, ein rastloser Arbeiter, ein Workaholic, oft dachte er, er »verliere darüber den Verstand«. Sein Lebenswerk wuchs sich zu dem umfangreichsten Reisebericht aller Zeiten aus, 35 Bände, 9000 Seiten Text, fast 1500 zum großen Teil nach Humboldts Skizzen gezeichnete Abbildungen und Karten. In seinen berühmten »Kosmos«-Vorlesungen in Berlin saß ein gebildetes Publikum aller Stände im überfüllten Hörsaal zu seinen Füßen. Manche seiner Bewunderer kamen ihm zu Ehren in gestreiften Hosen, wie sie Humboldt im Dschungel getragen hatte.

Der Naturwissenschaftler war ein Universalist, die Erde begriff er als einen Organismus, in dem eins vom anderen lebt. Ein umfassend vernetztes Bild der Natur wollte er entwerfen, ein Gemälde vom »Zusammen- und Ineinanderweben aller Naturkräfte«, ein »kosmisches Naturgemählde« der – wir würden sagen – Biosphäre.

Kaum ein berühmter Zeitgenosse, den Humboldt nicht kannte. Er hatte Beethoven und Schiller getroffen, war mit Goethe befreundet, Gast der Zarenfamilie und des US-Präsidenten Jefferson, er kannte auch originelle Zeitgenossen wie Rudolf Erich Raspe, der die Urfassung des Barons von Münchhausen erfabelt hatte.

Zeit seines Lebens pflegte er Freundschaften zu Männern von »stillem, edlem und tiefem Gemüte«. Er selbst hatte sich von den Frauen weggewünscht und so die ewige Streitfrage der Humboldtforschung aufgeworfen: War er homosexuell? Hatte er ein geheimes Leben? Nie werde er sich »von einer starken Leidenschaft hinreißen lassen«, hatte er vor dem Aufbruch ins Ungewisse geschrieben, »ernsthafte Geschäfte und am meisten das Studium der Natur werden mich von der Sinnlichkeit zurückhalten«.

In Berlin war er schon zu Lebzeiten wie ein Monument im Park, und in Paris gab es damals keinen größeren Löwen der »naturwissenschaftlichen« Salons als den preußischen Baron. Kaum einem gelang es, zu Wort zu kommen, wenn die »enzyklopädische Katze« ihr einschüchterndes Wissen verbreitete, wenn sie erzählte, dass die Indianer die Sternschnuppen den »Urin der Sterne« nennen, oder wenn sie beschrieb, wie die Eier der Termitenkönigin, vermischt mit Maniok und Wasser, schmecken, nämlich »wie ranzige Butter mit Brotkrumen geknetet«.

Dass er eine »unglückliche Neigung zu allzu dichterischen Formen hatte«, gab er offen zu. So schilderte er sich als einen Abenteurer, der in den sumpfigen Niederungen von Venezuela die Schläge des Zitteraals erduldet hatte, auf Berggipfel gestiegen war, wo es einem das Blut in die Augen trieb. Er beschrieb sich als Draufgänger, der Gewässer voller Krokodile, Stachelrochen und Piranhas befahren und blutgierigen Kannibalen ins Auge gesehen hatte.

Humboldt war »wie die Mona Lisa ein Klischee« (Umberto Eco), eine Kultfigur des Bürgertums und der Wissenschaften, und das ist bis heute so geblieben. Sein Name kommt auf den Landkarten öfter vor als der jedes anderen Menschen, tausendmal insgesamt. Humboldt, das ist eine Tatsache der Natur sozusagen, Humboldt, das ist ein Gletscher und ein Strom und ein Staudamm, Humboldt ist ein Salzsee und eine Kette von Bergen, Humboldt ist ein Krater und ein Meer auf dem Mond, auf der Erde ist er Schulen, Universitäten und Städte, ein Pinguin und eine Lilie wurden nach ihm benannt.

In Cumaná und in Caracas ist sein Name manchmal so banal wie die Hamburger von McDonald's. So konnten wir unseren Wagen in einer Autowäscherei Humboldt waschen lassen, Humboldt-Hot-Dogs in der Imbissstube Humboldt essen. Den Namen Humboldt tragen Barbershops, ein Optiker, eine Bäckerei, ein Kino. Einer der Slums der Metropole und ein Shoppingcenter heißen Humboldt,

Seit Humboldts Zeiten nahezu unverändert wird an der Küste von Cumaná Salz gewonnen. Die Bakterien färben das Wasser der Lagune rötlich, verdunstet es, bleibt Salz zurück und wird in urtümlichen Schuten abtransportiert.

wo der Name des preußischen Barons auf Fußmatten, Kellnerjacken und Parkscheinen erscheint.

Mit ihm hat das alles natürlich nicht das Geringste zu tun.

Er ist für das Gedächtnis der Welt der Archetyp des Forschungsreisenden, ein romantischer Held, an einen tropischen Baum gelehnt, neben sich ein Tisch mit der Botanisiertrommel, dem Herbarium und vielleicht einem gelehrten Buch, und im Hintergrund erhebt sich der Tafelberg »Duida«.

Kreuz und quer durch die Karibik

In ihrem persönlichen Tagebuch hat Mannschafts-Mitglied Dörte Rehren besondere Erlebnisse des dreimonatigen Aufenthalts zwischen Florida und Grenada festgehalten

Sonntag, 21. Februar 1999, Fort Lauderdale

Gut drei Wochen Werftaufenthalt gehen zu Ende. Die »Starship« wurde wieder flottgemacht, die Kinderkrankheiten der ersten Monate wurden kuriert. Nicht ohne Stress mit der Werft. Es gibt auch Probleme mit der Crew. Rich hat sich nach vielem Hin und Her entschlossen, uns zu verlassen. Nun fängt auch Jb an, missmutig zu werden. Er hätte sich die Reise anders vorgestellt, und überhaupt würde er gern mehr Geld verdienen. Ein komplexes Problem.

Zugegeben, das Leben auf der »Starship« ist nicht so rosig, wie es unsere Besucher auf der Web-Site glauben. Mit Urlaub hat es wenig zu tun. Die Bezahlung macht nicht reich, und an erster Stelle steht harte Arbeit. Die Freunde fehlen und oft der Spaß in der knappen Freizeit. Überfahrten können lang und langweilig sein. Eben typisches Leben auf einem Schiff. Aber unser Projekt bietet auch eine Gegenleistung, die ihresgleichen sucht. Dennoch haben wir uns entschlossen, als neue Crew einen professionellen Kapitän bzw. ein Pärchen anzuheuern. Der Grat zwischen Freund und Chef ist doch sehr schmal und schwierig.

Samstag, 27. Februar 1999, Bahamas

Kurs: West End auf Grand Bahamas Island. Mission: Delfine. Scott und Robin stehen am Bug und halten Ausschau. Sie kennen die Tiere in diesem Gebiet seit mehr als 15 Jahren. Plötzlich sind sie da, wie aus dem Nichts. Fast 20 Delfine. Michael und Rich zücken die Kameras und machen sich fertig zum Schnorcheln. Ich stehe in voller Montur auf der Tauchplattform, wippe von einem Fuß auf den anderen und warte auf mein »go«. Geduld war noch nie meine Stärke. »Go!« Großartig. Neugierig schwänzeln die gefleckten Gesellen (Atlantic Spotted Dolfins) um mich herum und necken mich. Fast kann ich sie berühren, doch jedesmal biegen sie nur Zentimeter vor meinen Fingerspitzen ab, um sich dann von

neuem heranzupirschen und sich über meine beschränkten Schwimmkünste geradezu lustig zu machen.
Wieder an Bord, haben alle nur ein Thema. Wir sind überwältigt. Die Tiere sind wild, sagen wir uns immer wieder, nicht mit Futter angelockt. Sie suchen unsere Gesellschaft, weil sie es wollen – warum auch immer. Am nächsten Tag eine andere Gruppe, an die 25 Tiere. Pfeilschnell schießen sie an uns vorbei, umkreisen uns, drehen Loopings und scheinen dabei den Schalk in den Augen zu haben. Sie wirken richtig menschlich mit ihrem kecken, herausfordernden Blick. Plötzlich stoppt einer der Delfine neben mir. Vorsichtig strecke ich meine Hand aus, um ihn nicht zu vertreiben. Er schaut mich an, dreht die Nase leicht zu mir und stößt dann kleine fiepende Töne aus. Ganz zart berühre ich die glatte, feste Haut am Rücken. Er dreht sich herum, streckt mir den Bauch entgegen und genießt es, gekitzelt und massiert zu werden. Ganz nah sind wir zusammen für ein paar Momente. Ich lege beide Arme um ihn, umarme ihn. Und dann ist er weg, so unvermittelt, wie er gekommen ist.

Dienstag, 9. März,
Turks und Caicos / Unterwegs zu den britischen Jungferninseln

Die 36-Stunden-Überfahrt zu den Turks- und Caicos-Inseln gibt mir einen Vorgeschmack auf die lange Überfahrt zu den Jungferninseln, unserem nächsten großen Ziel. Kurze, abgehackte Wellen aus allen Richtungen, unangenehmes Geschaukel. Endlich der Hafen von Providenciales, aber der nächste Launebrecher. Die Hafeneinfahrt ist sehr eng und flach. Doch der Hafenmeister schickte uns ein Lotsenboot – und beruhigende Worte. Don't worry, wir hätten genügend Wasser unterm Kiel. Hatte das Schiff auch. Aber das Sonar hängt 25 Zentimeter tiefer und schlug auf den Boden auf.

Mittwoch, 17. März 1999,
British Virgin Islands

Es ist geschafft. Buckelwale begleiteten uns in einen Archipel aus paradiesisch schönen Inseln, den britischen Jungferninseln. Satte grüne Bergfelder, unberührte Natur, keine Hotelkolosse, kein Stadtlärm. Wie weggewischt sind die Strapazen der letzten Tage.
Nach langer Zeit gehe ich heute wieder glücklich zu Bett. Auch mit unserer neuen Crew scheinen wir einen Glücksgriff getan zu haben. Trevor und Monika sind ein prima Team. Er ist Australier und fährt seit mehr als 13 Jahren als Kapitän und Ingenieur zur See. Monika ist Österreicherin und mit Trevor seit sechs Jahren ein Paar. Sie ist eine perfekte First Maid mit einem Blick für die kleinste Kleinigkeit. Es hat keinen Tag gedauert, und die beiden hatten die meisten Dinge im Griff.

Donnerstag, 25. März 1999, Grenada

In nur sechs Tagen haben wir viele Traumziele in der Karibik passiert. Von Saba ging es nach Dominica, über Martinique und St. Lucia nach Bequia und von dort nach Grenada – Urlaubsziele für die Reichen und Schönen. Schaut man hinweg über die Oberflächlichkeiten, eröffnen sich herrliche Landschaften. Zum Beispiel die Wasserfälle auf Dominica. Zehn Minuten schwimmen wir durch eine schmale Felsspalte, Bäume hängen tief und vor Nässe tropfend über die Felsen. Die Luft ist feucht und kühl, das Wasser glasklar. Immer lauter hören wir den Wasserfall, bis er sich am Ende des kleinen Durchschlupfes zeigt. Aus fünf Meter Höhe ergießt sich das Wasser auf die glatt gewaschenen Steine. Stundenlang könnte ich mir von dem kräftigen Strahl den Rücken massieren lassen, doch die Kälte kriecht mir in alle Glieder.

Donnerstag, 15. April 1999, Trinidad

Die letzte Nacht haben wir an der nordöstlichen Seite Trinidads Lederschildkröten bei ihrer Eiablage beobachten können. Jedes Jahr kommen zwischen März und August Hunderte Lederschildkröten zu diesem Küstenstreifen, an dem sie selbst aus dem Ei geschlüpft sind. Erst nach 20 bis 25 Jahren, wenn sie geschlechtsreif sind, erinnern sie sich an diesen Strand, auf dem sie ihre ersten Schritte machten, und kehren dann alle zwei Jahre zu ihm zurück.

Die größte und älteste aller Meeresschildkröten streifte schon zu Zeiten des Jurassic Parks durch die Meere, 120 Millionen Jahre vor unserer Zeit. Sie hat ihren Namen von dem lederartigen weichen Panzer, der es ihr ermöglicht, in Tiefen bis zu 1000 Meter hinunter zu tauchen, um nach Nahrung, hauptsächlich Quallen, zu jagen. Schätzungen zufolge werden sie 80 bis 100 Jahre alt und können eine Größe von bis zu zwei Meter und ein Gewicht von bis zu einer Tonne erreichen.

Mit großer Mühe kriechen die im Wasser so behenden Schwimmer an Land. Dort legen sie über drei, vier Monate hinweg zwei Wochen 60 bis 80 Eier. Eine erstaunliche Leistung, wenn man sieht, wie anstrengend und schwierig diese Prozedur ist. Erst mit den Vorder-, dann mit den Hintergliedmaßen schaufelt die Schildkröte ein tiefes Loch in den Sand, gibt es aber wieder auf, wenn sie feststellt, dass zu viele Steine darin liegen oder der Sand immer wieder nachrutscht. Dann schaufelt sie es zu und hebt eine neue Grube aus, so lange, bis das geeignete Nest bereitet ist. Wir hatten großes Glück, schon das zweite Loch wurde für gut befunden. Innerhalb von zehn Minuten waren alle Eier abgelegt. Während dieser Zeit ist das sonst lichtscheue Geschöpf so kon-

Ein kubanischer Veteran erzählt lebhaft vom Verlauf der Revolution und ihren Errungenschaften. Aber auch er muss mit dem täglichen Mangel leben und Zigarrenreste in einer Pfeife rauchen.

zentriert, dass weder unsere abgedimmte Taschenlampe es stört, noch menschliche Berührung.

Donnerstag, 22. April 1999, Chacachacare

Es war neblig und diesig, als wir die Insel erreichten. Trotz der Schönheit der grünen Berghänge und der fast romantisch im Gebüsch versteckten Häuser herrscht eine eigentümliche Atmosphäre. Bis in die siebziger Jahre war Chacachacare eine Kolonie von Leprakranken aus Trinidad. Hier konnten sie von gesunden Menschen fern gehalten werden, um eine Ausbreitung der Krankheit zu verhindern.

Einige hundert Kranke lebten hier, und noch heute sind viele Gebäude – die Wohnhäuser, das Krankenhaus, die Nonnenstation – gut erhalten. Als die Menschen die Insel verlassen konnten, weil neue Medikamente ihnen gestatteten, zu ihren Familien zurückzukehren, ließen sie viele Einrichtungsgegenstände und persönliche Dinge zurück. Erst langsam erobert sich die Natur zurück, was ihr einst genommen wurde.

Die meisten Fensterscheiben sind zerstört, eine frische Meeresbrise fegt durch die alten Räume. Aber die alten Bettgestelle stehen noch im Krankenhaus, das Operationsbesteck liegt bereit, in der Apotheke im Obergeschoss stehen Medikamente in Reih und Glied, und die Bücher mit den Krankenberichten sind auch noch da. Heute ist die Insel Chacachacare unbewohnt. Nur die Generatoren des mehr als hundert Jahre alten Leuchtturms müssen von einem wöchentlich wechselnden Zweierteam gewartet und überwacht werden. Diese Woche haben Mannah und Joseph Schicht, die sich wahnsinnig über den Besuch der »Strarship«-Crew auf ihrer Insel freuen.

Galapagos – ein Reich ohne Angst

Die Inselwelt im Pazifischen Ozean ist ein einzigartiges Laboratorium der Evolution. Hier gewann Darwin grundlegende Erkenntnisse für seine Entwicklungstheorie. Bis in unsere Tage haben die Tiere auf den Inseln keine Scheu vor dem Menschen. Heute sind die Gewässer um den Archipel Meeresschutzgebiet – eines der größten unseres Planeten

VON KLAUS THEWS

Es ist früh am Morgen. Im ersten Tageslicht taucht die Insel Wolf auf. Schroff und abweisend wirkt sie aus der Entfernung, ein Felsklotz im Pazifik. Der Eindruck der Unzugänglichkeit verstärkt sich noch beim Näherkommen. Fast lotrecht steigen die Felswände über 200 Meter in die Höhe. Darüber schweben Scharen schwarzer Fregattvögel, die den längst ausgestorbenen Flugsauriern ähneln. Es scheint, als wollten sie das Eiland gegen die Besatzung des Bootes verteidigen, das da im Windschatten vor Anker ging.

Neun Monate nach Beginn ihrer Expedition hat die »Starship« Galapagos erreicht. Die Weltumfahrer wollen einen Archipel inspizieren, der so ganz anders ist als andere tropische Inseln rund um den Äquator. Keine Palmen, wenig Regen, kaum Sandstrände. Dafür zerklüftete Felsküsten, schwarze Lavafelder und wüstenähnliche Landstriche. Nur an den Flanken der Vulkane wächst so etwas wie ein Wald. »Man stelle sich 25 Aschehaufen vor, einige davon zu Bergen vergrößert und von Wasser umgeben, einer Gruppe erloschener Vulkane nach einer strafenden Feuersbrunst gleich, und man hat eine Vorstellung von den ›Encantadas‹, den ›verwunschenen Inseln‹«, schrieb 1841 der Autor von »Moby Dick«, Herman Melville, nach seinem Besuch auf Galapagos.

Doch diese abweisende Welt aus rund zwei Dutzend größeren und kleineren Eilanden gehört zu den einmaligen Ökosystemen des Planeten, ein natürliches Labor der Evolution, in dem Forscher die Entwicklung neuer Arten studieren können. Im vorigen Jahrhundert hatte der englische Naturforscher Charles Darwin bei seiner Weltumsegelung auf Galapagos wichtige Anregungen für seine damals revolutionäre Entwicklungstheorie erhalten.

Eine Echsenart, die es nur auf diesem Archipel im Pazifik gibt, hat sich als Einzige an das Leben im Meer angepasst. Den Vormittag über wärmen sich die bis zu einem Meter langen Kriechtiere, deren drachenähnliches Aussehen Japanern als Vorbild für ein neues Godzilla-Epos diente, auf den Klippen in der Sonne. Wenn sich die Körper der Echsen genügend aufgeheizt haben und ihr Stoffwechsel auf Hochtouren läuft, stürzen sie sich in die Brandung, um Grünalgen abzuweiden. Wieder an Land, dösen die Leguane vor sich hin und machen dabei häufig ein Geräusch wie Spucken: Um das beim Algenfressen aufgenommene Salz wieder loszuwerden, blasen es die Meerechsen in Abständen als konzentrierte Lake aus den Nasenlöchern.

Ein ebenfalls nur in Galapagos heimischer Fisch ist den umgekehrten Weg gegangen und hat sich an das Landleben angepasst. Der um die sechs Zentimeter kleine Vieraugen-Schleimfisch kriecht auf seinen Flossen über die Klippen oder bleibt auf den Felsen zurück, wenn die Brandungswellen wieder ins Meer laufen. Bis zu 30 Meter landeinwärts wagt sich Dialommus fuscus, so sein lateinischer Name, auf der Jagd nach Krabben und Insekten.

Gruselig ist das Verhalten einer Finkenart. Normalerweise leben die Vögel wie ihre Verwandten in aller Welt von Samenkörnern. Wenn aber der Regen ausbleibt und sich ihr Lebensraum in Wüste verwandelt, werden die Spitzschnabel-Grundfinken zu Eierdieben. Allein oder zu zweit rollen sie das Gelege anderer Vögel Abhänge hinunter, bis es an Steinen zerschellt und die Räuber an den nahrhaften Inhalt kommen.

Den Namen Vampirfinken verdanken die spatzengroßen Tiere ihrer Eigenart, in schlechten Zeiten auf dem Rücken größerer Seevögel wie Masken- und Rotfußtölpel zu landen, ihnen die weiche Haut um die Wurzel der Schwanz- und Flügelfedern aufzupicken und das Blut zu trinken.

Nur noch ein paar tausend dieser blutrünstigen Abart der Spitzschnabel-Grundfinken gibt es auf Galapagos. Sie leben alle auf einem einzigen, gerade mal 134 Hektar großen Eiland ganz im Norden des Archipels, jener Insel Wolf, dem ersten Ziel der »Starship«.

Zu Hunderten wärmen sich Meeresechsen auf den schwarzen Lavaklippen der Insel Fernandina. Nach der kühlen Nacht bringt die Sonne die Reptilien auf Betriebstemperatur. Wenn sie genug aufgeheizt sind, tauchen die Vegetarier in den kalten Pazifik ab, um unter Wasser grüne und braune Algen abzugrasen.

Hammerhaie sind bis heute für Wissenschaftler faszinierend, denn noch immer ist nicht restlos geklärt, warum ihre Augen sich an extremen Auswüchsen befinden. Die nördlichen Galapagos-Inseln sind einer der wenigen Orte auf der Welt wo man Hammerhaie noch in großen Schulen antrifft. Vor Tauchern haben sie keine Scheu, zeigen aber auch keine Aggression.

Mit an Bord ist eine ecuadorianische Meeresbiologin von der Charles-Darwin-Forschungsstation auf Galapagos. Die 28-jährige Veronica Toral-Granda freut sich darauf, zum ersten Mal in den Gewässern rund um Wolf und die Nachbarinsel Darwin tauchen zu können. Außer Korallen und Fischen reizen sie die bis zu vier Meter großen Hammerhaie mit der T-förmigen Schnauze, die mit Delfinen, Tunfischen, Schildkröten sowie den riesigen Walhaien regelmäßig hier auftauchen – wohl um sich an den Riffen von Putzerfischen lästige Hautparasiten entfernen zu lassen. Fast überall in den tropischen Meeren leben Hammerhaie als Einzelgänger. »Auf Galapagos dagegen«, so Toral-Granda, »sammeln sich die silbergrauen Räuber in Rudeln von 30 bis 50 Tieren.«

Nirgendwo auf der Welt sind diese Tiere so wenig scheu wie hier. »Ich hätte einige mit der Hand berühren können«, sagt die Biologin nach einem ihrer vielen Tauchgänge. Angst brauchte sie in den Fluten nicht zu haben. Das jedenfalls ist die Erfahrung des englischen Biologen Godfrey Merlen, der seit vielen Jahren auf Galapagos lebt und forscht. In anderen Ozeanregionen beißen die Riesen schon mal zu. Innerhalb des Archipels seien sie allerdings nie aggressiv geworden. Noch vor kurzem drohte diesem Taucherparadies die Zerstörung. Große Fischdampfer aus Japan, Costa Rica und Ecuador machten dicht vor den Inseln von Galapagos Jagd auf Tunfisch. Doch in den Haken der Langleinen verfingen sich auch Delfine und Seelöwen. Besonders begehrt als Beifang aber waren Haie. Ihre Flossen, zu exotischer Suppe ausgekocht, bringen Höchstpreise auf den Delikatessenmärkten von Hongkong, Singapur und Taiwan.

Auch die auf den Inseln heimischen Fischer beteiligten sich an der Ausbeutung des Archipels. Sie schafften Kompressoren und Taucheranzüge an, um die am Meeresgrund zu Tausenden wachsenden Seegurken aufsammeln zu können – ebenfalls ein Leckerbissen für ostasiatische Gaumen.

Diese »Pepinos« scheinen als eine Art Müllabfuhr eine Schlüsselrolle im Ökosystem unter Wasser zu spielen. Als die ecuadorianische Regierung deshalb die Übernutzung der Gewässer um Galapagos bremsen wollte, kam es vor vier Jahren zu einem Aufstand in Puerto Ayora, mit 7000 Einwohnern größte Ortschaft der Inseln.

Veronica Toral-Granda erinnert sich noch gut an die Revolte. Sie gehörte zu den Mitarbeitern der Charles-Darwin-Forschungsstation, die von wild mit Gewehren und Macheten herumfuchtelnden Fischern als Geiseln genommen wurden, um die Regierung zum Nachgeben im Seegurkenstreit zu zwingen. Eduardo Veliz, einer der beiden für Galapagos zuständigen Abgeordneten im Nationalkongress, hatte die Stimmung zusätzlich mit populistischen Parolen aufgeheizt. Tierschutz gehe hier vor Menschenschutz, rief er empört seinen Landsleuten zu.

Inzwischen ist wieder Ruhe eingekehrt. Veronica Toral-Granda: »Die Leute reden wieder miteinander.« Eduardo Veliz musste nach Panama fliehen, nachdem seine dunklen Geschäfte aufgeflogen waren. Und das Parlament von Ecuador hat sich endlich zu einem Kraftakt durchgerungen, nachdem die Unesco gedroht hatte, Galapagos den Status eines Erbes der Menschheit abzuerkennen. Im vergangenen Jahr entschied der Nationalkongress in Quito, die Schutzzone um das Archipel von 15 auf 40 Meilen zu erweitern. »Nach dem australischen Barriereriff ist damit das zweitgrößte Meeresreservat der Welt entstanden«, sagt Robert Bensted-Smith, Direktor der Charles-Darwin-Forschungsstation.

Für den englischen Biologen bietet sich so die einmalige Chance, außer den Inseln, seit langem Nationalpark, auch eines der wichtigsten Meeresökosysteme der Welt zu schützen. In Galapagos treffen gleich drei Ozeanströmungen mit unterschiedlich kaltem und nährstoffhaltigem Wasser aufeinander. So ist es zu erklären, dass auf dem Archipel Flamingos und Pelikane zusammen mit Pinguinen leben, die sonst viel weiter in Richtung Antarktis zu Hause sind. Um die Bevölkerung des Archipels für die Reservatspläne zu gewinnen, wurde sie in die Gesetzgebung einbezogen. Im »grupo nucleo« diskutieren Fischer, Tourismusunternehmer und Naturschützer darüber, wie die Schutzmaßnahmen aussehen sollen. In einem Punkt konnten sich die Beteiligten schnell einigen: Industrialisierten Fischfang soll es in den Gewässern um die Inseln nicht mehr geben. Schwieriger wird es sein, die 130.000 Quadratkilometer Seegebiet zu kontrollieren. Vielleicht werden bald weltweit für

Krabben krabbeln zum Wasser, ein Leguan folgt friedlich. Auf Galapagos gibt es genügend Raum für alle und die allgemeine Devise heißt leben und leben lassen.

Fischtrawler Sender vorgeschrieben, die per Satellit zu orten sind. Diese Technik könnte helfen, die Überfischung einzudämmen.

Die Mitarbeiter des Nationalparkamts in Puerto Ayora sind jetzt auch für das Meeresreservat zuständig und nicht mehr die Beamten des Fischereiministeriums im fernen Quito, bei denen viele Galapageños den Verdacht hatten, sie würden mit den Besitzern der großen Fischdampfer kungeln.

Unumstritten ist unter den Einheimischen die Idee, das Meeresreservat in unterschiedliche Nutzungszonen einzuteilen. In einigen Gebieten dürfen die etwa 600 heimischen Fischer mit ihren kleinen Booten Jagd auf Fische, Langusten und Seegurken machen – auch außerhalb der Schonzeiten. Andere Areale sollen dem Tourismus, Haupteinnahmequelle der Inselbewohner, vorbehalten bleiben. Außerdem wird es »No-take-zones« geben, in denen die Natur sich selbst überlassen bleibt und der Mensch nichts zu suchen hat.

Die von den Touristen auf den Inseln ausgegebenen Dollars haben viele Zuwanderer vom Festland angelockt. Seit 1960 hat sich die Bevölkerung auf heute etwa 15.000 versiebenfacht. Der Zivilisationsdruck auf den Nationalpark, der 97 Prozent der Fläche des Archipels umfasst, war dadurch enorm gestiegen. Deshalb gilt seit März vergangenen Jahres ein totaler Einwanderungsstopp. Und der wird strikt befolgt. »Wir weisen etwa zehn Leute pro Woche aus«, sagt Michael Bliemsrieder, Deutsch-Ecuadorianer und Leiter der Ingala, der Behörde, die das Verbot überwacht. Fast noch mehr als die menschlichen Zweibeiner sind Lebewesen gefürchtet, die nicht auf den Archipel gehören. Nach Untersuchungen von Forschern haben es bisher etwa 800 fremde Pflanzen- und Tierarten von der Feuerameise bis zur Katze geschafft, im Gepäck von Einwanderern oder als blinde Passagiere an Bord der Versorgungsschiffe nach Galapagos zu gelangen. Allzu oft sind die einheimischen Organismen, die sich in Hunderttausenden von Jahren Abgeschiedenheit entwickelt haben, der plötzlichen Konkurrenz nicht gewachsen.

Besonders verwilderte Haustiere sind zur Gefahr geworden. Auf Isabela, der größten der Galapagosinseln, versucht die Nationalparkverwaltung seit langem, der vielen tausend Ziegen Herr zu werden, die den Riesenschildkröten das Grünfutter wegfressen. Vergebens. Walfänger und Robbenjäger hatten in vergangenen Jahrhunderten die anpassungsfähigen Tiere als lebende Fleischreserve auf dem Eiland ausgesetzt. Auf der Insel Santiago graben verwilderte Schweine nach den Eiern der Meeresschildkröten und fressen sie auf.

Einige einheimische Tierarten litten in den letzten beiden Jahren unter extremem Wetter. Wieder einmal hatte »El Niño« das Klima rund um den Pazifik durcheinander gewirbelt. An die Küsten von Galapagos strömte dadurch wärmeres Meerwasser als sonst. Die Folge: Die Grünalgen – Nahrung der Meerechsen – verschwanden. Viele Fischarten tauchten in kühlere Wasserregionen ab und fehlten so als Beute für die Seelöwen. Galapagos-Besucher stolperten monatelang über sterbende oder zu Skeletten abgemagerte Tiere. Inzwischen hat sich das Wetter normalisiert. Wohlgenährte Meeresechsen und Seelöwen dösen wieder an der Küste, wenn auch noch nicht ganz so viele wie vor zwei Jahren.

Für die Forscher sind diese harschen Klimawechsel ein Grund, weshalb die Evolution auf dem Archipel sehr viel schneller verläuft als auf dem südamerikanischen Festland. Die Spottdrosseln, die wie alle Landtiere zumeist mit sehr wenig Süßwasser auskommen müssen, haben in den vergangenen Jahren dazugelernt. Sie warten schon an der Küste, wenn die Touristen von ihren Schiffen mit kleinen Booten an Land gebracht werden. Fototaschen und Schnürsenkel interessieren die neugierigen und frechen Vögel allerdings nicht mehr so stark wie früher. Sie haben es auf die Wasserflaschen abgesehen. Gezielt picken die Drosseln nach dem Verschluss, um vielleicht einen Tropfen kostbares Nass zu erbeuten.

Ein Blaufußtölpel schwankt vor Liebe: Beim Balztanz pendelt der Seevogel langsam von einem Bein aufs andere, so lange, bis die Angebetete ihn erhört.

PAZIFIK

Ahoi, aloha, adieu!

Es ist die bisher längste Passage der »Starship«, von den Galapagos quer über den Pazifik in die Südsee. Nach fast 16 Tagen Non-Stop-Fahrt erreicht das Schiff das Paradies Polynesiens, wo sich Tausende von Inseln aus der Weite des Pazifiks erheben, so wie Moorea nahe Tahiti. Während des Törns war der Weltumsegler Wilfried Erdmann zu Gast an Bord und führte Tagebuch

VON WILFRIED ERDMANN

4. Juli, 2. Seetag. Ich und seekrank? 30.000 Meilen bin ich schon auf einen Schlag gesegelt, allein und nonstop von Kiel nach Kiel. Das war 1984/85 und meine vierte Weltumsegelung. Danach kam 1988 ein verrückter Törn zum 40. Geburtstag des *stern*, einmal über den Atlantik und zurück mit den Gewinnern eines Preisausschreibens an Bord. Sieben Jahre später war ich wieder für den *stern* unterwegs, diesmal mit einem Katamaran auf dem Pazifik, um den Protest gegen die französischen Atomtests auf Mururoa zu unterstützen, eine elend lange und gottserbärmlich heftige Schaukelei. Ausgemacht hat sie mir nichts. Und jetzt bin ich auf dem *stern*-Schiff – und seekrank.

Dabei ist es schon mein zweiter Tag an Bord, unterwegs in vertrautem Seerevier. Hinter mir ist der Hafen von Puerto Ayora auf der Hauptinsel der Galapagos im Kielwasser versunken, vor mir liegen 3000 Seemeilen Pazifik und danach erst wieder festes Land, die Inselgruppe der Marquesas. 16 Tage See vor dem Bug, ohne Landsicht, ohne Zahnarzt, ohne Kneipe. Immer wieder ein seltsames Gefühl, mulmig und schön zugleich, weil die See auch eine fürsorgliche Therapeutin ist und alle Sorgen und Probleme an Land zurückbleiben.

Vor 20 Jahren schon bin ich mit meiner Frau und meinem damals noch kleinen Sohn auf gleichem Kurs gesegelt, dem Horizont der Südsee entgegen, dem blauen Traum, der mein Leben prägte. Heute wie damals ist der Pazifik ein Meer mit weitem Horizont und blauweißem Gesicht. Blau der Himmel, blau die See, weiß die Wolken und weiß die Gischt, die der Bug aufwühlt. Verlässlich schiebt der Südostpassat von achtern – Passat: für mich das schönste deutsche Wort. Trotzdem ist diesmal alles ganz anders. Kein weißes Segel wölbt sich über mir, sondern der gewaltige Antennendom der »Starship«. Und neben meiner luxuriösen Kabine mit den beiden King-Size-Kojen arbeitet der 420-PS-MAN-Diesel und treibt das Schiff mit acht Knoten durch die See. Alles Mögliche bin ich als Weltumsegler gewohnt, aber kein Motorschiff. Seltsame Bewegungen macht das in der drei Meter hohen, seitlich einfallenden Dünungssee, ein merkwürdig verdrehtes Rollen über beide Achsen. 14-mal pro Minute, so zähle ich, legt sich die »Starship« über, torkelt von Steuerbord nach Backbord und zurück.

8. Juli

»Wilfried, it's your watch!« Dr. Janet, die sympathische Vulkanologin aus England, weckt mich zu meiner Wache. Ich rappele mich aus dem Tiefschlaf hoch und klettere auf die Brücke. »Alles klar?« Ich nicke. Dann bin ich allein. Ein Steinzeitsegler auf einem schwimmenden Computer, der mit Stick, Tastatur und Maus gefahren wird. Die wichtigsten Dinge habe ich inzwischen gelernt. Kurs, Log, Kartenplotter und die Instrumente der Motorüberwachung habe ich jetzt im Blick. Keine Auffälligkeiten. Das Schiff bahnt sich seinen Weg durch die schäumende See. Gesteuert wird es von Mr. Robertson, unserem Autopiloten. Der Wachgänger auf der »Starship« hat im Normalfall so viel zu tun wie ein Jumbo-Pilot, wenn die Reiseflughöhe erreicht ist: nichts. Ich kann mich völlig in die Betrachtung der Sternbilder am nächtlichen Himmel versenken und den weißen Gebirgen zuschauen, die das Schiff von achtern einholen, anheben und manchmal für Sekunden zum Surfen bringen. Hundert Tonnen, die auf einem Wellenkamm gleiten wie ein Surfbrett! Ein atemberaubendes Gefühl. Selbst bei diesem Tempo bleibt die »Starship« noch manierlich auf Kurs, bricht maximal zehn Grad pro Seite aus. Mr. Robertson versteht sein Handwerk.

Die Sonne schiebt sich über den östlichen Horizont, ein neuer weißblauer Tag bricht an. Nach und nach erscheinen die anderen Crew-Mitglieder und widmen sich ihrer Tagesroutine. Trevor, der derzeitige Kapitän, ein 35-jähriger Australier, checkt die Maschine. Monika, seine 29-jährige Frau aus Österreich, ist heute mit der Zubereitung des Frühstücks dran. Rudolf, Kameramann und Kommunikationstechniker aus Kiel, sieht die E-Mails durch, die über Nacht eingetroffen sind. Angel, 25-jährige Deckhand aus den USA, beginnt mit der täglichen Mühsal des Deck-Waschens, um das Salz von Bord zu spülen. Und Janet, unsere Wissenschaftlerin, hält bekümmert Ausschau nach irgendetwas auf dem Wasser, was ihrer Neugier Nahrung geben könnte, aber da ist nichts: kein Schiff, kein Fisch, kein Vogel. Nur blauweiße Unendlichkeit.

12. Juli

Blauweiße Tage und Bordroutine. Zwei Stunden Wache, acht Stunden Freizeit. Keine Arbeit, keine Mühsal, keine Leistung, keine Entbehrung. Wir verfügen über eigene Bäder, klimatisierte Räume, Bordtelefon, eine Eiswürfelmaschine, 277 Videofilme und volle Kühl- und Tiefkühlschränke. Gestern Abend gab es Reis mit Curry und gebackener Banane. Als ob wir an Land wären. Vieles ist hier wie an Land, und der schwimmende Computer ist auch ein schwimmendes Wohnzimmer. Für mich, den Segler, der meistens ohne Motor und mit einem Minimum an Elektronik unterwegs war und seine Törns als Rückkehr zur Einfachheit erlebt hat, ist diese Seefahrt der Sprung ins nächste Jahrtausend.

13. Juli

Wie konnte ich mir das antun? Drei Stunden »Titanic«-Videofilm auf 4173 Meter Wassertiefe. Und das auch noch bei einer Dünungssee, die die »Starship« tanzen und schlingern ließ wie ein Spielzeugschiff. Während die Decks der Titanic auf dem Bildschirm kopfüber wegsackten, bohrte sich der Bug der »Starship« tief in die See. Und als die Teller der »White Star Line« stapelweise aus den Regalen stürzten, legte sich unser Schiff plötzlich so hart auf die Seite, dass das Geschirr über die Anrichte schoss. Auf der »Titanic« strömte das Wasser durch die Gänge, bei uns donnerte es knallend gegen die Bordwand. Visuelle und körperliche Wahrnehmung vervielfachten und verstärkten sich. Ein wahrhaft dreidimensionales Filmerlebnis.

15. Juli

Tag um Tag azurblaue See unter einem riesigen Himmel. Wir sind immer noch ein winziger Punkt auf dem weiten Pazifik, kein Land in Sicht und kein Schiff. Wenn ich den Horizont an Steuerbord querab ins Auge fasse, weiß ich: Bis zur kanadischen Küste gibt es nur Wasser, kein Land, keine Insel liegt dazwischen. Auf der Backbordseite ist die Entfernung noch krasser. Bis zur Antarktis befindet sich auf diesem Längengrad kein Stück sichtbarer Boden. Nur Pazifik. Wir sind hier sehr allein. Aber die Welt geht bei uns ein und aus. Faxe kommen, E-Mails gehen. Eine Fangemeinde begleitet und kommentiert die Fahrt im Internet, und die Mutter von Bord-Frau Angel teilt mit, in welchem Restaurant sie gerade gegessen und wie es geschmeckt hat. Mutterseelenallein sind wir auf

Ein gewaltiger Einzelgänger gleitet unter Wasser durch den Pazifik: der Walhai. An seinem Bauch haben sich Schiffshalterfische angesaugt und lassen sich von dem friedlichen, 15 Meter messenden Planktonfresser befördern.

dem Ozean, aber elektronisch können wir jederzeit vor die Tür auf die Dorfstraße treten und mit den Nachbarn klönen. Trotzdem geht bei einigen an Bord die Geduld zur Neige. Noch 700 Meilen bis zum Landfall, Janet ist genervt. »Immer das gleiche Wetter, kein Vogel, kein Schiff, keine Insel.« Und Monika sagt: »Ich will endlich Land sehen, riechen, fühlen. Grünes Land!«

16. Juli

Und ich? Mir geht es wie dem Mann in einem Film von Alain Tanner, der sagt: »Das einzige Land, das ich wirklich liebe, ist das Meer.« Seetage sind mein Leben, und die Übelkeit zu Beginn ist lange vergessen. E-Mail hin, Video her – meine beste Unterhaltung bleibt das Wasser. Früh am Morgen setze ich mich mit einer Muck

Tee in den Bugkorb. Die Beine über Bord, beobachte ich, wie das Schiff die See auseinander schiebt, wie Gischt aufspritzt, Schaumberge sich auftürmen, wieder zusammensacken und die Lichtreflexe der Sonne über die Wellen jagen. Und die See erzählt mir brüllend und raunend, wispernd und geschwätzig ihre uralten und immer neuen Geschichten.

19. Juli

Land in Sicht! Im fahlen Licht der Morgendämmerung sehen wir ihn vor uns aufragen, den gewaltig zerklüfteten Vulkanschroffen von Nuku Hiva. Die kleine Insel hat viele Buchten, aber kaum Strände. Fast überall stürzen die Felsen steil ins Meer ab. Vorsichtig steuert Trevor das Schiff in den Scheitel einer tiefen Bucht. Jetzt trägt der Wind den Landgeruch zu uns herüber, süß, exotisch, gut. Welche Verführung muss er früher für die Männer gewesen sein, die manchmal Monate auf See hinter sich hatten?

Monika löst die Ankersicherung. Der Anker und 90 Meter Kette rauschen in das ruhige Wasser der Bucht. Die Schiffsschraube dreht sich nicht mehr, und plötzlich ist es sehr still. »Okay«, sagt Trevor, »let's have breakfast.« Aber vorher muss ich noch ins Wasser springen, so wie ich bin, in voller Montur. Rudolf springt hinterher. Lebendiges, frisches Seewasser, wunderbar. Wir schwimmen einmal um das ankernde Schiff herum. »Gut gemacht, ›Starship‹«, ruft Rudolf. Dem Frühstück folgt auf der Brücke die Etappenbilanz: 3036 Seemeilen in 15 Tagen und 16 Stunden; Durchschnittsgeschwindigkeit 8,1 Knoten; Dieselverbrauch 19,5 Liter pro Stunde.

21. Juli

Taiohae, Hakatea, Haahopu – wir tuckern durch die Marquesas. Steile Felsen, dazwischen sandige Ufer, dahinter kleine Plantagen mit Kokospalmen und Brotfruchtbäumen. Manchmal ziehen sich

Täler ins Inland, gebildet von Flüsschen, die sich in Jahrtausenden in die hohen Felsen gefräst haben.

Ein paar Hütten gibt es, ein paar Hunde und Hühner. Wenig Menschen. Als James Cook vor etwas mehr als 200 Jahren auf seiner zweiten Weltreise Station auf den Marquesas machte, schätzte er deren Bevölkerung auf 70.000 bis 100.000 Menschen. Cook hielt sie für die robustesten der Polynesier. Er täuschte sich. Als die Europäer kamen mit Missionaren und Keuchhusten, mit Typhus und Syphilis, mit Bedarf an Holz für ihre Walfänger und an Frauen für ihre Mannschaften, da wurde die Bevölkerung der Inselgruppe fast ausgerottet. 1930 lebten hier noch ganze 2200 Insulaner. Heute ist die Zahl wieder auf gut 7000 gestiegen. Und trotz der unsäglichen Erfahrungen, die ihre Vorfahren mit uns Weißen gemacht

Gastfreundschaft ist in Polynesien noch immer Tugend Nummer eins. Zur Begrüßung der »Starship« auf Ua Huka tanzt eine Gruppe junger Mädchen, deren Alltagsjob es ist, Kokosnüsse zu halbieren und für den Export zu trocknen.

haben, werden wir begrüßt wie lang ersehnte Freunde. Auf Ua Huka werden wir von einer Willkommens-Combo und lächelnden Mädchen empfangen, die uns duftende Blütenkränze um den Hals legen und dann zu Ukulele und Trommel auf den schwarzen Lavasteinen des Ufers tanzen. Die Dorfbewohner sitzen auf dem Steilhang und klatschen den Rhythmus mit. Bilderbuch-Südsee.

Dem schönen Fest folgt eine scheußliche Nacht. Plötzlich baut sich in der Ankerbucht der »Starship« eine gemeine, kurze, steile See auf, schüttelt das Schiff und zwingt es zu Bocksprüngen wie ein Rodeo-Pferd. Bei 30 Grad Schräglage schafft es keiner, in der Koje zu bleiben. Und selbst oben auf der Flybridge spielt meine schräg gelegte Matratze Rodelschlitten mit mir.

Südsee-Romantik: In der endlosen Weite des Pazifiks schwimmen Tausende grüner Palmenoasen – so wie dieses kleine Eiland im Archipel der Tuamotus, dessen einzige Bewohner Krabben und Fregattvögel sind.

1. August
Auf Fatu Hiva, der südlichsten Marquesas-Insel, wollten wir eigentlich nur kurz bleiben, um dann den Sprung zu den Tuamotu-Inseln zu machen. Doch als wir gerade vor Anker liegen und dabei sind, unser erstes Bier aufzureißen, kommt ein einheimisches Kanu längsseits, und der Mann darin berichtet, dass gestern an der Ostküste der Insel ein Fischer mit seinen Kindern, einem dreijährigen Jungen und einem 18 Jahre alten Mädchen, gekentert ist; keiner der drei hat es an Land geschafft.

5. August
Die See, durch die das Schiff pflügt, ist tiefblau und ruhig. Ein Badesee. Keine Welle stört den Kurs. Kein Gedanke, dass die gleiche See gerade noch drei Menschen das Leben geraubt hat. »Ich sah die See jetzt, wie sie in Wirklichkeit ist«, hat Joseph Conrad geschrieben, »die See, die mit Männern ihr Spiel treibt, bis ihnen das Herz bricht, und die starke Schiffe zu Tode hetzt. Nichts vermag die unheilbrütende Grausamkeit ihrer Seele zu rühren. Sie steht allen offen und ist keinem treu. So übt sie ihren Zauber aus, um die besten zugrunde zu richten. Es ist nicht gut, sie zu lieben.« Es fällt schwer, sie heute nicht zu lieben, glatt und glänzend, das Bugwasser beidseitig ebenmäßig und der Horizont weit und klar.

Tränen im Paradies

Die Marquesas-Inseln sind für viele Segler ein Paradies und Fatu Hiva gilt als seine Krönung. Ausgerechnet dort, wo die Luft seidenweich, die Früchte saftig und das Leben süß sind, wird die »Starship«-Crew in die schrecklichen Folgen eines Schiffbruchs verwickelt. Michael Poliza berichtet von dem traurigen Einsatz

Fatu Hiva ist das Paradies. Vor allem für die, die von Galapagos kommen – 5600 Kilometer nur Wasser und Seewind, 20 Tage mit wachsender Sehnsucht nach der Farbe der Bäume, dem Geruch der Erde, dem Geschmack frischer Früchte. Und dann das: eine Insel wie aus dem Bilderbuch, Granitfelsen und wucherndes Tropengrün, Schatten und frisches Wasser, Bananen, Ananas, Mangos in Hülle und Fülle. Thor Heyerdahl, der norwegische Forscher und Abenteurer, war von der südlichsten Insel der Marquesas so begeistert, dass er gleich für ein paar Jahre blieb.

Viele Segler teilten seine Begeisterung. Sie waren die einzigen Touristen auf der Trauminsel, und die Insulaner freuten sich, ihnen Früchte und frische Lebensmittel zu verkaufen. Aber je stärker sich der Ruf der Insel als Traumziel verbreitete und je mehr Segler von ihm angezogen wurden, desto stärker stiegen die Preise im Paradies. In den vergangenen Jahren so dramatisch, dass die Besucher wieder wegblieben.

Bei der Einfahrt zur Bucht im goldenen Licht des späten Nachmittags sehen wir kein anderes Schiff. Haben wir das Paradies ganz exklusiv? Wir sind nur auf Stippvisite hier, wollen einen kurzen Inselbesuch machen, ein bisschen fotografieren und dann weiter auf die Tuamotus.

Gerade haben wir den richtigen Ankerplatz gefunden und die erste Dose Bier aufgemacht, als wir eine Piroge entdecken, die direkt auf uns zuhält, Männer darin mit finsteren Gesichtern. Wollen sie Geld? Uns wegjagen?

Doch die bedrückten Mienen haben einen ganz anderen Hintergrund. Ein Unfall ist geschehen, gestern Abend auf der anderen Seite der Insel. Ein Boot gekentert, ein Fischer mit seinen Kindern. Vier Menschen werden vermisst. Ob wir suchen können? Tauchen?

Die Leute sind aufgeregt, besorgt, drängen uns. Doch die Sonne steht schon tief, unser Schiff würde mindestens anderthalb Stunden bis zur anderen Inselseite brauchen, erst bei Dunkelheit

ankommen und müsste dann doch wieder umkehren, weil es auf der Ostseite keine Ankerplätze gibt. Aber mit dem Zodiac-Tender sind wir schneller.
Wir nehmen das Nötigste mit und erreichen die Unfallstelle nach 20 Minuten. Viele Pirogen dümpeln herum, suchen hilflos, sind wie gelähmt und wollen die Suche auf keinen Fall einstellen. Jetzt erfahren wir Einzelheiten des Unglücks. Ein Familienvater war an Bord mit seinem zweijährigen Sohn, seiner siebzehnjährigen Tochter und deren gleichaltriger Freundin. Bei einer unerwarteten Welle kippte der kleine Sohn ins Wasser. Er konnte nicht schwimmen. Der Vater sprang sofort hinterher, ließ aber den Außenborder an. Der Boot schlug quer und kenterte. Das Wasser ist rau hier, die Wellen nehmen von Südamerika aus Anlauf, bevor sie bei Fatu Hiva auf die Felsen krachen und sie zu messerscharfen und pfeilspitzen Schroffen schmirgeln. Der Freundin gelang es trotzdem, sich an die Küste zu retten; von dort sah sie, wie die drei anderen im Sog der Brandung kämpften und von den Wellen immer wieder hin und her geworfen wurden. Das Mädchen suchte Holz, an dem man sich festklammern kann, um es den Schwimmenden hinzuhalten, doch als es ans Wasser zurückkehrte, war niemand mehr zu sehen.
Zum Tauchen ist es zu spät. Morgen früh werden wir suchen, sagen wir den verstörten Menschen auf den Pirogen. Sie hoffen immer noch auf ein Wunder. Abends meldet sich auf dem Satellitentelefon der »Starship« der französische Administrator für die Marquesas aus Papeete. Er erkundigt sich nach der Lage und fragt dann nach der Ausrüstung unseres Schiffes. Als er erfährt, dass wir einen Kompressor an Bord haben, beschließt er, Taucher der

Auf dem Foaroa River, dem einzigen befahrbaren Fluss Polynesiens, bringen Jeanette und Angelica die beiden Kajaks der »Starship« zum Einsatz.

Gendarmerie Nationale aus Tahiti zur Unterstützung zu schicken. Die können aber erst am Nachmittag des nächsten Tages eintreffen.

Wir sind um sieben Uhr im Wasser. An der Unglücksstelle ist das Meer 22 bis 30 Meter tief. Die Sicht ist okay, trotzdem ist es schwierig, den unübersichtlichen Meeresboden systematisch abzusuchen. Außerdem ist die Strömung stark, und wir können nicht allzu lange unten bleiben wegen der notwendigen Dekompressionsphasen. Drei Tauchgänge schaffen wir bis zur Ankunft der französischen Profi-Kollegen.
Die Insulaner drängen uns, länger unter Wasser zu bleiben, intensiver zu suchen. In der polynesischen Kultur ist es wichtig, dass der intakte Leichnam eines Verstorbenen beigesetzt wird, nur so kann seine Seele Ruhe finden. Doch wir brauchen unbedingt Entgasungsphasen zwischen den Tauchgängen. Inzwischen ist auch noch der einheimische Tauchlehrer mit dem Spitznamen Pipapo zu uns gestoßen. Mit ihm und den Gendarmerie-Tauchern durchkämmen wir dann das ganze Unfallgebiet, fünf Männer an einer langen Leine im Abstand von 12 bis 15 Metern, je nach Sicht. Den ganzen Nachmittag lang suchen wir und zwei volle weitere Tage. Die »Starship« ist Einsatzzentrale und Basis der Aktion. Am dritten Tag wird Pipapo fündig. Sein geschultes Auge entdeckt einen Stofffetzen. Auf der »Starship« dann die Gewissheit: Ja, das sei die Hose des Vaters, bestätigt der Bürgermeister seines Dorfes, der die Suchaktion an Bord verfolgt. Die Hose trägt die Spuren von Haibissen, vermutlich die eines Tigerhais. Jede weitere Suche ist sinnlos.
Der französische Administrator und der Bürgermeister beratschlagen und beschließen dann, der Witwe des Mannes den Fund zu verschweigen. Die Körper ihres Mannes und ihrer Kinder seien ins tiefe Meer gesunken, soll sie glauben, dorthin, wo kein Hai hinschwimmt und sie ihre ewige Ruhe finden werden. Im Dorf Hanavave herrscht Trauer. Und wir, die bisher ganz und gar vom Aktionismus der anstrengenden Unterwassersuche beansprucht waren, werden

Alles, was übrig blieb: die Hose des ertrunkenen Vaters, in 30 Meter Tiefe gefunden, von Haibissen zerfetzt.

uns jetzt auch dieses Verlustes eines Familienvaters und zweier seiner Kinder bewusst. Wir haben die drei ja gar nicht gekannt, aber jetzt lernen wir sie kennen. Durch das Dorf, in dem sie lebten, und die Frau, die ihnen Gattin und Mutter war. Alle wollen uns danken für unsere Hilfe, nehmen uns in die Arme, auch die junge traurige Witwe. Sie lädt uns in ihr Haus ein, die Fotos der Verstorbenen an der Wand, schon nach polynesischer Sitte mit Blumen geschmückt. Der Tod ist persönlich geworden. Tränen fließen. Auch unsere.
Das Dorf besteht auf einem Essen zu unseren Ehren. Dankesreden werden gehalten, Geschenke überreicht, Schnitzereien und Malereien auf besonderem, hier geschöpftem Papier. Wir sind verlegen, suchen nach Gegengeschenken, haben dann eine Idee. Nach Absprache mit »West Marine«, unserem amerikanischen Schiffsausstatter, lassen wir ein Dutzend unserer Schwimmwesten auf der Insel, einschließlich Kindergrößen. Hoffentlich helfen sie, eine Tragödie, wie wir sie gerade miterlebt haben, zu verhindern. Auch zwei kleine Funkgeräte überreichen wir. »West Marine« wird uns Ersatz nach Tahiti schicken.
Aus unserem Internet-Logbuch haben Menschen weltweit vom Schicksal der Ertrunkenen und ihrer Familie erfahren. Viele nehmen Anteil. Dutzende von Kondolenz-E-Mails treffen auf der »Starship« ein. Wir drucken sie aus

Im Hafen von Papeete bedankt sich die Gendarmerie National bei Dörte und der Crew für die Hilfe bei der Suchaktion.

und übergeben sie dem Bürgermeister. Schweren Herzens scheiden wir von Fatu Hiva, dem kleinen Paradies im Pazifik, das so plötzlich zur Hölle werden kann. Wir lassen dort Freunde zurück. Und wir haben einmal mehr gespürt, wie schnell sich Menschen nahe kommen, wenn sie gemeinsam erfahren, dass sie sterblich sind.
Die Ereignisse auf Fatu Hiva haben dann noch einen unerwarteten Nebeneffekt. Überall in Französisch-Polynesien genießen wir Vorzugsbehandlung der Behörden. Auf Tahiti werden wir mit Blaulicht durch Papeete gefahren, und die Taucher der Gendarmerie zeigen uns die besten Tauchplätze der Inseln.

Die Insel von König Rahos Kindern

Die Südseeinsel Rotuma ist ein verschlossener Garten Eden. Ihre Einwohner haben es mit dem Tourismus versucht und ihn verworfen. Lieber pflegen sie ihre Traditionen und bleiben ihren Mythen treu. Wie der Legende vom Schwertfisch, der mit einem Hieb den Felsen Hofliua spaltete

VON HANS-CHRISTOF WÄCHTER

Am Morgen kommen die Delfine. Backbord voraus kreuzen sie den Kurs der »Starship«. In eleganten Schwüngen heben sich ihre glänzenden Rücken über eine spiegelglatte See. Vilsoni Amoe, unser rotumanischer Guide, atmet auf: »Wenn du Delfine siehst, verheißt das glückliche Ankunft.« Wir fahren nach Rotuma. 600 Kilometer voraus, über 30 Stunden kein Krümel Land. Die Insel der Unbelehrbaren, sagen die Nachbarn. Die Insel der Standhaften, sagen stolz die Rotumanen. Denn sie könnten reich sein. Hoteliers oder Restaurantbesitzer, Boutiqueneigner, Autoverleiher oder Discobetreiber. Mindestens aber Barkeeper, Kellner, Taxifahrer oder Tauchlehrer. Was sind sie stattdessen? Kleinbauern und Fischer. Und angewiesen auf die Schecks ausgewanderter Familienmitglieder in Fidschi, Australien und Neuseeland. Sie wollten nicht mithopsen ums Goldene Kalb. Sondern weiter den Tautoga und den Mak Pek tanzen auf ihrer polynesischen Exklave inmitten des melanesischen Siedlungsgebiets. Ihre ethnisch nächsten Verwandten – Samoaner, Tonganer, Cook Islander, Tahitianer – leben Tausende Kilometer entfernt. Zu Fidschis machten die englischen Kolonialherren sie vor über 100 Jahren. Eine Zwangsheirat, keine Love-Affair.

Kreuzfahrt-Reedereien und Hotelketten haben die Insulaner umworben, ihnen immer verlockendere Offerten unterbreitet. Auch Fidschis Tourismusministerium sähe Rotuma gern in seiner weltweit präsentierten Kollektion idyllischer Inseln mit Sonne, Strand und Palmen satt. Denn der Südseetourismus boomt. Fidschi ist Australiens Mallorca. Aus Japan und Südkorea kommen neue Besucherströme. Es beginnt eng zu werden.

Ausnahme: Rotuma, das alles bietet, was das Südseeklischee verspricht. Vulkankegel in samtgrünen Schonbezügen, tropische Regenwälder, garantiert frei von bissigem und giftigem Ungetier, türkisgrünjadeblaue Lagunen, in denen Korallengärten blühen, weißpulvrig endlose Sandstrände, Dörfer unter lichten Palmenhainen – und gastfreundliche Insulaner, geschmückt mit Blütenketten, lächelnd, sanft und liebenswert.

Klein und fern heben sich kurz vor Sonnenaufgang blaugraue Hügelwellen über einen graublauen Horizont. Mit den ersten Sonnenstrahlen streift die Insel ihr laubgrünes Kleid über, die Küste entfaltet sich in weißgesäumte Buchten, schwarze Lavaklippen, das aufgestickte Filigran der Kokospalmen. Blasser Rauch der Herdfeuer kräuselt sich zwischen den Bäumen. Langsam gleitet die »Starship« am Saum der Riffbrandung entlang. Vilsoni, der seine Heimat fünf Jahre nicht gesehen hat, steht auf der Flybridge und schaut. Plötzlich ruft er jubelnd: »Rotuma, here I'm coming!« Und lacht verlegen.

Von Captain Weaver mit dem Joystick sensibel dirigiert, gleitet die »Starship« zeitlupenhaft zwischen opal schimmernden Korallenblöcken zur Oinafa Bay. Das Schiff scheint zu schweben; so durchscheinend klar ist das Wasser über dem weißen Sandgrund. Wir bereiten uns vor zum ersten Landgang. Ob wir willkommen sind, wissen wir noch nicht. Zwar hat Michael Poliza, der »Starship«-Skipper, sein Cruising Permit für Rotuman waters in der

Tasche, doch über die Genehmigung, die Insel zu betreten, entscheidet allein der Council der sieben District Chiefs. Chief Gagaj Maraf, ranghöchster Inselherr, empfängt uns in seinem blütenumrankten Häuschen am Dorfanger von Noatau. Ganz regierender Fürst, ganz nach Neuigkeiten dürstender Insulaner. Die Gattin serviert Eiswasser. Wir plaudern. Und die Aufenthaltsgenehmigung?! Maraf winkt lässig ab. Lappalie, jetzt, da man sich kenne. Reine Formsache, er werde das regeln. Viel wichtiger: das weiße Schiff in der Bucht. Der Chief will es sehen. Als Erster, seiner gesellschaftlichen Position entsprechend.

Einladungen und Gegeneinladungen werden getauscht, Bordbesuche und Inselausflüge arrangiert. Zum unterirdischen Süßwasserteich im Dschungel von Fapufa; zum Königsfriedhof auf dem Berg Sisilo; zum »Hünengrab« von Juju aus heidnischer Vorzeit.

Paradies nur für Anlieger: Palmenhaine, feiner Sand, glasklares Wasser – der Strand von Oinafa ist der Traum jedes Tourismus-Managers. Doch die Rotumanen wollen keine Besucher.

Vierzehn Kilometer in ostwestlicher Richtung, an den breitesten Stellen vier Kilometer tief, erstreckt sich die Insel, mit 44 Quadratkilometern nicht mal halb so groß wie Sylt. In North Coast Road und South Coast Road gliedert sich die Küstenstraße. So könnte man sich die Wege im Garten Eden vorstellen: Durch paradiesisches Grün eine weiße Sandpiste hügelauf, hügelab, daran aufgefädelt ein Dorf nach dem anderen, weite Palmenhaine, rote Baldachine der Flammenbäume, cremeweiß die Frangipanis, vielstämmig uralte Banyan-Riesen im Wald – und immer neue Ausblicke auf die Lagune, Inselchen, weiße Schaumstreifen der Riffbrandung.

Doch dass sich die Insel so unvergesslich in die Erinnerung prägt, ist mehr noch als ihrem natürlichen Reiz der selbstbewusst freundlichen Würde, dem selbstverständlich herzlichen Entgegenkommen ihrer Bewohner zu danken. Rotumanen sind Gastgeber in Vollendung. Die Barbaren sind wir. Hier kann man sie wieder lernen, wenn man denn die Muße dazu aufbringt: die Kunst des Plauderns; das endlose Be-, Zer- und wieder Zusammenreden von Ober- und Unterwelt, von banalen Alltags- und wichtigen letzten Dingen. Vilsoni sagt: »Man muss über alles reden auf der Insel. Immer wieder. Dann werden die Sachen rund, sagen die alten Männer.« Und mit einem Seufzer fügt er an: »Es weiß sowieso jeder alles von jedem. Und alle wissen mehr von dir als du selbst.«

Am ersten Abend, nach Sonnenuntergang, ist die »Starship«-Mannschaft zur Kava-Party geladen. Auf dem Dorfanger sind Matten ausgelegt, mit untergeschlagenen Beinen lagern die Männer um eine große Holzschale mit einer bräunlichen Flüssigkeit, die Frauen haben sich zum Kartenspiel zusammengesetzt, die Kinder toben zwischen den Gruppen, klimpernd werden Gitarre und Ukulele gestimmt. Der Zeremonienmeister lässt Kokosschalen mit Kava servieren. Jetzt heißt es Haltung bewahren, Etikette beachten.

Die Etikette: einmal Händeklatschen, Schale mit beiden Händen nehmen und trinken (in einem Zug), Schale zurückreichen (mit anerkennendem Ah), wieder Händeklatschen: Nun ja, es schmeckt, anders jedenfalls als alles, was man je getrunken hat. Erdig bitter, fad und seifig. Ein leicht taubes Gefühl bleibt auf der Zunge. Kava, Aufguss von zerstampften Wurzeln einer Pfefferpflanze (piper methysticum), ist heilig. Kein Staatsakt ohne Kava. Und kein abendliches Dorfpalaver.

Als ich 1985 für Wochen auf Rotuma lebte, spaltete ein tiefer Riss die Insel. Die Schlange war ins Paradies geschlichen. Burns Philp Shipping Agencies hatte eine Offerte gemacht: Für einen knappen Tag sollte das Kreuzfahrtschiff »Fair Star« vor Rotuma ankern und seine Passagiere an Land setzen. Am Strand sollten sie, ihrer 500, von den Insulanern auf einem rotumanischen Fest beköstigt und unterhalten werden. Man hatte Für und Wider heiß diskutiert, die Methodistische Kirche ihre Schäflein gar zu einer Anti-Tourism-Prayer-Week aufgerufen. Doch die Rotumanen wurden schwach. Das Angebot war zu verlockend gewesen; von 4000 Dollar wird geflüstert.

Es lief prima. Im Anschluss an das Fest setzten sich die Dorfräte zusammen, zogen Bilanz und stimmten ab. Trotz einhelliger Meinung, dass das Experiment geglückt sei, siegten die Isolationisten: einmal und nie wieder. Auf Rotuma finden wir ihn exemplarisch, den unlösbaren Antagonismus Öffnung oder Abschottung, Bewahrung oder Anpassung, in dem sich viele pazifische Mini-Staaten – Vanuatu, Solomon Islands, Belau, Federal States of Micronesia, Tuvalu, Kiribati – gefangen sehen. Von der »Hawaiisierung« Rotumas, vom Teufel, dem kleinen Finger und der ganzen Hand menetekeln die Traditionalisten, über notwendige Investitionen für die Insel, die von Fidschi vernachlässigt werde wie sein Hinterhof, ereifern sich die Neuerer.

Zweimal sind die Rotumanen doch noch schwach geworden, liefen Kreuzfahrtschiffe die Insel an. Doch der erste Elan war weg, das anschließende Geldzählen wog die Mühen des Festes für die Fremden offensichtlich nicht auf.

In den Tagen, als die »Starship« in der Bucht von Oinafa vor Anker geht, findet ein anderes Fest statt: Der District Chief von Itu'ti'u ist fünf Tage zuvor gestorben und soll verabschiedet werden. Denn am fünften Tag begibt sich die Seele auf die Reise ins Totenreich. Daran glaubten die Rotumanen, bevor die Missionare kamen. Daran halten sie fest, auch als herzensfromme Methodisten, Katholiken, Siebenten-Tags-Adventisten oder Zeugen Jehovas. Am fünften Tag nach einem Tod ist ein Abschiedsfest zu feiern. Wir sind dazu eingeladen.

Vormittags versammeln sich die Bewohner des Distrikts in sonntäglichem Staat auf Dorfanger, Friedhof und rund um des Verstorbenen Haus. Am Strand dampfen die Lovos. Hohe Sandhügel, unter denen, auf glühenden Lavasteinen, abgedeckt mit Blättern und Bastmatten, Fleisch und Gemüse garen. Drei Rinder, fünf Schweine und zentnerweise Taro-Wurzeln. Erster Höhepunkt des Tages: Öffnung der Erdöfen und fröhlich-festliche Prozession mit den in grünen Palmblattkörben dampfenden Speisen zum Dorf. Die Festgemeinde geht zu Tisch. Honoratioren und wir »Starship«-Ehrengäste auf der Veranda des Trauerhauses, jedem Gast gegenüber eine Serviererin, wie es rotumanischem Brauch entspricht, das »gemeine Volk« zu Hunderten in langer Doppelreihe auf der Wiese, lackgrüne Bananenblätter als Tischtuch. Pro Person werden vorgelegt: ein Batzen Rindfleisch von gut einem Kilo Gewicht, ungesalzen, ungewürzt, ein Batzen Schweinefleisch, eine Pfunddose Corned Beef, dicke Scheiben gekochter Taro und als Dessert eine Familienportion des geliebten Fekei, dicker Pudding aus Stärke, Zucker und Kokosmilch.

Völlerei zum Abschied vom Chief: Aufessen muss man nicht. Denn auf Rotuma ist ein Gastgeber umso angesehener, je mehr Essen seine Gäste in den ortstypischen »dog bags« aus Bananenblättern mit nach Hause nehmen.

Mein Nachbar, Vermessungsingenieur in Neuseeland, zu Besuch auf seiner Heimatinsel, beugt sich zu mir und zeigt auf die Fleischklumpen: »Na, magst du's?« Während ich noch über eine höfliche Antwort nachsinne, sagt er: »Ich hasse es. Niemand kann das essen. Aber es gehört nun mal dazu. Mach es wie ich, tu so, als ob. Aufessen muss niemand.« Pro forma kauen wir mit scheinbar vollen Backen. Das Festmahl währt kaum eine halbe Stunde, da rüsten die Ersten schon zum Heimweg, unterm Arm die Reste in »dog bags« aus Bananenblättern. Je größer die Portionen »für zu Hause«, desto angesehener der Gastgeber. Zeit, dem ersten Herrscher der Insel unsere Aufwartung zu machen. Der rotumanische Schöpfungsmythos erzählt dessen Geschichte so: Vor Urzeiten kam der Samoaner Raho von Osten über das Meer, einen Korb Heimaterde im Gepäck. Die schüttete er in die See und schuf die Insel Rotuma, sein Reich, das er streng und weise regierte. Bis ihm ein anderer samoanischer Chief die Herrschaft streitig machte. Im Zorn nahm Raho ein Stück Rotuma und warf es weit hinaus ins Meer. So entstand Hatana: schwarze Lavaklippen, weißer Korallensand, von dichtem Busch und Wald bestandener Hügel, vorgelagert ein Felsklotz, auf dem zu Tausenden Seevögel nisten. Dorthin retirierte der amtsmüde Inselschöpfer samt Ehefrauen und Hofstaat. Dort starb er, dort wurde er beerdigt. Wer Hatana betritt, muss unabdingbare Verhaltensmaßregeln beachten. Missachtet man sie, kann Raho äußerst unwirsch werden. Also wird man nie mit dem Boot anlanden, sondern vor dem Riff über Bord springen, durch die heftig anrollende Brandung wie ums Leben in die Lagune schwimmen und über das spitze Tafelriff zur Küste staksen. Es-

Tod nach Vorschrift: Auf Hatana, der letzten Ruhestätte des mythischen Inselschöpfers Raho, ist Blutvergießen verboten. Die jungen Tölpel, die die Insulaner wie reife Früchte eingesammelt haben, werden daher in der Lagune ertränkt.

kortierte einen unterwegs ein Hai, darf man sich glücklich schätzen: Der Schutzgeist der Insel hat dem Tier signalisiert, alles sei im grünen Bereich. Wir haben keinen Hai gesehen.

Raho empfing uns dennoch gnädig. Wir haben uns an seine Regeln gehalten: keine Schuhe, keine Kopfbedeckung, nur mit halber Stimme sprechen, sich keinesfalls »erleichtern« und an Rahos Grab mindestens eine Münze niederlegen. Die Altarplatte, die beiden hüfthohen, König und Königin symbolisierenden Steine, eingefasst von einem Ring runder Lavabrocken, den Dienerinnen – eine uralte Kultstätte von starker Aura. Grandios die Natur, laut und wild. Die Brecher über dem Riff, das Schreien der Seevögel, die in Wolken über uns schwirrten. In den Bäumen und am Boden Tölpelküken, weiße, flaumweiche Federbälle auf blauen Füßen.

Rotumanen besuchen ihren Stammvater nicht oft. Zu tief die Scheu, zu groß der Aufwand. Wenn, dann muss es sich auch lohnen. So mutieren die jungen Insulaner in unserer Begleitung von scheuen Pilgern zu wild begeisterten Jägern und Sammlern. Im Handumdrehen sind Körbe aus Palmwedeln geflochten und mit Hunderten von Vogeleiern gefüllt. Das hat Tradition, das erlaubt der Inselgott. Blutvergießen wiederum verbietet er auf seiner Insel strikt. Aber man hat sich arrangiert: Die Burschen sammeln Jungvögel zu Büscheln wie reife Früchte, waten in die Lagune und ertränken sie dort.

Der Abend unserer Abfahrt. Der Tender an Bord vertäut, Bananenstauden, Brotfrüchte, die sich als Abschiedsgeschenke auf dem Hinterdeck häufen, noch nicht verstaut. Voll verhaltener Melancholie inszenieren Sonne, Wolken, Meer und Insel ein Farbenrauschspektakel, wie es selbst in der Südsee nicht alltäglich ist. Still, zeitlupenhaft gleitet die »Starship« über das flüssige Gold der Bucht südwärts in sternklare Nacht.

Am Morgen kommen die Delfine.

Edel sei der Mensch

In Neuseeland steht die »Starship« einer Yacht in Seenot bei. Bald darauf erleidet sie selbst eine Karambolage. Danach erfährt Michael Poliza eine neue Dimension des Goethe-Wortes: »Edel sei der Mensch, hilfreich und gut«. Als nämlich MAN-Techniker Hermann Edel einfliegt und die Maschine in 36 Stunden wieder flottmacht

Wieder Sturm. Die »Starship« kämpft mit 40 bis 45 Knoten Wind direkt von vorn. Drei Tage mindestens wird es noch dauern, bis sie die neuseeländische Küste erreicht. Und ich sitze in Auckland im Hotel und bange. Dummes Gefühl.

Ich war vorausgeflogen, um mit den neuseeländischen Behörden Route und Programm zu besprechen, als sich das Wetter plötzlich gegen alle Voraussagen dramatisch verschlechterte. Die Zyklon-Saison hat begonnen, und die Wetterexperten zucken die Achseln. Wenn sich da draußen tatsächlich ein Wirbelsturm entwickelt, kann keiner seinen Kurs vorhersagen. Also kann das Schiff auch nicht ausweichen. »Da müssen die durch«, sagt Wetterguru Bob McDavitt lakonisch. Zermürbendes Warten.

Aber sie schaffen es. Tiefes Aufatmen, als das Schiff in Opua, dem Zollhafen im Norden der Nordinsel Neuseelands, einläuft. Dort feiern wir auch Wiedersehen mit vielen unserer Segelfreunde, die wir in Niue und Tonga zuletzt getroffen haben. Gemeinsam haben wir dort die deutsche Fleischerei auf Tonga um ihre Wurstbestände erleichtert, Bordfeste gefeiert und immer wieder die pazifischen Sonnenuntergänge bewundert, mal mit Tim und Ingrid aus Hamburg an Bord ihrer »Sonnenschein«, mal auf der »Josephine«, mal bei uns auf der »Starship« . Wir freuen uns, die alten Freunde fast vollzählig wiederzutreffen.

Nur eine Yacht fehlt. Ausgerechnet die »Attu« mit Charly und Gail und ihren Kindern Hannah und Ezra an Bord. Der Zweimaster hat seinen Heimathafen im US-Bundesstaat Washington, wo auch die »Starship« gebaut wurde, und nicht nur deswegen sind uns die vier von der »Attu« besonders ans Herz gewachsen. Wo sind sie? Stecken sie noch da draußen in diesem schweren Wetter?

Zwei Tage später haben wir Gewissheit. »Attu« meldet sich mit einem Hilferuf, sie steht ca. 100 Meilen vor Opua, hat Wind von vorn, keinen Diesel mehr an Bord, und die Crew ist völlig erschöpft.

Neuer Sturm ist gemeldet, und Charly macht sich Sorgen wegen seiner Kinder. Fragt, ob wir rauskommen und helfen können.
Funkrufe sind so gut wie öffentlich. Viele im Hafen haben mitgehört und bieten sofort ihre Hilfe an. Die brauchen wir auch. Denn Diesel hat die »Starship« zwar selbst genug, aber keine Kanister, um ihn an Bord der »Attu« zu schaffen. Doch es vergeht keine Viertelstunde, da stehen 30 Kanister am Tankpier und werden gefüllt. Und noch einer steht da, Charly von der »Attitude«, der unbedingt mit rausfahren will, um seinem Namensvetter zu helfen. Der, sagt er, kann bestimmt einen frischen Mann gebrauchen.

Doch nicht nur Segler haben unsere Vorbereitungen für die Hilfsaktion verfolgt, sondern auch der Zoll. Der mischt sich jetzt mit einer strengen Warnung ein: Diesel zu übergeben und Kinder an Bord zu nehmen verstoße gegen das Zollgesetz und sei strafbar. Denn die »Attu« habe keinen Mayday-Ruf abgesetzt, sei also nicht in Seenot.
Wir beschließen, die Verhandlungen mit dem Zoll am Telefon unter Ausschluss der Funk-Öffentlichkeit fortzusetzen und auf jeden Fall so schnell wie möglich in die Nähe des angeschlagenen Schiffes zu fahren. Doch das dauert, weil der Wind die Yacht von der Küste wegtreibt. Es ist fast Mitternacht, als wir die Lichter des Segelschiffs ausmachen, auf dem der kleine Ezra über Kurzwelle den Kontakt mit uns hält und die Position durchgibt. Sein Vater scheint völlig erschöpft und zermürbt. Seit zehn Tagen kämpft er mit seinem Schiff schon gegen Wind und Wellen.
Als wir endlich bei der »Attu« sind, ist guter Rat teuer. Abschleppen? Wir würden nur ihr Vorschiff unter Wasser ziehen. Diesel nachfüllen? Mit jeder Welle ergießt sich Wasser über Deck und kann in den geöffneten Tank laufen. Die Kinder übernehmen? Wie sollen sie von Bord zu Bord kommen bei dem Seegang?

Wenigstens lässt sich der neuseeländische Zoll von der Lage so beeindrucken, dass er Dieselübergabe und Kinderübernahme ausdrücklich genehmigt. Bleibt nur die Frage: Wie?
Zunächst stellen wir eine Leinenverbindung zwischen beiden Schiffen her. Nicht einfach, aber schließlich gelingt es. Dann wird ein zweites Tau von Bord zu Bord gespannt und an ihm Kanister für Kanister zur »Attu« hinübergezogen. Die »Starship« tanzt auf den Wellen wie ein Korken, denn ihre Stabilisatoren funktionieren nur, wenn sie Fahrt macht. Nach 15 Kanistern machen wir erst einmal Schluss. Dann steigt Charly von der »Attitude« in den Überlebensanzug, legt seine Schwimmweste an und klettert in das kleine Gummibei-

boot, das inzwischen zu Wasser gelassen und an die Verbindungsleine zur »Attu« gebunden ist. Eine zweite Sicherheitsleine verbindet es mit der »Starship«.

Während wir langsam Leine geben, ziehen die anderen ihn hinüber zur Yacht. Dort warten die Kinder, in dicke Schutzkleidung und Schwimmwesten gepackt. Erstaunlich ruhig und besonnen klettern sie in das Beiboot und werden von uns Hand über Hand zur »Starship« gezogen. Alles geht gut, bis sie ankommen und Hannah an Bord gehievt wird: Eine Riesenwelle trifft das Schiff genau in diesem Augenblick, es legt sich gefährlich über und drückt Hannah über Bord. Doch wir haben ihre Sicherheitsleine fest in der Hand, können sie sofort rausziehen, und Sekunden später steht auch ihr Bruder an Deck. Alles jubelt. Charly kehrt zurück zur angeschlagenen Yacht, um deren Skipper beizustehen. Gemeinsam schaffen sie es, das Schiff so in den Wind zu legen, dass das Deck trocken bleibt und sie Diesel in den Tank füllen können. Am nächsten Mittag gibt es dann ein glückliches Wiedersehen von Eltern und Kindern. Und bevor Ezra auf die »Attu« zurückkehrt, wird er in aller Form zum Ehrenmitglied der »Starship«-Crew ernannt. Er ist sehr stolz.

Nicht lange danach kommt die »Starship« selbst in Not. Wir machen gerade Fotoaufnahmen vor dem gigantischen Wasserfall, der sich im Milford Sound auf der Südinsel ins Meer ergießt, ich sitze mit der Kamera in einiger Entfernung im Beiboot, und das Schiff fährt langsam auf den Wasserfall zu. Bis Trevor, der am Ruder steht, findet, dass es nun dicht genug sei und den Rückwärtsgang einlegt. Es kracht furchtbar, dann steht die Maschine, und die »Starship« treibt weiter auf den Wasserfall zu. Dann kracht es zum zweiten Mal, aber noch lauter, die Bugnase ist gegen einen Unterwasserfelsen gedonnert und eingedrückt, Wasser dringt ein, und an Bord herrscht Panik. Der Milford Sound ist 400 Meter tief.

Glücklicherweise ist das Leck nicht sehr groß, wir können es notdürftig abdichten und das Schiff dann dank der zwei starken Außenborder des Beiboots zu seinem Ankerplatz schleppen. Jetzt haben wir endlich Zeit für die Schadenanalyse. Sie ist niederschmetternd. Offenbar ist beim Manövrieren Seewasser in die Auspuffanlage und von dort in die Zylinderköpfe gelangt – bei laufendem Motor! Da muss einiges kaputtgegangen sein, denn Wasser lässt sich bekanntlich nicht komprimieren. Die Experten, die wir telefonisch um Rat fragen, halten sich bedeckt. Der nächste erreichbare Techniker ist viele Stunden entfernt, kennt sich mit MAN nicht aus und weiß nicht, wie lange er auf Ersatzteile warten muss. Mit drei

bis vier Wochen sollten wir rechnen. Verzweifelter Anruf in Deutschland, ohne große Hoffnung, dort etwas zu erreichen. In Düsseldorf ist nämlich gerade Bootsmesse, alle Experten sind dort und sehr eingespannt und eigentlich unerreichbar. Aber dann ist es wie im Märchen: Die MAN-Geschäftsleitung erfährt von unserem Missgeschick und beschließt, ein Service-Exempel zu statuieren. Noch am gleichen Tag sitzt ein MAN-Techniker mit 160 kg Ersatzteilen im Flugzeug.
Nach 60 Stunden Flug und fünfmaligem Umsteigen steht Hermann Edel an Bord der »Starship«, zieht sich einen nagelneuen MAN-Overall an und verschwindet im Maschinenraum. »Morgen Nachmittag ist Probefahrt«, sagt er, bevor er die Tür zuklappt. Ein Irrer, denken wir, tippen uns heimlich an die Stirn und denken, der schafft das nie. Aber die, die ihm zur Hand gehen, staunen. So schnell können sie die Ersatzteile gar nicht auspacken, wie Hermann unseren V8 zerlegt und wieder zusammenbaut. Um 23 Uhr muss er eine Zwangspause einlegen – eine Dichtung fehlt. Hermann gibt nicht auf. Der Geschäftsführer der MAN-Vertretung für Neuseeland wird aus dem Bett geholt und zum Flughafen zitiert, um das fragliche Teil umgehend nach Queenstown zum nächstgelegenen Verkehrsflughafen zu befördern. Danach verschwindet Hermann wieder im Maschinenraum, arbeitet durch bis zehn Uhr morgens. Dann kommt er nicht mehr weiter, und wir können ihn zu einer Spazierfahrt mit dem Beiboot überreden. Als wir von der Spritztour zurückkommen, wartet am Pier ein Bote mit der Dichtung; eine kleine einmotorige Maschine hat sie aus Queenstown rübergebracht.

Entzückt verschwindet Hermann wieder im Maschinenraum. Um 17 Uhr erscheint er wieder mit strahlendem Lächeln. »Alles klar zum Probelauf.« Wir starten, und der V8 tuckert los, als hätte er nie irgendwelche Probleme gehabt. Dabei hat Hermann – der bei uns ab sofort nur noch »the Blitz« heißt – einen halben Neubau bewältigt. Alle Kolben und Pleuelstangen sind ausgetauscht, die Zylinderwände und -köpfe erneuert. Eine unglaubliche Leistung. Der Mann, der sie vollbracht hat, soll nun endlich den Feierabend genießen, ein kaltes Bier und den Sonnenuntergang. Morgen wollen wir ihm die Delfine und die Seelöwen zeigen. Und dann sein Lieblingsessen kochen …
Aber da klingelt das Telefon. Ein Anruf aus Nürnberg. Der König von Spanien hat Probleme auf der Yacht. Der nächste Einsatz für Hermann Edel.
Die »Starship«, die sich jetzt wieder aus eigener Kraft fortbewegen kann, fährt nach Nelson, geht auf die Werft und bekommt eine neue Nase.

Barriereriff – ein Königreich aus Kalk

Vor der Ostküste Australiens liegt eines der gewaltigsten Naturwunder der Erde: das Great Barrier Reef, in Jahrmillionen von Korallen errichtet. Auf einer Fläche, beinahe so groß wie Deutschland, leben hier eine Million Tier- und Pflanzenarten und haben ein Fantasy-Land unter Wasser geschaffen

VON GERD SCHUSTER

Die australische Korallensee leuchtet hier und da abgründig smaragden und glüht weiter draußen wie tintendunkler Saphir. Sogar der Himmel ist unwirklich blau. Kein Lüftchen regt sich. Die »Starship« liegt vor den nur zentimeterhoch aus dem Wasser lugenden Sandbuckeln des Wheeler Reef, rund 50 Seemeilen östlich von Townsville. Die Mannschaft taucht und schnorchelt im Meer, das da liegt wie ein bis zum Horizont reichendes Edelsteintableau.

Dicht unter dem Kiel der »Starship« flitzen Schwärme bunter Fische durch ein Labyrinth fantastischer Korallenskulpturen: Hirschgeweihe und Orgelpfeifen, zerbrechlich dünne, geschnörkelte Obstschalen und Couchtische, mystische Collagen aus Messergriffen ohne Klinge, Kakteenkolonien und kürbisgroße Schädel mit bloßliegenden Hirnwindungen. Verbeulte Backbleche voller Kringelplätzchen, endlos gewundene Mäander aus abgeschliffenen Dominosteinen, Teigklumpen mit Mandelsplitterkruste und rätselhafte Blätter, irisierend in allen Pastellfarben.

In vier Meter Tiefe beobachtet die deutsche Riff-Ökologin Dr. Katharina Fabricius einen Schmetterlingsfisch mit senkrecht verlaufenden gelben und blaugrauen Streifen. Zur Täuschung gefräßiger Feinde trägt er einen großen schwarzen Augenfleck mit deutlich sichtbarer Pupille auf dem zitronengelben Endzipfel seiner Rückenflosse. Nur der dünne Pinzettenschnabel verrät, wo sein Kopf tatsächlich sitzt. Als »Starship«-Skipper Michael Poliza ihn filmt, rollt er seine gut getarnten »echten« Augen. Ein besonders dunkler Streifen liegt quer über dem Fischgesicht und verhüllt sie wie eine Zorromaske.

Am Wheeler Reef kann man tagelang tauchen und stößt doch ständig auf neue Naturwunder. Dabei ist die Untiefe nur ein Kalkkrümel im Großen Barriereriff (GBR). Das Monumentalbauwerk millimeterkleiner Korallenpolypen erstreckt sich mehr als 2000 Kilometer an der australischen Ostküste entlang. Es reicht von Fraser Island im Süden bis zur Halbinsel Cape York im Norden, umfasst 2900 Riffe und 600 Inseln und ist mit einer Ausdehnung von nicht ganz 350.000 Quadratkilometern kaum kleiner als Deutschland.

Regenwälder der Ozeane werden Korallenriffe wegen ihres Artenreichtums genannt. Wissenschaftler schätzen, dass das Große Barriereriff rund einer Million Arten Nahrung und Unterschlupf bietet. Etwa 2000 Fische sind darunter – mehr als dreimal so viel, wie es im gesamten Atlantik gibt. In einem einzigen Brocken Korallenkalk von drei Kilo Gewicht fanden Forscher 1441 Würmer, die 103 verschiedenen Arten angehörten. Die Heerscharen der Weichtiere, Stachelhäuter, Schwämme, Krebse und Pflanzen hat weder jemand gezählt noch erforscht. Auch die Korallen bergen noch viele Geheimnisse. Man weiß, dass es zwei große Gruppen gibt – Steinkorallen und Weichkorallen. Man kennt die Grundlagen ihrer Anatomie, Lebensweise, Ernährung und Fortpflanzung. Aber schon bei der Artenzahl fängt das Rätselraten an. »Weltweit gibt es etwa tausend Arten von Steinkorallen«, sagt Katharina Fabricius, die ihren von vielen Tauchgängen zerfledderten Neoprenanzug abgelegt hat und sich im Salon der »Starship« mit einer Brause stärkt.

Am Großen Barriereriff wuselt das Leben. Über eine Million Tiere und Pflanzen finden Nahrung, Schutz und Partner.

»Schätzungsweise 400 davon findet man hier. Dazu kommen viele hundert Weichkorallenarten. Doch niemand kennt ihre Zahl.«

Die 36-jährige Münchnerin forscht seit zehn Jahren am »Australian Institute of Marine Science« bei Townsville. Allein in den obersten 50 bis 60 Meeresmetern, die Tauchern problemlos zugänglich sind, hat sie bei ihrer Recherche für ein neues Bestimmungsbuch insgesamt 90 verschiedene Gattungen von Weichkorallen gefunden. »Jeder davon können Dutzende von Arten angehören.«

Die wohlbekannten Steinkorallen und ihre weitgehend ignorierten Verwandten (Fabricius: »Um die kümmern sich weltweit nur fünf Leute!«) haben im Ökosystem Riff grundverschiedene Nischen besiedelt: Die nach ihrem steinharten Kalkpanzer benannten Riffbaumeister sind Räuber. Die kleinen Polypen – im Wesentlichen ein Röhrchen mit einer von Tentakeln umkränzten Mundöffnung – sitzen in ihrem selbst gemauerten »Burgturm«, quasi einem externen Skelett, und angeln nach Zooplankton. Sie »harpunieren« ihre winzige Beute mit Nesselkapseln, lähmen und verzehren sie. Nachts, wenn Quadrillionen hungriger Korallentierchen ihre Tentakel aus den Kalkpanzern strecken, erblühen die Riffe wie Blumenfelder.

Steinkorallen wachsen selten unterhalb von 40 Metern. Weichkorallen haben sich dagegen ein viel größeres Reich erschlossen. Sie besiedeln flache Lagunen ebenso wie die düsteren, aber auch ruhigeren Tiefen der Meere. Mit ihren acht Ärmchen filtern sie vorübertreibende Nahrungsteilchen aus dem Wasser. Sie fühlen sich ledrig, knorpelig oder gallertartig an, besitzen weder Wehrturm noch Skelett und halten sich aufrecht, indem sie sich voll

Der kleine gelbe Korallenfisch passt mühelos in die meisten Ritzen zwischen den Weichkorallen. Die Nischen bieten ihm Schutz und einen Platz zum Schlafen. Rund 2000 Fischarten, mehr als dreimal so viel, wie es im gesamten Atlantik gibt, leben am und vom Großen Barriereriff.

Wasser pumpen. So genannte Skleriten, wie Korsettstangen wirkende Kalkstäbchen, sorgen für zusätzliche Stabilität. Trotzdem verwandeln sich viele schöne Weichkorallen außerhalb ihres Elements in unansehnliche Schleimklumpen.

Ein Eigenheim aus Kalk zu bauen, diesen Luxus können sich Steinkorallen vor allem deshalb leisten, weil sie im Überlebenskampf nicht auf sich allein gestellt sind, sondern über eine Armee von Helfern verfügen. Das kristallklare Oberflächenwasser, in dem die Riffmaurer leben, hat nämlich einen gravierenden Nachteil: Es ist sehr nährstoffarm. Von der Harpunenjagd allein könnten die Baumeister nicht existieren.

»Deshalb wimmelt es im Innern der Steinkorallen von Tausenden mikroskopisch kleiner Algen, so genannter Zooxanthellen, mit denen der Polyp in Symbiose lebt«, sagt Katharina Fabricius. »Die Algen in der Koralle sind wie kleine Gärten. Das Korallentierchen versorgt seine Untermieter mit Kohlendioxid und düngt sie mit Phosphaten und Nitraten, Abfallprodukten seines Stoffwechsels, und die Pflänzchen revanchieren sich mit Kohlenhydraten und Sauerstoff.« Mit Calciumcarbonat aus dem Meerwasser baut der Polyp seine Kalkfestung, die er jedes Jahr ein paar Millimeter höher zieht. Stirbt er, errichtet ein anderes Hohltierchen seine Zitadelle auf den Resten seines Wehrturms. So entsteht in Jahrmillionen ein Milliarden Tonnen schweres Riff.

Die wunderschönen Irrgärten aus Kalk sind Wiege, Kinderstube, Speiselokal und Fluchtburg für ungezählte Tier- und Pflanzenarten und damit Nahrungsquelle für Millionen Menschen. Der Umweltschützer Rodney Salm von der World Conservation Union charakterisiert Korallenriffe als »kostenfreie, sich selbst erhaltende Fischfarmen, die aus blankem Seewasser hochwertiges Eiweiß produzieren«. Aber auch als Wellenbrecher und Küstenschutz sind Riffe wichtig und wertvoll. Außerdem bringen sie Touristen ins

Land. Weichkorallen wiederum enthalten Chemikalien, aus denen revolutionäre Medikamente gewonnen werden können.

Den wirtschaftlichen Nutzen aller Korallenriffe der Welt bezifferte das Washingtoner World Resources Institute 1998 auf 750 Milliarden Mark pro Jahr. Umgerechnet auf die etwa 600.000 Quadratkilometer Riffe auf dem gesamten Globus ergibt sich pro Quadratkilometer ein jährlicher Wert von immerhin rund 1,3 Millionen Mark. Das GBR schlüge mit rund 450 Milliarden zu Buche – was gut der Hälfte des australischen Bruttosozialprodukts entspricht. Aber statt ihre Riffe zu hegen und zu pflegen, treiben die meisten Besitzerländer Schindluder mit ihnen: Sie ersäufen sie in ungeklärten Abwasserfluten, begraben sie unter Schlamm, fischen sie leer, zersprengen sie mit Dynamit und vergiften sie mit Zyankali. (Mit der Killerchemikalie werden Fische betäubt, die man lebend fangen will.) Sie zerfetzen sie mit Schiffsankern und Schleppnetzen. Und in flachen Küstengewässern zertrampeln sie die Polypenbauwerke. Einer Studie der Umweltorganisation der Vereinten Nationen (UNEP) zufolge behandeln 93 von 109 Ländern – also fast 90 Prozent – ihre Korallenriffe wie den letzten Dreck. Nach Recherchen des World Resources Institute sind zehn Prozent aller Riffe tot und weitere 58 Prozent schwer geschädigt.

Derartige Zahlen sind nach den Worten des australischen Meeresbiologen Clive Wilkinson jedoch mit Vorsicht zu genießen. Der Forscher ist seit Anfang 1996 Leiter des »Global Coral Reef Monitoring Network« und damit so etwas wie der oberste internationale Riffwächter. Zwar gebe es kaum Zweifel, dass zwischen 70 und 100 Prozent der Korallenriffe in Südostasien, Taiwan und Japan, auf den Malediven, in Kenia und Tansania sowie im Persischen Golf zerstört seien. Die Aussagekraft aller globalen Schätzungen und Vorhersagen sei jedoch begrenzt: »Die sind über den Daumen gepeilt.« Es gebe »einfach zu viele Riffe«, als dass der Grad ihrer

Schädigung und deren Ursache mit letzter Sicherheit festgestellt werden könne.

Die ökologische Befindlichkeit des Großen Barriereriffs müsste jedoch zu klären sein. Das Weltwunder ist gut zugänglich – es wird jährlich von drei Millionen Touristen besucht –, und die australischen Meeresforscher sind erfahrene Taucher. Außerdem sammeln gleich drei große Forschungs- und Schutzbehörden, alle in Townsville und Umgebung beheimatet, seit vielen Jahren ganze Fluten von Umweltdaten. Doch die Annahme, das Öko-Kleinod werde im Unterschied zu kaum bekannten Drittwelt-Riffen mitten im endlosen Pazifik umsorgt, abgeschirmt und rigoros bewacht, erweist sich als Irrtum. Nur 1,1 Prozent des Nationalparks sind rundum geschützt. Generell verboten sind allein das Bohren nach Öl und das Speerfischen; 70 Prozent des Parks jedoch werden von Fischerbooten und Garnelenkuttern abgegrast.

»Jahr für Jahr werden von den Grundschleppnetzen der etwa 800 Garnelenfänger rund 60.000 Quadratkilometer Meeresboden verwüstet«, klagt Katharina Fabricius. »Dabei wird so gut wie alles Leben zerstört – Seefächer, Vasenschwämme, Anemonen, Korallen. Das Habitat wird plattgewalzt, und es würde Jahre brauchen, bis es sich erholt. Aber bald schon kommt das nächste Netz.«

Für die Forscherin ist das GBR »nur auf dem Papier ein Nationalpark«. Es gibt lediglich ein einziges Kleinflugzeug zur Überwachung von 350.000 Quadratkilometern. Deshalb werden geschützte Gebiete oft genauso befischt wie ungeschützte. »Viel mehr Riffe« müssten unter Schutz gestellt, die Fischerei begrenzt und der Naturpark besser überwacht werden.

Für Rechtsanwalt Jeremy Tager aus Townsville, Leiter der Umweltorganisation North Queensland Conservation Council, ist die Schleppnetzfischerei im GBR »eine vorsintflutliche Industrie«. »90

Prozent des Fangs bestehen aus Tieren, die man gar nicht haben will und die völlig vergebens und nutzlos sterben.« Sorgen bereitet Tager das Verschwinden bestimmter »Indikator-Arten« aus dem GBR. In der Südhälfte des Riffs sei beispielsweise die Anzahl der Seekühe in den vergangenen zehn Jahren um 80 Prozent gesunken. »Tausende Dugongs sind gestorben, und niemand weiß, warum. Aber keiner spricht darüber!« Der Bestand an Karett- und Suppenschildkröten sei ebenfalls kollabiert. Dafür haben sich die korallenfressenden Dornenkronen-Seesterne explosionsartig vermehrt.

Das GBR wird nicht nur von Schleppnetzen zerdeppert. Es leidet auch unter Stoffen, die in der Regenzeit ins Meer geschwemmt werden. Düngesalze von den Zuckerrohr- und Bananenplantagen und Kot von den Rinderweiden sind gleich dreifach schädlich. Sie mindern die Fruchtbarkeit der Korallen, steigern die Überlebensdauer der Larven des Dornenkronen-Seesterns und lassen Grünalgen wuchern, die den Riffbaumeistern Platz und Licht nehmen.

Ein ganz übles Gebräu ist auch die Jauche, die aus den entlang der Küste ins Land gebuddelten Salzwasserteichen der Garnelenfarmen ins Meer läuft. Tager: »Ein mittlerer Betrieb produziert so viel Abwasser wie eine Stadt mit 20.000 Einwohnern.« Mehrfach unheilvoll ist auch der von Bächen und Flüssen ins Meer gespülte Schlamm. Die Sedimente ersticken die Polypen und nehmen ihren Zooxanthellen das Licht. Außerdem verhindert der Modder die Neubesiedlung von Riffen: Wo eine Schlammschicht den Boden bedeckt, können Korallenlarven nicht Fuß fassen.

Außer den scharfen Hufen der einst eingeführten Rinder, die den ausgedörrten Boden weitaus mehr aufwühlen als die Pfoten der einheimischen Kängurus, sind unbefestigte Straßen und die Entwaldungsorgie im Bundesstaat Queensland daran schuld, dass jeder wilde Tropenregen Millionen Tonnen Erde ins verletzliche Reich der Polypen schwemmt. Tager: »Australien steht in puncto

Das Great Barrier Reef ist über 2000 Kilometer lang. Trotz seiner Größe ist das Ökosystem hochempfindlich.

Waldzerstörung in der Welt hinter Brasilien, Indonesien, dem Kongo und Bolivien an fünfter Stelle. In Queensland werden pro Jahr mehr als 400.000 Hektar Wald niedergebrannt, um Platz für Viehweiden zu schaffen.«

Niemand kümmert sich um ein Gesetz, das vorschreibt, zwischen Feldern und Wasserläufen 50 bis 200 Meter breite Baumsäume stehen zu lassen, um den Schlamm- und Düngereintrag zu reduzieren. »Bei uns haben die Umweltgesetze zu wenig Gewicht«, klagt der Anwalt. »Hier herrscht immer noch der alte Pioniergeist.« Der Küstenozeanograf Eric Wolanski dokumentiert seit vielen Jahren die Folgen der ungezügelten Kultivierung. »Der Schlammeintrag an der Küste von Queensland liegt heute um 1000 bis 1500 Prozent höher als vor Beginn der exzessiven Rodungen«, sagt der Forscher. Nach einem schweren Regenguss könne man die Spur der braunen Brühe noch 35 Kilometer vor der Küste sehen. Weiße Sandstrände verwandeln sich in schlammige Mangrovenwälder, und im GBR sei die mittlere Sichtweite unter Wasser zwischen 1927 und 1997 von zwölf auf sechs Meter gesunken – »für die Korallen eine Katastrophe«.

Auch die Erderwärmung macht den winzigen Riffmaurern zu schaffen: Denn die Symbiose mit den Algen funktioniert nur in einem Temperaturbereich zwischen 18 und maximal 31 Grad. Wird das Wasser wärmer, gerät sie aus den Fugen, und die Partner gehen auseinander. Katharina Fabricius: »Man weiß nicht, ob die Zooxanthellen die Polypen verlassen oder ob sie von ihnen ausgespuckt werden. Die Trennung ist unübersehbar; denn mit den kleinen Pflänzchen verlieren die Korallen ihre Farbe – sie erbleichen.« Bleiben die Partner zu lange auf Distanz, gehen beide ein.

Die ersten Berichte über »Korallenbleichen« habe es in den 80er Jahren gegeben. Seitdem haben sie sich gehäuft. Zwischen September 1997 und November 1998 sind nach einer Studie der »International Coral Reefs Initiative« (ICRI) 40 bis 50 Prozent der Riffe weltweit von schweren bis katastrophalen Bleichen befallen worden. In einer Untersuchung für Greenpeace kam Professor Ove Hoegh-Guldberg, Meeresbiologe an der Universität Sydney, zu dem Schluss, dass sich der größte Teil des GBR in 30 Jahren zu Tode gebleicht haben werde. Steigende Temperaturen sind aus noch einem anderen Grund gefährlich für das einstige Paradies an der australischen Ostküste: Niemand weiß, ob und in welchem Maße die Erderwärmung menschengemacht ist. Die Wissenschaftler der drei GBR-Institute haben so ein Alibi, einschneidende Schutzmaßnahmen hinauszuzögern. Ein Beispiel ist der Meeresbiologe Terry Done, Präsident der »International Society for Reef Studies«. Bei einem Interview im Ruderhaus der »Starship« erklärt der Gelehrte,

Die Zahl der Seekühe am Great Barrier Reef hat sich in den letzten Jahren dramatisch verringert – warum, weiß man nicht.

es sei »noch zu früh« für die Aussage, dass die Waldzerstörung, die intensive Landwirtschaft, die Fischerei und die anderen menschlichen Eingriffe dem Riff schadeten. Done: »Wir forschen ja erst seit 1928!« Und: »Ich kann nicht sagen, ob das GBR vor 1000 Jahren in einem besseren Zustand war als heute. Möglicherweise ging es ihm sogar schlechter.

«Schützenhilfe erhält Done von Graeme Kelleher, 16 Jahre lang Präsident der Great Barrier Reef Marine Park Authority. Er verwarf Warnungen vor einer Massenvermehrung des Dornenkronen-Seesterns und vor nachteiligen Folgen der Düngerausschwemmung ins GBR als »Hysterie«, beschuldigte die betroffenen Forscher, unwissenschaftlich zu arbeiten, und verdächtigte sie, nur Alarm zu schlagen, um Forschungsgelder zu ergattern.

Meeresbiologe Clive Wilkinson ist da aus ganz anderem Holz geschnitzt. Für ihn sind die Menschen »zu mindestens 50 Prozent« für das Riffsterben verantwortlich. »Uns werden die Riffe auf alle Fälle überleben«, sagt er. »Je eher wir aussterben, desto besser ist es für die Korallen.«

Abenteuer in Down Under

Frisch geschlüpfte Seeschildkröten, die ins Meer streben, Tauchen im Great Barrier Reef, Suche nach Krokodilnestern im Sumpf des Regenwalds – Australien bietet der »Starship«-Mannschaft viele Erlebnisse. Doch das stärkste ist für Skipper Michael Poliza die Beinahe-Begegnung mit Vaughan, einem tropischen Wirbelsturm, in dessen Zugbahn das Schiff liegt

Australien beginnt mitten im Tasmanischen Meer. Völlig unvermittelt steigt hier aus der tiefen See steil und spitz ein ungewöhnlicher Felsen aus dem Meer: Balls Pyramid, fast 600 Meter hoch, eine Lanzenspitze, aus dem Meer in die Wolken ragend, eine ungeheure Laune der Natur.

Wenn man sich dem Kegel nähert, fehlt einem jedes Verhältnis, und es ist fast unmöglich, seine Größe zu schätzen. 100 Meter? 200 Meter? Erst aus nächster Nähe werden einem seine Ausmaße bewusst. Aus dem kleinen Flugzeug, das wir auf der benachbarten Insel Lord Howe für Fotoaufnahmen chartern, wird die Dimension erst richtig deutlich: ein gewaltiger Felsklotz – und ein Stecknadelkopf die »Starship« daneben.

Unmittelbar nach dem Schlüpfen streben die jungen Seeschildkröten aus eigener Kraft dem Wasser zu – erst dort sind sie vor Räubern sicher.

Ohne einen kundigen Scout wie Bill Pearce, der weiß, wo die Nester der Krokodile sind und wie man sich ihnen nähert, dürfte man sich nicht in den Regenwald auf Hinchinbrook Island wagen.

Für Menschen ist der Berg nahezu unzugänglich. Hohe Wellen machen es fast immer unmöglich, dort zu landen. Vermutlich bergen seine Fauna und Flora noch manche Geheimnisse. Eine der seltenen Expeditionen auf den Berg hat kürzlich ein 15 Zentimeter langes Stabinsekt entdeckt, das man für ausgestorben hielt.

An der nordöstlichen Küste Australiens wartet ein kompetenter Führer auf uns: Rich Davies, professioneller Taucher und einer der ersten Volontäre auf der »Starship«. Jetzt will er uns sein Revier zeigen.

Erster Landgang auf Flinders Reef im Gebiet des Great Barrier Reef. Tausende von Einsiedlerkrebsen und Rotfußtölpeln. Doch die eigentliche Attraktion sind die grünen Seeschildkröten. Jetzt ist die Zeit, in der sie aus ihren Eiern schlüpfen. Die Sonne sinkt, wir warten. Es dauert nicht lange, bis der Sand in Bewegung gerät. Wie auf ein geheimes Kommando beginnen die kleinen Schildkröten vollkommen zeitgleich, sich aus ihren Eihüllen zu befreien und sich durch den warmen Sand – bis zu einem Meter – nach oben zu kämpfen, wo sie dann im Schutz der Dunkelheit und ihrer eigenen Vielzahl zum Wasser watscheln. Den Schutz, den sie sich selber geben, haben sie verdammt nötig. Denn an Land und im flachen Wasser lauert ihnen eine Vielzahl von Feinden auf. Da wir wissen, dass sie erst im tiefen Wasser sicher sind, sammeln wir ein paar Hundert ein und entlassen sie in sicherer Entfernung vom Ufer ins Meer. Wer möchte nicht mal ein bisschen Lieber Gott spielen?

Wir schauen in diesen Wochen beinah öfter aufs Barometer als auf die Uhr. Die Saison der Zyklone hat begonnen,

Wetterstationen wie die auf Flanders Reef (siehe rechts) gehören zum Frühwarnsystem für die Entstehung tropischer Wirbelstürme. Wenn sich ein Zyklon entwickelt hat, zeigt das Satellitenbild seine Ausdehnung und Zugrichtung. Zyklon Vaughan zieht in Richtung Great Barrier Reef und Cairns, wo die »Starship« liegt.

der tropischen Wirbelstürme, die katastrophale Folgen haben für alles, was ihnen in den Weg kommt. Die meisten entstehen im Korallenmeer zwischen Kaledonien, den Solomonen und dem Süden von Papua-Neuguinea. Doch welchen Weg schlagen sie dann ein? Sobald sie sich in Bewegung setzen, wird ihr Kurs berechnet und prognostiziert, welche Region es am härtesten trifft. Ihre zerstörerischste Kraft entwickeln sie 50 bis 100 Kilometer entfernt von ihrem Kern.

Am 5. April wird es dann ernst. Der tropische Wirbelsturm »Vaughan« befindet sich 500 Kilometer vor der australischen Küste und beschließt, direkten Kurs auf die »Starship« zu nehmen. Die liegt in Cairns und muss Reparaturen am Getriebe abwarten. Sie kann also leider nicht dem Beispiel anderer Schiffe folgen, die in die Flussmündungen flüchten und sich stromauf in Seitenarmen vor verheerenden Flutwellen und tödlicher Brandung in Sicherheit bringen.

Schnell geht die Kategorisierung des Sturms nach oben. Im Laufe der Nacht wird die Erwartung von Kategorie 1 zu Kategorie 3 hochgestuft – 170 Kilometer Windgeschwindkeit. Ein rechtschaffener deutscher Orkan bringt es gerade mal auf schlappe 100 bis 130 Kilometer pro Stunde.

Die Nerven liegen blank. Die »Starship« wird zwischen zwei Stege verholt und in respektvollem Abstand zu beiden so mit Leinen vertäut, dass sie aussieht wie eine Fliege am Ende ihres Todeskampfes mit einem Spinnennetz.

Nach den australischen Vorschriften darf niemand an Bord bleiben, aber keiner von uns will das Schiff jetzt im Stich lassen. »Vaughan« ist uns inzwischen auf 120 Kilometer nahe gekommen, Regen schüttet wie aus Kübeln, und der Wind fegt mit Stärke 8 bis 9 durch die jaulenden Wanten der Segelyachten.

Die Spannung steigt von Minute zu Minute. Abdrehen, bitte, bitte abdrehen! Hundertfaches Stoßgebet. Der kleine Hafen, in dem wir liegen, kann schnell zur Falle werden. Wenn die See mit Urgewalt über die Wellenbrecher und Kaimauern kommt, wird sie in der Enge der Hafenbecken alles kurz und klein schlagen. Deswegen kann es durchaus sicherer sein, rauszufahren und den Sturm auf offener See abzuwettern. Aber dann sind unsere Stoßgebete irgendwo da oben angekommen und erhört worden. Von einer Minute zur anderen verliert »Vaughan« an Kraft. Ungewöhnlich, dass einem Wirbelsturm dieser Stärke schon vor Erreichen des Landes die Puste ausgeht, aber unser Glück. Nach einer Stunde wird »Vaughan« von Kategorie 3 auf 0 heruntergestuft. Die Anspannung löst sich. Die »Starship« ist dank der guten Vorbereitungen unversehrt. Andere Schiffe sind mit kleineren Blessuren davongekommen.

Als wir dem fünften Kontinent das Heck zuwenden, mache ich ein wenig Statistik. Von den drei Jahren, die wir insgesamt unterwegs sind, verbringen wir ein komplettes Jahr auf See. Die verbleibenden 100 Wochen teilen sich durch 50 Länder. Macht 14 Tage pro Land. Nicht gerade sehr viel Zeit. So gesehen.

SÜDOSTASIEN

Rendezvous mit der Steinzeit

Die Trobriand-Inseln vor Papua-Neuguinea sind für Ethnologen ein besonderes Fenster in die Vergangenheit. Mit dem deutschen Forscher und Arzt Wulf Schiefenhövel an Bord ankert die »Starship« vor der Mangrovenküste von Kaileuna: für den Wissenschaftler eine Heimkehr in vertraute Fremde

VON PETER SANDMEYER

Das Raumschiff ankert eine Meile vor der Steinzeit. Kühl und clean schwebt es auf grauem Wasser, metallisch schimmert sein Spiegelbild mit dem futuristischen Satellitendom in der unbewegten Salomon-See. Wer durch die Tür auf das Achterdeck tritt, gerät unweigerlich in eine Sauna. Stickige Hitze bei dunkelgrauem Himmel, die Luft so feucht, dass man sie auswringen möchte. Wer an Land geht, fällt aus der Zivilisation in eine andere Zeit. Am Strand eine Ansammlung von fünf Dutzend Hütten auf unsicheren Stelzen, zwischen denen Schweine nach Futter wühlen. Yams-Speicher, qualmende Kochfeuer, stillende Frauen, Männer, die Betel kauen, Alte, die dösen, Kinder, die kleine Auslegerkanus in die Wellen schieben; Abfall, Fliegen, Pfützen, blutrot vom ausgespuckten Saft der Betelnüsse. Kaum Plastik, keine Elektrizität. Uraltes Leben.

Tauwema heißt das Dorf an der Nordspitze von Kaileuna, einer winzigen Insel der Trobriands. Als der französische Forschungsreisende Antoine d'Entrecasteaux 1793 die Gewässer südlich des Äquators und östlich von Neuguinea durchkreuzte, benannte er die großen Inseln, die er dort entdeckte, nach sich selbst, die kleinen Korallenkrümel weiter nördlich nach seinem Schiffsleutnant Denis de Trobriand.

Seitdem ist nichts wirklich Bedeutsames mehr passiert. Anfang des 20. Jahrhunderts kamen ein paar weiße Missionare, Ärzte und Kaufleute, bekämpften Heidentum und Syphilis und handelten den Einheimischen Seegurken für die Potenzsteigerung der Chinesen und Perlen für die Verschönerung der Europäerinnen ab. Im Zweiten Weltkrieg kamen die Amerikaner auf die Hauptinsel, planierten einen Airstrip und starteten zu Bombenangriffen auf die Japaner. Anfang der sechziger Jahre kamen sogar ein paar Touristen. Aber alle sind sie nach kurzer Zeit wieder abgezogen, die einen, weil die Perlenpreise verfielen, die anderen, weil der Krieg zu Ende war, die dritten, weil das einzige Hotel abbrannte. Drei Weiße gibt es heute noch auf Kiriwina, der größten Insel der »Trobs«, einen misanthropischen italienischen Pater und zwei australische Kaufleute. Die übrigen, wenn sie nicht rechtzeitig den Rückflug in die Heimat antraten, sind der Melancholie erlegen, dem Alkohol oder beidem.

Wenn man von See auf Tauwema zuhält, ist die Hütte des Doktors die dritte von links. Zwei Räume, knapp 30 Quadratmeter, die Wände aus den Blättern der Kokospalmen geflochten, das Dach mit den widerstandsfähigeren Blättern der Sagopalme gedeckt. Die einzigen Möbel sind ein wackliger kleiner Klapptisch, zwei Stühle und die große Alu-Kiste, in der er seine Medizin aufbewahrt. Das Klo, 20 Meter entfernt, ist nicht mehr als ein Sichtschutz. Die Dorfbewohner gehen an den Strand – die Männer rechts, die Frauen links.

Mit dem Raumschiff ist er diesmal gekommen, das im verlöschenden Abendlicht auf dem Wasser der Bucht flimmert wie eine Fata Morgana; mittags hatte er an Bord noch einen wütenden E-Mail-Wechsel wegen des bevorstehenden Kongresses in Bordeaux. Jetzt ist er heimgekehrt in die Steinzeit. Wieder ein Abend, an dem der Doktor auf der kleinen Veranda seiner Hütte sitzt, mondfern für die zivilisierte Welt und unerreichbar. Die Nachbarin hat Yams, Taro und Süßkartoffeln für ihn gekocht. Er isst, schaut auf das dunkelnde Meer und die Schatten der fernen Inseln und denkt an die wechselvollen Gefühle zurück, die er auf dieser Veranda schon hatte. Früher, als die drei Kinder noch klein waren, hat er hier zeitweise mit der ganzen Familie gesessen; einmal war der Sohn so krank, dass er um dessen Leben bangte. Später, als der und seine beiden Schwestern längst in Starnberg zur Schule gingen, hat er viele einsame Abende erlebt. Aber allein war er nie. Immer bildeten die Nachbarn so wie heute Abend einen Kreis und beobachteten ihn: beim Essen, beim Lesen, beim Arbeiten. Der weiße Doktor, der Dimdim, blieb immer das Dorf-TV, die Lindenstraße von Tauwema, obwohl die Dramaturgie nach 21 Jahren etwas abgenutzt ist. Die größte Sehnsucht, die ihn an solchen Abenden überfällt, ist nicht die nach Drei-Sterne-Menü, Dusche oder Daunenbett, sondern nach ein wenig Intimität.

Leben ohne Privatsphäre: Essen, Trinken, Schmusen – auf den Trobriand-Inseln findet alles im öffentlichen Raum statt.

Wulf Schiefenhövel kam 1979 auf die Insel, zusammen mit dem Verhaltensforscher Irenäus Eibl-Eibesfeldt. In ihr weltumspannendes Untersuchungsprogramm der Biologie des menschlichen Verhaltens wollten die Ethnologen des Andechser Max-Planck-Instituts ein weiteres Naturvolk aufnehmen und suchten eine traditionelle Inselbevölkerung, Modell für die besonderen Lebensbedingungen auf einem Stück Erde inmitten des Meeres. Die Jahre davor hatte Schiefenhövel bei den Eipo im Hochland von Papua-Neuguinea gelebt und deren Kultur studiert: ihren Umgang mit Geburt und Tod, Kindern und Alten, Ernährung und Gesundheit, Freunden und Feinden. Und hinter allem immer die Frage: Wie wurden wir – Städtebewohner, Internetsurfer, Raumfahrer, Starshipper –, was wir sind? Und wer sind wir wirklich?

Jetzt wollte der Forscher solchen Fragen unter den Insulanern von Tauwema nachgehen. Doch die Regierung von Papua lehnte ab. »The mind of our people was sucked enough«, lautete der barsche Bescheid aus der Hauptstadt Port Moresby – Schluss damit, dass sie uns auslutschen! Schiefenhövel, Jahrgang 1943, Halbschwergewicht, Motorradfahrer und Segler, blieb stur. Schließlich ist er auch Arzt und hatte etwas zu bieten. Als Buschdoktor durfte er dann doch nach Tauwema. »Diese Nation ist so reich«, sagt er, »sie hat Gold und Gas, es gibt Öl und Holz. Aber es gibt auf den gesamten Inseln hier – 35.000 Menschen – keinen Arzt.« Außer ihm.

Das Dorf erwacht früh. Als der Doktor die Augen aufschlägt und sich auf seiner Matte aufrichtet, stehen schon sechs Patienten Schlange vor seiner Hütte. »Bwena kaukwau«, grüßt der Doktor, guten Morgen. Er beherrscht die Landessprache Kiliwila inzwischen genügend, um sich verständigen zu können. Dennoch ist es nicht leicht für ihn, an die notwendigen Informationen über seine Patienten zu kommen.

Der Arzt wird nur für die Behandlung körperlicher Krankheiten gebraucht, vor allem Malaria und deren Folgen. Psychische Leiden sind unbekannt.

Sie überfallen ihn mit einem Redeschwall, werden aber schon einsilbig, wenn er nach ihren Namen fragt. Einen Namen zu kennen verleiht Macht über seinen Träger. »Aus welchem Clan bist du?«, fragt der Doktor. Die Antwort, weiß er, fällt leichter.

»Wie alt bist du?« Er kennt die Antwort, bevor er die Frage stellt: »Das weiß ich nicht.« Keiner kennt seinen Geburtstag, niemand zählt die Jahre seines Lebens. Das Puzzle-Spiel geht weiter.

»Wie viele Yams-Ernten hast du erlebt?« – »Wie viele Kinder hast du?« Und bei den Älteren: »Kannst du dich noch an den Krieg erinnern?«

So setzt sich allmählich ein Bild zusammen. Dann Blutdruck, Puls, der Blick in die Augen, in den Rachen. Schließlich die Frage: »Wo tut es weh?« Die Antworten sind präzise. Danach herrscht wieder Einsilbigkeit.

»Woher kommen die Beschwerden?«

»Von allein gekommen.«

In Wahrheit halten sie Krankheit für einen bösen Zauber oder eine Strafe, weil sie gegen irgendein Tabu verstoßen haben. Doch gegenüber dem Doktor geben sie das nicht zu.

Diagnosen sind selten schwer. »Das Spektrum der Krankheiten«, sagt Schiefenhövel, »ist überschaubar.« Es gibt viel chronische Bronchitis (verstärkt durch Rauchen), Asthma (verstärkt durch Betelnüsse), Rückenschmerzen, manchmal Krebs, alle Folgeerscheinungen von Malaria sowie das ganze Repertoire der tropischen Infektionen, Beingeschwüre, Augenentzündungen und Krätze. Der Doktor verteilt Chloroquin gegen Malaria und Penicillin gegen das meiste andere. Mal muss er auch zu Nadel und Faden greifen und den Hieb eines Buschmessers zusammennähen, weil zwei junge Burschen Streit wegen eines Mädchens hatten. »Von wegen Malinowski«, sagt er. Der anglo-polnische Ahnvater der Trobriand-Ethnologie hatte geschrieben, es gebe keine Eifersucht; junge Frauen und Männer hätten ein freizügiges Sexualleben, jeder schliefe mit jedem. »Unsinn«, weiß Schiefenhövel heute. Und sagt: »Ethnologie ist eine weiche Wissenschaft. Ihre Fakten sind oft nur Eindrücke. Wer sie nicht überprüft, blamiert sich. Dabeisein ist wichtig! Beobachten! Und dann konsequent nachfragen!«

Ein Korallenstock markiert die Stelle, wo die Hütte von Bronislaw Malinowski stand, als er zwischen 1914 und 1918 in dem Dorf Omarakana auf der Hauptinsel seine ersten Feldforschungen unternahm. Ein feiner Herr in weißem Tropenzwirn, der die Kultur der Eingeborenen gewissenhaft erforschte und seinen Tagebüchern genauso gewissenhaft anvertraute, wie schrecklich er das Leben unter ihnen fand. Das Dorf ist heute Sitz des mächtigsten aller Trobriand-Chiefs. Der Doktor besucht ihn, um ihn über den Stand der Forschungen zu informieren. Der Chief lächelt und nickt. Der Forscher referiert. Der Chief nickt und lächelt. Er hat das schönste Haus, den größten Yams-Speicher, drei Frauen und einen

Abszess am Hintern. Da muss der Doktor ran. Der besichtigt das Übel, verspricht Wiederkehr mit Skalpell, Penicillin und Drainage – und ist schon wieder unterwegs mit schäumender Heckwelle auf dem 150-PS-Dingi der »Starship«, die er auf Zeit in ein schwimmendes Lambarene verwandelt, wo schon im Morgengrauen die Kanus mit Mühseligen und Beladenen anlegen. Wenn der Doktor in seinem eigenen Boot mit dem asthmatischen Außenborder unterwegs wäre, bräuchte er halbe Tage für die langen Wege zwischen den Inseln. In den ersten Jahren beschäftigten ihn auf seinen Fahrten neben der Patientenversorgung die gleichen Fragen wie den polnischen Kollegen vor 80 Jahren. Seit dessen Aufenthalt hat sich wenig verändert, die Kultur der Trobriander gibt noch immer die gleichen Rätsel auf. Unverändert leben die Inselbewohner in einer ritualisierten und seltsam solidarischen Schenkkultur, die dazu führt, dass jeder fast die komplette eigene Ernte an Yams-Wurzeln, dem wichtigsten Nahrungsmittel, verschenkt, sich aber

Im Zentrum der Dörfer stehen Yams-Speicher, in denen die Ernte der tropischen Knollenfrucht verwahrt wird. Yams ist das wichtigste Nahrungsmittel der Inseln.

darauf verlassen kann, von anderen mit den gleichen Yams-Knollen beschenkt zu werden. Überschuss bekommen die Mächtigen, die dafür Feste und große Zeremonien ausrichten. Ein Feudalsystem.

Noch immer gilt in ihm das Prinzip der »Matrilinearität«: Kein Sohn des Chiefs kann neuer Häuptling werden, sondern nur einer der Söhne seiner Schwester. Die mutterrechtliche Abstammung hat aber nicht zum Matriarchat geführt. »Die Macht haben die Männer«, erklärt Schiefenhövel, »aber die Frauen das Sagen.« Der kulturhistorische Hintergrund ist den Ethnologen immer noch ein Rätsel. Hängt es mit der Unsicherheit zusammen, ob der Sohn eines Mannes auch tatsächlich von ihm gezeugt wurde? Sollte ein feudalistisches System stabilisiert, ein absolutistisches aber verhindert werden?

Die rituellen Fahrten auf den festlichen Kanus zu fernen Inseln sind seltene Ausnahmen vom Alltag. Der besteht für die Männer aus Arbeit in den Gärten, Fischfang und dem Räuchern von Seegurken für den Export nach China.

Ebenso geheimnisvoll ist bis heute der Kula-Kult, zu dem alle zwei, drei Jahre die großen Kanus der Insulaner auslaufen. Seetüchtige, prächtig verzierte Segelkanus mit 30 Männern und mehr an Bord fahren nach genau festgelegten Regeln zu genau festgelegten, zum Teil weit entfernten Inseln und überbringen Geschenke: wertvolle Schmuckstücke aus der Conusschnecke, Halsketten aus Spondylusmuscheln. Diese Geschenke aber werden nicht zum Besitz der Beschenkten, sie dürfen weder behalten noch verkauft, sondern bei der nächsten Kula-Aktion müssen sie weitergegeben werden an die nächsten Inseln im Kreis dieser Kula-Ringe. Eine der rätselhaftesten Traditionen der pazifischen Welt, ein ewiger Kreislauf von rituellen Festen und dem Tausch wertvoller Besitztümer, die niemand wirklich besitzt und deren Wert niemals realisiert wird.

Wulf Schiefenhövel erklärt sich die geheimnisvoll anmutende Gewohnheit so: Auf allen Inseln benötigte man früher für das Überleben bestimmte Materialien und Gegenstände, die es nur auf anderen Inseln gab. Obsidian für die Klingen der Steinäxte. Keramiken oder Ton, aus dem man Töpfe herstellen konnte. Die Fahrten für die Beschaffung solcher Lebensnotwendigkeiten aber waren weit und gefährlich. Deswegen entwickelte sich eine Art »Überbau«, ein komplexes Netz aus sozialen Wechselbeziehungen und magischen Ritualen, das den profanen Beschaffungsreisen so etwas wie Kultcharakter und die Weihe von Pilgerfahrten verlieh. Und damit die zu Hause bleibenden Frauen auch etwas davon haben, dürfen sie sich für die Zeit, in der ihre Männer auf Kula-Fahrt sind, einen Liebhaber nehmen.

Wie alt der Brauch des Kula-Rings ist, ist unbekannt. Es gibt weder Schrift noch Bilddarstellungen auf den Trobriands. Datenlos driften sie durch das Meer der Zeit. Nur Geschichten erzählen von ihrer Geschichte.

Wie die vom menschenfressenden Riesen, der einst auf Kiriwina lebte, dessen Bewohner mit seiner Nase aufspürte und verschlang. Die Überlebenden flohen vor ihm auf eine andere Insel. Zurück blieb nur eine Frau, die erst einen Hund gebar, dann einen Sohn, den sie vor dem Riesen versteckte und aufzog. Bis er groß genug war, um den Kampf mit dem Menschenfresser aufzunehmen und ihn zu besiegen, dank aller List und Zauberei, die seine Mutter ihn gelehrt hatte. Nachdem der abgeschlagene Kopf des Riesen auf einem Kanu durch den Archipel der grünen Inseln getrieben war, kehrten die Geflohenen zurück. Der Ethnologe liest in solchen Legenden wie in einem Geschichtsbuch. Vom langen Kampf zweier Kulturen, der einst auf den Inseln getobt hat, einer alten kannibalischen und einer neuen, deren Helden die Mutter und ihr Sohn sind. Sie denkt und plant, er handelt – wie es der matrilinearen Kultur der neuen Zeit entspricht. Sogar für den Hund hat Schiefenhövel eine Erklärung: Er wurde von den Zuwanderern erstmals importiert. Drei-, viertausend Jahre, glauben die Ethnologen, ist das her. Vermutlich stießen die Zuwanderer auf eine Urbevölkerung der Papuas, die mit der ersten großen Menschheitswanderung einige 10.000 Jahre früher aus Afrika gekommen waren, als die südpazifische Inselwelt mit Australien noch eine Einheit bildete, die dicht am asiatischen Festland lag.

Die zweite Wanderungswelle kam dann aus Südchina über die See. Wichen die Menschen dem Druck der Mongolen aus? Kamen sie von Inseln, auf denen die Ressourcen erschöpft, der Bevölkerungsdruck zu groß geworden war? Sicher ist nur, dass der Vorstoß dieser Austronesier über die Philippinen nach Süden in die Inselwelt Indonesiens erfolgte und dann weiter entlang der Küsten und durch die Archipele von Papua-Neuguinea.

Das ist das andere Geschichtsbuch, in dem der Doktor liest: die Gestalten und mehr noch die Gesichter der Menschen. Denn die

Vermischung der austronesischen Einwanderer mit den Ureinwohnern hat zu charakteristischen Unterschieden geführt, die Schiefenhövel entziffern kann wie eine Landkarte. Zu solcher Perfektion hat er es darin gebracht, dass er der verblüfften Stewardess auf dem Flug nach Alotau auf den Kopf zusagt, von welcher Insel sie stammt. In Tauwema sieht der Doktor selten Gesichter, wie sie ihm aus seinem früheren Forschungsfeld, dem Hochland von Papua-Neuguinea, vertraut sind – runde, ebenholzdunkle Köpfe mit dichtem Kraushaar. Viele Inselkinder haben glatte Haare, manche sind sogar blond. Die Hautfarbe changiert zwischen hellen Brauntönen, die Gesichter sind grazil, manchmal asiatisch geschnitten. Viele Ältere behalten jugendliche Gesichter – wie in Asien.

Seine Beobachtungen brachten den Forscher auf die Idee, parallel zu den Untersuchungen der Sprachwissenschaftler nach genetischen Verwandtschaften zwischen den Bewohnern der pazifischen Welt zu fahnden. Aufwendige Forschungsprogramme wurden initiiert, Blut- und Speichelproben quer durch den Pazifik gesammelt und analysiert. Das Ergebnis bestätigte die Linguisten. Die hatten herausgefunden, dass alle der mehr als 800 Sprachen zwischen Taiwan, Hawaii, Polynesien und Neuseeland auf eine austronesische Ursprache zurückgehen, die weder mit den alten Papua-Sprachen noch mit dem Chinesischen verwandt war. DNA-Untersuchungen bewiesen ein hohes Maß an Verwandtschaft zwischen den weit verstreuten Populationen des Pazifiks und ihren gemeinsamen Ursprung in Asien. 99 Prozent der Trobriand-Insulaner haben ein Gen, das nur in Asien vorkommt.

Thor Heyerdahl ist spätestens dadurch widerlegt. Nicht von Südamerika aus, wie der norwegische Ethnologe mit seiner spektakulären Fahrt auf dem Kon-Tiki-Floß beweisen wollte, wurden die ungeheuren Wasserweiten des Pazifiks erobert, sondern von Westen. Mit Einbaumkanus und Blattsegeln. Ohne Karten, Kompass und Sextant. 161 Millionen Quadratkilometer Wasser! Und die Inselkrümel darin verstreut wie Saatkörner auf einem Acker. Gigantische Distanzen, gefährliche Stürme, tückische Riffe, starke Strömungen – alles überwunden von Menschen mit Steinwerkzeugen in schwimmenden Baumstämmen. »Eine der größten Taten der Menschheit«, sagt Schiefenhövel, »und begonnen hat sie irgendwo im Nordwesten Neuguineas.«

Tausend Fragen. Wann und in welchen Zeiträumen ist der genetische Mix, den man heute feststellt, entstanden? Wie sind die Verschmelzungsprozesse verlaufen? Was trieb die Seefahrer, und was trieb sie weiter? Waren es Motive der Not? Oder heroische – Abenteuerlust, Raubgier, wie man sie für die Wikinger vermutet und heute noch bei den Maoris Neuseelands findet? Warum verschwinden solche Motive wieder, und warum werden aus Eroberern friedliche Fischer und Bauern, wie sie heute auf den Trobriand-Inseln leben? Keiner weiß, ob man diese Fragen jemals beantworten können wird. Aber Wulf Schiefenhövel wäre der Letzte, der deswegen darauf verzichten würde, sie zu stellen. Gerade hat er zusammen mit dem schwedischen Archäologen Göran Burenhult ein Ausgrabungsprogramm angeschoben, das wenigstens in die zeitlichen Abläufe mehr Licht bringen soll. Und die Herkunft der Hunde auf den Trobriands würde er ebenfalls gern klären. »Wir suchen die Steine zum Mosaik.«

Das Problem: Jede beantwortete Frage wirft drei neue auf. Die beispielsweise, wie die Süßkartoffel nach Tauwema kam. Ihre Heimat ist Südamerika, aber als die ersten Europäer durch Ozeanien kreuzten, fanden sie zu ihrer Überraschung nicht nur Menschen auf allen Inseln vor, sondern stießen bei ihnen auch auf eine Bezeichnung für die rote Knolle (»Kumara«), die identisch war mit dem Namen, den sie bei den Indios hatte. Waren die Austronesier bis zum kontinentalen Festland vorgedrungen? Hatten sie es womöglich zu öde oder zu feindlich gefunden, um dort Siedlungen zu gründen, aber als nützliches Souvenir die süßen Kartoffeln mitgenommen? Oder gab es so etwas wie voreuropäische transpazifische Kontakte? Eine der vielen Legenden auf Tauwema erzählt von der Rückkehr derer, die einst aufgebrochen waren mit ihren Kanus, nach Osten.

Für Schiefenhövel sind die Inseln hinter dem Horizont der Zivilisation ein Schlüssel zum Verständnis der Vergangenheit des Menschen. Deswegen kommt er immer wieder her. Und weil er sich wohl fühlt in dieser archaischen Gesellschaft. »Ich bin der Typus des romantischen Spätpfadfinders mit Helfersyndrom.« Gibt es keinen Fortschritt? Doch. Es gibt Penicillin und Malariaprophylaxe und so erlesene Elektronik wie das GPS, mit eigenem Gedächtnis, das sich den komplizierten Kurs zur Insel merkt, sodass man ihn auch bei sichtloser Nacht problemlos nachfahren kann.

Gut behütet wachsen Kinder in den Inseldörfern auf. So arm das Leben äußerlich scheint, so reich ist es für die Kleinen, die mit viel Liebe und Fürsorge groß werden.

Nein. Nirgendwo gibt es glücklichere Kinder als in Tauwema. Keines bleibt, wenn es klein ist und weint – »wir haben das gemessen« –, länger als 30 Sekunden allein. Kaum eins wird, wenn es groß ist, psychisch krank. »Psychosen kommen selten, Depressionen praktisch gar nicht vor«, sagt Schiefenhövel. Und sexuell sind die Insulaner nach Überzeugung des Forschers glücklicher als die meisten Menschen in Hamburg oder München. Dafür fehlt ihnen aber jede Chance für ein individuelles Leben. Alles ist diktiert vom Konformitätsdruck der Gemeinschaft. Selbst Freundschaft kommt in der clan- und familiengeprägten Inselwelt nicht vor.

Das Leben muss ertragen werden, so oder so. Nicht das Glück ist irgendwo größer, sondern die Hinnahmebereitschaft. Und die »Starship«, an deren Bullaugen sich die Inselkinder auf ihren kleinen Kanus halbe Tage lang die Nasen platt drücken, ist auch ein schwimmendes Trugbild. Sie gehört nicht zu ihrer Welt.

Ein junger Mann kommt zum Doktor. Er ist niedergeschlagen, verzweifelt. Er stammt von einer entlegenen Insel, hat nach Tauwema geheiratet und jetzt schon lange keine Nachricht mehr von seinem Vater. Er macht sich Sorgen um ihn. Das große, graue Schiff, hat er gehört, kann telefonieren. Kann es auch auf seine Insel telefonieren und nach dem Zustand des Vaters fragen? 30 Dollar kostet die Minute Satellitentelefon, weit mehr als ein Monatslohn des jungen Mannes. Der Doktor ist nicht die gute Fee im Steinzeitmärchen. Das unwirkliche Schiff mit den Dimdims an Bord, der kühlen Luft und den bunten Bildschirmen wird die Anker lichten und die Wirklichkeit der Insel wieder verlassen. Das uralte Leben wird zurückbleiben, aber es bleibt nicht, wie es ist. Das sieht der Doktor nüchtern.

Er, der aus eigener Anschauung höchst anschaulich über den Unterschied zwischen Amöbenruhr (»du scheißt Blut«) und Bakterienruhr (»du scheißt Eiter«) referieren kann, neigt nicht zur Verklärung tropischer Lebensverhältnisse. Das nostalgische Untergangsgejammer ethnologischer Zunftgenossen ist ihm ein Greuel. »Es gibt keine edlen Wilden.« Der edle Wilde ist mitleidlos, quält Tiere, röstet lebendige Schildkröten. Das ist geblieben. Aber vieles ändert sich. Die Frauen halten sich nicht mehr an die alten Sexualtabus während der zweieinhalbjährigen Stillzeit. Sie werden früher wieder schwanger und bekommen mehr Kinder – der Bevölkerungszuwachs auf den Inseln ist einer der höchsten der Welt. Folge: Der Busch, der das Dorf umgibt, ein grüner Verhau aus Palmen, Farnen, Kwila-Bäumen, Eukalyptus und Schlingpflanzen, ist nur noch Kulisse. Dahinter abgeholzte Ödflächen.

Ein Mann ist gestorben. Das Dorf reagiert in geübten Ritualen. Der Leichnam wird geschmückt und bestattet, die Angehörigen werden beschenkt und gestärkt. Die Seele des Verstorbenen wandert nach Tuma, der nordwestlich gelegenen kleinen Toteninsel, und verabschiedet sich von der Welt.

Wer nach Tuma fährt, muss einen Einheimischen mitnehmen, der den Toten den Besuch erklärt und ihnen Zigaretten als Gastgeschenk dalässt. Schwarze, scharfkantige Korallen, zernagt und zerklüftet von der See. Abgestorbene Palmblätter wie Beinknochen. Trotzdem kein unheimlicher Ort. Die Seelen der Toten führen eine Art Transitexistenz. Sie warten darauf, dass ein neues Kind gezeugt wird, und schlüpfen dann in seinen Körper. So erleben sie eine Wiedergeburt.

Doch, das fragt sich der Doktor manchmal, was wird aus der Zukunft, wenn immer mehr Kinder geboren werden, aber nicht genug Seelen zur Verfügung stehen?

»Pencil, Mister, Pencil!«

Mit elementarem Bildungshunger stürmen die Kinder Papua-Neuguineas das High-Tech-Schiff »Starship«. Aber nicht die Computer interessieren sie, sondern Bleistifte und Papier. Die Welt dieser Inseln ist noch fern von moderner Zivilisation. Für den »Eindringling« Michael Poliza ist der Besuch ein schwieriger Balanceakt

Wer je in Ländern der Dritten Welt war, kennt den Kinderruf: »Money, Mister, give me money!« Deswegen traue ich meinem Gehör nicht, als mir der Schrei »Pencil, Mister, please pencil!« ins Ohr gellt. Bleistifte? Was wollen die damit? Ganz einfach: schreiben. Und malen. Deswegen stehen auch Schulhefte hoch im Kurs, und Buntstifte gelten geradezu als Luxusartikel. Gleich auf der ersten Insel erlebt die »Starship« einen solchen Ansturm, dass unsere Vorräte an Schulheften und Bleistiften in kurzer Zeit erschöpft sind. Glücklicherweise gibt es in Alotau, der kleinen Hafenstadt in der Milne Bay, Nachschub. Sogar vom Großhändler. Und so decken wir uns gründlich ein. Und kaufen noch Angelhaken und Leinen, ebenfalls geschätzte Gastgeschenke.

Denn wozu braucht man Geld auf Ferguson, Normanby und Nuakata? Im Meer schwimmen Fische, an den Bäumen wachsen Bananen, Ananas und Papayas, in den Gärten Yams, Taro und Süßkartoffeln.

Die Inseln der glücklichen Kinder. Sie wachsen auf unter fürsorglicher Obhut, sind viel mit Gleichaltrigen zusammen, lernen spielerisch, sich in ihrer Gesellschaft zurechtzufinden, sind freundlich und freimütig. Für Psychiater und Therapeuten kein Bedarf.

Vor acht Jahren war ich schon einmal auf einem Schiff unterwegs zwischen diesen Inseln und würde gern eine Bucht wiederfinden, in der wir damals besonders herzlich aufgenommen wurden. Leider sind meine Aufzeichnungen lückenhaft. Aber nach einigem Herumfragen und mit Hilfe der Fotos aus der *stern*-Reportage, die damals entstanden ist, kommen wir der Bucht schließlich näher. Sie liegt im Süden einer Insel mit dem wunderlichen, aber zutreffenden Namen Good-enough – gut genug. Als wir Anker werfen und uns mit dem Beiboot dem Dorf nähern, kommen uns drei Männer in einem Kanu entgegen. Zu meiner Überraschung können die drei sich sofort an mich erinnern. Sogar meinen Namen wissen sie noch. In den

Jahren, seit ich hier war, ist eben nichts passiert. Fragt man die Männer, wann das war, sagen sie: neulich. Fragt man, wie weit ist es zum Wasserfall, zum Dorf, zur Schule, bekommt man immer eine Antwort: »Five minutes.« Läuft man eine stramme Stunde und fragt noch einmal: immer noch »fünf Minuten«. Fragt man den Töpfer, dem die Töpfe ausgegangen sind, wann er wieder welche herstellt, sagt er: »Soon.« Ob dieses »bald« »morgen« bedeutet oder »in drei Wochen« kann er deswegen nicht beantworten, weil er es nicht weiß. Eines Tages steht er auf und entscheidet: Heute backe ich wieder ein paar Tontöpfe. Zeit hat hier keine Dimension. Unbelastet von den Nöten der Zivilisation ist diese Kultur; Arbeitsstress, Termindruck, Hektik sind unbekannt.

Übrigens auch im Westen, der heute New-Britain heißt, vormals Neu Hannover hieß und unter deutscher Kolonialverwaltung stand. Wo einmal preußische Pickelhauben regiert haben und es heute noch den »Johann-Albrecht-Hafen« gibt, deutsche Kirchen und eine Inselfähre namens »Klaus«, dort muss doch deutsches Wesen die Mentalität irgendwie geprägt haben, denkt man. Irrtum. Für die Schrecken der berühmten deutschen Tugenden wie Ordnung, Pünktlichkeit oder Fleiß gibt es einfach keinen Nährboden. In gewisser Weise ist das Leben hier wirklich paradiesisch. Ich denke an die seufzende Sehnsucht in Georg Büchners Schauspiel »Leonce und Lena«: »Wir lassen alle Uhren zerschlagen, alle Kalender verbieten und zählen Stunden und Monde nur nach Blüte und Frucht.« In Papua-Neuguinea ist dieses Programm verwirklicht.

Dafür gibt es andere Schrecken und Nöte. Eine Mutter bittet uns, ihrem kranken Kind zu helfen; es hat hohes Fieber und droht zu sterben, wenn es keine Medikamente bekommt. Natürlich will man im Einzelfall gern helfen. Aber das Gleichgewicht auf den Inseln ist seit Jahrtausenden durch eine hohe Geburten- und eine ebenso hohe Sterblichkeitsrate gewährleistet. Es ist eine sensible Balance, und jeder Eingriff von außen kann leicht zum Umkippen führen. Große Behutsamkeit ist nötig, wenn man sich in dieser Kultur bewegt, denn jeder Einfluss von außen bedeutet Unruhe und Gefährdung des traditionellen Lebens. Deswegen bleibt unser Schiff mit all seinem Spielzeug an Fernsehern, Kühlschrank, Taschenlampen etc. für die Insulaner verschlossen. Das ist keine Arroganz, sondern Fürsorge. Sie können so leicht verführt werden und dann in Port Moresby enden, der Hauptstadt von Papua-Neuguinea, die auch eine Hauptstadt des Verbrechens ist. Denn dort wächst das Essen nicht mehr einfach auf den Bäumen, sondern muss gekauft werden. Mit Geld, das zu viele nicht haben.

Kleine Welten für sich

Die Welt ist bekannt? Überall ist McDonald's-Land? Alles ist cocacolarisiert? Von Pauschaltouristen heimgesucht, von Ballermännern platt gemacht? Irrtum. In Mikronesien entdeckte die »Starship« eine Welt, an der die Globalisierung bisher vorbeigegangen ist

VON PETER SANDMEYER

Diese Insel kennt keiner. »Ngulu? Never heard.« Nur Navot hat es einmal mit seinem »Ocean Hunter« dorthin verschlagen. Navot ist Israeli, lebt mit Frau und vier Kindern in Koror auf Palau und fährt Tauch-Touristen zu den umliegenden Inseln – 392 grüne Buckel in blauer See, 297 davon unbewohnt, viele klein und rund und alle von einem dichten Filz aus Farnen, Palmen und Schlingpflanzen bedeckt, sodass sie aussehen, als ob lauter grünhaarige Riesen ihre Köpfe aus dem Wasser strecken würden. Viele Boote sind zwischen ihnen unterwegs, britische Yachten, chinesische Fischer, die knatternden Außenborder der Einheimischen und die Omnibusboote der Tauchunternehmer.

Aber in Ngulu, sagt Navot, fahren keine Boote. Nichts gibt es da. Kein Hotel, keine Touristen. Nur 24 Einwohner, falls er sich nicht verzählt hat bei seinem Besuch damals, vor neun Jahren. Auch für Hardcore-Globetrotter ein weißer Fleck auf dem Globus.

Eigentlich wollen wir ja auf die Philippinen, aber die Seekarten im Computer sind zu ungenau, Papierkarten schwer zu beschaffen; zu kriegen wären sie auf den Philippinen, wo wir aber, siehe oben, nicht hinkommen. Wenn das so weitergeht, wird die »Starship« als Fliegender Holländer des Computerzeitalters enden. Auf jeden Fall müssen wir erst einmal warten – warum also nicht nach Ngulu?

Zwanzig Stunden lang wiegt uns der Ozean, den Magellan »el pacifico«, den Friedlichen, taufte. Er ist tatsächlich so still wie die Pottwale, die uns eine Zeit lang begleiten. Die Maori nennen ihn »Moana-Nui-o-Kiva« – »großer Ozean vom blauen Himmel«. Oh, Himmel, strahlender Azur! Und immergleich blau die See – bis Himmel und Ozean grau werden und tropischer Regen niedergeht. Geht? Stürzt!

Eine Nacht voll Blitz und Donner. Über uns das Unwetter, unter uns kohlschwarze Tiefen, um uns der größte Ozean der Erdkugel, 165 Millionen Quadratkilometer, »das Herz der Erde«, schrieb Herman Melville, »das in seinen Gezeiten schlägt«. Das Herz schlägt heftig in dieser Nacht, irgendwo da oben, über den brechenden Wolken steht der volle Mond und sorgt für Springflut.

Dann ziehen die Wolken ab, es blaut wieder, und auf der Kimm beginnt ein kleiner grauer, Schatten aufzusteigen, nimmt langsam grüne Farbe an und zerlegt sich beim Näherkommen in grüne Bäume, sandfarbenen Strand und kalkweiße Korallen-Brandung. Sie bildet ein riesiges Atoll, in das eine schmale Durchfahrt führt. Hinter ihr ankert bereits ein großes graues Schiff, um die zwanzig Meter lang, dunkle, halb nackte Gestalten an Bord, eine grinsende Frau im Unterrock dazwischen – die Küstenwache.

Aus einer Distanz von zwei Meilen wirkt Ngulu wie der Insel-Inbegriff aus dem Südsee-Bilderbuch, das wir alle auf unserer inneren Festplatte abgespeichert haben. Sandstrand und sich wiegende Palmen, sonst nichts. Beim Näherkommen stockt dann der Atem. Am Strand liegt der Kadaver eines Wals und wird von jeder neuen Flut langsam in seine gottserbärmlich stinkenden Bestandteile zerlegt. Hinter dem Strand beginnt tropischer Wald, der Boden voller Kokosnüsse, blühende Frangipani, seltsame Vogelrufe, das ferne Rollen der Brandung – da ist er wieder, der uralte Traum vom »ewigen Morgen im Südwald«.

Die Inseln sind feucht und fruchtbar. Monatelang fällt der Regen täglich, meist mehrmals.

Der kurze Weg führt zu einer lockeren Ansiedlung von Hütten, teils aus Palmwedeln, teils aus Wellblech. 17 Einwohner zählt das Dorf jetzt, drei Familien. Die Lebenden und die Toten halten sich die Waage. 16 Kreuze stehen auf dem Friedhof.

Der Herr über die Lebenden ist betrunken und damit beschäftigt, einer großen Seeschildkröte den Hals aufzusäbeln, ein Mann von bulliger Gestalt und ungewissem Alter. Er hat schwarze Zähne vom Betelnuss-Kauen und könnte Mitte dreißig sein oder auch fünfzig. Wir dürfen uns umschauen, gestattet er mit schwerer Zunge, aber vielleicht besser erst morgen, die Sonne gehe ja gleich unter. Es ist ein Uhr mittags. Tatsächlich?

Mit äußerster Konzentration starrt er auf sein nacktes Handgelenk. Dann zuckt er die Achseln, und sein Arm verschwindet im Hals der Schildkröte, die immer noch mit ihren Flossen rudert.

Der Chief räumt die Innereien aus, das Herz und die Eier. Viele Eier. Auf dem Weg zur Eiablage ist das Tier erwischt worden, jetzt wartet ein paar Meter weiter die schwarze Kuhle, in der es gebraten werden soll. Die Eier gelten als Delikatesse und werden separat zubereitet. Vier weitere Seeschildkröten paddeln, auf dem Rücken liegend, mit den Flossen und warten auf ihre Hinrichtung. Kleine Kinder ziehen an ihnen und lachen.

Am anderen Morgen ist der Insel-Chief wieder nüchtern und das Schiff der Küstenwache verschwunden. Es hat das Fleisch der Schildkröten mitgenommen nach Yap, der Hauptinsel, wo es pro Tier mindestens 400 Dollar bringen soll. Ob wir ihm in einer Feinschmeckerdose wiederbegegnen werden?

Der Chief und die Mehrheit der Inselbevölkerung hockt unter dem Schatten einer Palmmatte an Strand und döst. Ab und zu hackt

Der Chief von Ngulu nimmt eine getötete Seeschildkröte aus. Die Eier, das Herz und die anderen Innereien der Tiere gelten als begehrte Delikatesse.

jemand eine Kokosnuss auf und nimmt einen Schluck. Zwei Frauen flechten kleine Tragegestelle aus Palmblättern. Sonst geschieht wenig. Der Chief erzählt von seinem Reich. Irgendwann während des Krieges waren die Japaner da, später die Amerikaner. Die einen verschwanden wie die anderen. Zurück blieben ein bröckelnder Betonbunker und die unendliche Schläfrigkeit einer Insel, auf der niemals etwas geschieht, niemals etwas geschehen ist und niemals etwas geschehen wird. Die Sonne geht auf und unter, der Regen fällt und versiegt, die Kokosnüsse reifen und faulen. Einsiedlerkrebse ziehen ihre unendlichen Bahnen über den Strand auf der Suche nach neuen Immobilien. In der flachen Brandung jagen Baby-Haie, bis sie größer werden und ins tiefe Wasser verschwinden. So vergehen die Tage, die Wochen, die Jahre.

Als der englische Seefahrer John Drake eine Meuterei niedergeschlagen hatte, da stellte er einen der Meuterer vor die Alternative, ausgesetzt oder geköpft zu werden. Der Mann wählte das Köpfen. Hat die Meuterei bei Ngulu stattgefunden?

Die Insel zählt zu den Outer Islands von Yap, das einmal dem Deutschen Reich gehörte und heute ein Teilstaat der Föderation von Mikronesien ist. Die Hauptstadt heißt Colonia. Noch einmal eine Nachtfahrt auf friedlichem Meer. Dann ein kleiner Hafen, eine Wellblechsiedlung, zwei Straßenkreuzungen mit anhängendem Zentrum, wenige Autos, zwei kleine Supermärkte und eine Hand voll Touristen, die unter sich und meistens unter Wasser bleiben, um dort Mantas zu beobachten.

Die Kolonial-Deutschen hatten sich seinerzeit gute Geschäfte mit Kopra versprochen, dem getrockneten Fleisch der Kokosnüsse, die in verschwenderischer Vielfalt gedeihen. Doch die Preußen im Pazifik schafften es nicht, die Eingeborenen auf die Palme zu bringen. Denn auf Yap wächst das Frühstück im Garten, das Meer deckt den

Eine der größten Steingeldmünzen auf Yap. Auch bei Besitzerwechsel bleibt das schwere Geld meist am alten Ort.

Tisch, Betelnuss-Trips hängen an den Bäumen, und das Interesse an geregelter Arbeit war und ist bei den 9000 Yapesen gering.

Hoch im Kurs steht dagegen bis heute die Währung der »Raay«: Steinscheiben, Monolithe von durchschnittlich einem Meter Durchmesser mit einem Loch in der Mitte, die seit mindestens 1800 Jahren unter allergrößter Mühsal in Steinbrüchen gewonnen und dann 400 Kilometer über die offene See nach Yap gesegelt wurden, aus Palau. Weshalb? Ethnologen, Historiker, Archäologen haben keine Erklärung für die martialische Maloche und die Zitterpartie auf schmalen Kanus. Sicher ist nur, dass die harte Währung jahrhundertelang das Leben der Insel regelte; die Steinscheiben, von denen jede eine besondere Geschichte hat, die ihren individuellen Wert bestimmt, dienten als Mitgift, als Preis für ein Haus oder Land und als Bußgeld für Verstöße gegen Gesetze.

Bis das Leben ein Märchen schrieb, das alles änderte. 1871 wurde ein Schiffbrüchiger an den Strand von Yap gespült, ein Amerikaner irischer Herkunft, Abenteurer und Saufaus: David D. O'Keefe. Der begriff, kaum dass er von den Insulanern aufgepäppelt war, das Potenzial des Steingeldes, fuhr nach Hongkong, organisierte eine Dschunke und schweres Gerät zur Steinbearbeitung und kehrte via Palau mit einer ganzen Schiffsladung Raay nach Yap zurück, wo er sie hoch profitabel in Kopra umsetzte und binnen kurzer Zeit zum König von Yap aufstieg – eigene Insel vor der Hauptstadt, Palast, Leibgarde, Steinway-Flügel, Keller voller Wein und Champagner. Die Insel erlebte dabei ihre erste Inflation. Doch dann brachte sein ungezügeltes Temperament den Iren in Schwierigkeiten mit der Obrigkeit, er musste eine Gefängnisstrafe befürchten und zog es vor, erst einmal auf See zu verschwinden. Dort verscholl er.

Falls er nicht doch in Australien oder auf Samoa oder Tahiti ein neues Leben angefangen hat, wie viele glauben. Und wenn er nicht gestorben ist, dann lebt er da noch heute.

Magellan – die Tat, der Triumph, das Ende

Die exotische Inselwelt der Philippinen, wo man Papageienfische trocknet und isst, war den Europäern vor 500 Jahren noch unbekannt. Bis sie von Fernando de Magellan entdeckt wurde, der als Erster die Welt umsegelte. Eine triumphale Tat – und eine Irrfahrt des Grauens

VON PETER SANDMEYER

Seetage. Weit und warm und überwölbt von einem riesigen Himmel, Wolken darin wie aus Glas geblasen. Kein Schiff weit und breit. Tölpel steigen auf und fliegende Fische, fern steht die Fontäne eines Wals über der glatten See. Gleichmütig durchpflügt die »Starship« diesen großen, leeren Ozean, der ein Drittel unseres Planeten bedeckt, gleichförmig vergehen die Tage, gegliedert von Sonnenaufgang und Sonnenuntergang und dem Rhythmus des zweistündigen Wachwechsels. Nicht zu vergessen dem Anschlag der Glocke in der Messe, mit der Enrico dreimal am Tag zum Essen ruft – Frühstück mit frischem Brot und Rührei, Lunch mit Pizza oder Pasta, Dinner mit Tunfischsteak oder Hähnchenbrust und Currysauce. Und dann ein Sundowner, während der rote Sonnenball vor dem Bug verlischt. Traumtage.

Albtraumtage. Seit drei Monaten haben die Männer auf der »Concepción«, der »Victoria« und der »Trinidad« nichts anderes mehr gesehen als diese unbewegte See. Seit Wochen haben sie nichts mehr gegessen außer seltenen selbst gefangenen Fischen und dem alltäglichen Schiffszwieback, der längst feucht ist, dreckig und von Würmern durchsetzt. Die Vorräte auf den Schiffen sind restlos erschöpft, selbst Ratten zu raren Leckerbissen geworden. Das faulige Trinkwasser stinkt so, dass die Seeleute sich die

Nase zuhalten, wenn sie es hinunterstürzen. Keine Abwechslung bieten die Tage, nur sich selbst sehen die Männer – hohlwangig, bis aufs Skelett abgemagert, kraftlos und kaputt. »Wir aßen schließlich, um nicht Hungers zu sterben, auch die Stücke Rindleder, mit denen die große Rahe überzogen war, um die Taue vor dem Zerreißen zu schützen«, schreibt Antonio Pigafetta, der Chronist dieser Elendsfahrt, die kein Ende nimmt. Jeder kleine Sturm würde sie vernichten. Kaum einer der Seeleute hätte noch die Kraft, auf die Rahen zu klettern und die Segel zu reffen. Aber es gibt keinen Sturm, nur immergleiche, immerheiße Tage auf einer immerblauen, immerruhigen See. »El Pacífico« nennen sie den Ozean, »den Friedlichen«. Doch für sie bleibt er ein Feind.

Skorbut bricht aus, das Zahnfleisch eitert, die Zähne fallen aus. Und jeder auf den drei Karavellen wünscht sich, er wäre an Bord des vierten Schiffs, das klammheimlich desertiert ist vor dem Aufbruch in diese unbekannte große Wasserwüste und heimgesegelt nach Spanien – jeder außer einem: dem düsteren schwarzbärtigen Mann auf dem Achterkastell der »Trinidad«, der Generalkapitän des verlorenen Geschwaders, den sie, wenn sie unter sich sind, »den Portugiesen« nennen, der seinen Namen aber den spanischen Diensten, in denen er jetzt steht, angepasst hat. Der Name, den er nun führt, lautet: Fernando de Magellan.

Klaus Kinski hätte ihn spielen können. Ein harter Mann. Martialisch. Hervorragender Seemann. Exzellenter Navigator. Eisennervig. Unbeugsam. Verschlossen. Kämpferisch. Größenwahnsinnig. Vielleicht wahnsinnig. Auf jeden Fall besessen. Besessen von dem Gedanken, als Erster den wirklichen Seeweg ins Südmeer zu finden, den »paso« durch dieses verdammte Amerika, dessen endlose Landmasse sich wie ein gigantischer Sperrriegel vor den Kurs zum Ziel aller Ziele legt, den Gewürzinseln, deren Produkte in Europa in Gold aufgewogen werden. Er werde ihn finden, diesen schnellen

Weg zu den Molukken und ihrem legendären Reichtum, das hat Magellan dem König von Spanien eingeredet und ihm ein Geschwader abgeschwatzt, mit dem er seinen Landsleuten, den Portugiesen, noch zuvorkommen will beim Wettlauf um die Vorherrschaft über die goldenen Eilande.

Der Papst hat zwar schon vor einem Vierteljahrhundert Frieden gestiftet zwischen den verfeindeten katholischen Königreichen Spanien und Portugal und die Welt mit einem langen Strich mitten durch den Atlantik in eine westliche Hälfte für Spanien und eine östliche für Portugal aufgeteilt; doch keiner weiß, wo und wie sich diese Linie auf der Rückseite der Erdkugel fortsetzt, und um den Besitz der reichen Städte und Gewürzmärkte dort in Südostasien flammt prompt neuer Streit auf. Die Schatzkammer von Fernost aber sind die »islas de la especeria«, Ternate, Ambon, Tidore und Banda, weltweit das einzige Anbaugebiet der begehrten »Spezereien« Gewürznelken und Muskat. Diese Schätze will Magellan erobern und auf alle Zeit für seinen spanischen König sichern.

Magellans Flaggschiff, die »Trinidad«, eine der fünf Galeonen, die 1519 Sevilla verließen. Ein einziges Schiff kam am Ende dieser ersten Weltumsegelung 1522 wieder in Spanien an

Mit fünf Schiffen und einer bunt zusammengewürfelten Truppe von 265 Männern fährt er am 10. August 1519 in Sevilla los, den Guadalquivir hinab nach San Lucar, wo die letzte Messe gelesen, die letzte Beichte genommen und der letzte Wille des Generalkapitäns zu Papier gebracht wird. In Sevilla möchte er im Falle seines Todes begraben werden, im Kloster von Santa María de la Victoria, 30 Messen sollen über seinem Leichnam gelesen und drei Arme bekleidet werden, damit sie zu Gott für seine Seele beten. Sollte er die Reise nicht überleben, dann wünscht er sich eine letzte Ruhestätte in der nächstgelegenen Kirche, die der Heiligen Jungfrau gewidmet ist. Schwierig ist die Verteilung seiner irdischen Habe. Er besitzt keine. Magellan fährt los als ein Habenichts, ein Mann von niedrigem Adel ohne Geld und Güter. Wenn er aber von den Gewürzinseln mit vollen Laderäumen zurückkehrt, dann wird er ein reicher Mann sein; wenn er sogar neue Inseln oder Länder für seinen König entdeckt, dann werden er und seine Nachkommen als Gouverneure darüber herrschen – so steht es in seinem Vertrag.

Magellan ist beileibe nicht der Erste, der aufbricht, um eine Seepassage nach Indien und Ostasien zu finden, die kürzer ist als die quälend lange und von Stürmen bedrohte Route um die Südspitze Afrikas. Viele sind ihm vorausgefahren, einige verschollen, andere ohne Erfolg heimgekehrt. Warum setzt König Carlos I. gerade in ihn neue Hoffnung, warum vertraut er ausgerechnet diesem übergelaufenen Portugiesen die kleine Armada seiner Schiffe an? Was macht Magellan so sicher, dass seine Expedition gelingen werde? Es ist eine Seekarte, die er im geheimen Archiv der portugiesischen Admiralität einsehen konnte. Ganz deutlich war auf ihr der Beginn des »paso« vom Atlantik zum noch namenlosen Pazifik eingezeichnet, ungefähr dort, wo heute Montevideo liegt. Dort, glaubt Magellan, muss die Durchfahrt zu finden sein. Sie zu meistern ist eine Frage von navigatorischem Geschick. Das hat er. Und ist er erst einmal in dem anderen Ozean, dann wird es nur noch ein Katzensprung bis zu den Gewürzinseln sein. Das glaubt er.

Mit flatternden Fahnen und donnernden Kanonenschüssen brechen die fünf Schiffe auf, doch die Reise steht von Beginn an unter keinem guten Stern. Es gibt Rivalitäten zwischen den spanischen Kapitänen der anderen Schiffe und Magellan, dem stolzen Schweiger, dem eisig Abweisenden, der sich weigert zu offenbaren, wie und wo er die Durchfahrt in die südliche See finden will.

Die Spannungen steigern sich zum Aufruhr, als nach endlosen Wochen Suche entlang der brasilianischen Küste schließlich klar wird, dass der von Magellan gemutmaßte »paso« nichts anderes ist als die Mündung des Rio de la Plata. Tagelang fahren sie den kolossalen Strom aufwärts, doch so oft sie auch Wasserproben an Bord hieven: Sie bleiben reines Süßwasser. Die Kapitäne haben genug, wollen umkehren; Magellan befiehlt die Fortsetzung der Reise – nach Süden, der Antarktis entgegen, dem Winter, der Kälte, den Stürmen. Im Winterlager kommt es zur Meuterei. Der Generalkapitän kann sie niederschlagen und lässt einen der aufrührerischen Kapitäne köpfen und vierteilen. Bei der Weiterreise verliert er ein Schiff, ein anderes desertiert, nachdem die gewundene Wasserstraße zwischen den Ozeanen, die bis heute Magellans Namen trägt, tatsächlich gefunden ist. Unverantwortlich erscheint der erschöpften Mannschaft der »San Antonio« der Vorstoß in das unbekannte neue Meer mit einem angeschlagenen Schiff und verbrauchten Vorräten. Sie meutert, legt den Kapitän in Ketten und segelt zurück nach Spanien.

Nach ihrer Flucht ist die Weiterfahrt der verbliebenen drei Schiffe geradezu selbstmörderisch. Doch nicht eine Sekunde spielt Magellan mit dem Gedanken an Umkehr. »Wer heldisch denkt, muss notwendigerweise widervernünftig handeln«, schreibt sein

Biograf Stefan Zweig. Im Übrigen vertraut der Held den Berechnungen der spanischen Kartografen, nach denen die Distanz, die ihn von seinem Ziel trennt, nur noch kurz sein kann. Am 28. November 1520, 14 Monate nach dem Verlassen Spaniens, läuft die geschrumpfte Flottille in das unbekannte neue Meer aus, das noch von keinem europäischen Schiff befahren wurde.

Sie hatten Unrecht, die Kartografen. Bald hundert Tage sind die drei Schiffe schon unterwegs, dreimal länger als Kolumbus, bis vom Mastkorb seiner »Santa María« die Küste der Neuen Welt in Sicht kam; doch vor dem Bug der »Trinidad« taucht kein Land auf; nur das Meer Tag um Tag und täglich aufs Neue die Marter seiner Monotonie. Endlos dehnt sich die Fahrt, diese, nach den Worten von Stefan Zweig, »vielleicht fürchterlichste und entbehrungsreichste Seefahrt, welche die ewige Chronik menschlicher Leidensfähigkeit, die wir Geschichte nennen, verzeichnet«. Als Magellan einen Bootsmann, der einen anderen im Streit um eine Ratte mit der Axt erschlagen hat, dazu verurteilt, gevierteilt zu werden, da findet sich niemand mehr, der noch die Kraft besitzt, das Urteil zu vollstrecken. »So wurde er erdrosselt und der Leichnam ins Meer geworfen«, schreibt Pigafetta.

Endlich, nach drei Monaten und sechs Tagen, kommen drei Inseln in Sicht, auf denen sich die Ausgehungerten mit frischem Wasser und Proviant versorgen und ausruhen wollen. »Aber das war unmöglich«, notiert Pigafetta, »da sich die Bewohner über unsere Schiffe ergossen und bald diesen, bald jenen Gegenstand entwendeten, ohne dass wir imstande gewesen wären, sie daran zu hindern.« Man hält heute Guam für die Inselgruppe, die die Spanier »Ladrones«, Diebesinseln, taufen und nach blutigen Auseinandersetzungen mit den Insulanern schleunigst wieder verlassen. Noch einmal eine Woche müssen die Erschöpften über die unendliche See nach Westen segeln, bis sich bei Sonnenaufgang des 16. März 1521 erneut eine dunkle Masse über dem Wasser erhebt. Land!

Halb fünf zeigt die Schiffsuhr der »Starship«, aber alle sind auf den Beinen. Die Sonne ist noch nicht über den Horizont gestiegen, und im diffusen Morgenlicht sieht man kaum mehr als einen langen flachen Schatten, der sich nur schwach vom schwarzen Meer abhebt. Dann ist es plötzlich, als ob ein Vorhang aufgezogen würde, Licht flutet über die Welt, der Himmel errötet, das Wasser wird blau, und der Schatten voraus entwickelt sich zu einer gezackten Kette von Hügeln. Und daneben, etwas weiter entfernt, sind noch mehr Hügelketten zu erkennen und im südlichen Dunst viele ande-

Das Tor in ein neues Reich – Suluan heißt das Dorf der ersten Insel, die Magellan ansteuerte, als er 1521 die Philippinen entdeckte. Die Insulaner waren freundlich zu den entkräfteten Seefahrern, brachten ihnen Früchte und Palmwein. Heute wie damals lebt das Dorf vom Fischfang und dem Ertrag seiner fruchtbaren Gärten.

re. Eine große Gruppe von Inseln liegt vor uns. Sie sehen anders aus als die, die wir hinter uns haben – keine Koralleninseln, die sich kaum über das Wasser erheben, sondern hoch gehügelt und grün, überzogen von Palmenwald und dichter Vegetation. Suluan heißt die, die vor uns liegt, ein östlicher Vorposten der Philippinen.

Das Echolot ist immer im Blick, die Seekarte wird aufmerksam konsultiert, eine gute alte Karte aus Papier; die elektronische Seekarte, nach der das Schiff sonst navigiert, ist für dieses Seegebiet noch nicht ausreichend detailliert, und die Details – spitze Riffe und schartige Unterwasserfelsen – sind tückisch. Beim Näherkommen lösen sich aus dem Morgendunst kleine Auslegerboote, mit denen die Insulaner zum Fischen hinausfahren. Nicht alle reagieren auf unser Winken. Sind wir für sie Eindringlinge, die mit einem Millionen-Dollar-Multimedia-Schiff in den Sonnenaufgang ihres Alltags einbrechen, von dem wir keine Ahnung haben? Wie wird der Empfang auf der Insel sein?

Magellan lässt das unbekannte Land voraus mit äußerster Vorsicht ansteuern. Er muss ohne Seekarten auskommen, weiß nicht,

Ein Stein erinnert an den ersten Landgang der Spanier auf der Insel Homonhan. Hier wurde ein Lager errichtet, und die ausgezehrte Mannschaft kam wieder zu Kräften

wo Untiefen oder plötzliche Strömungen lauern. Ständig wird deswegen von Bord des Führungsschiffs das Senkblei ausgebracht und die Wassertiefe ausgesungen. Dann sehen sie Fischerboote der Insulaner, damals wie heute schmale Schiffe mit zwei Auslegern und ein bis zwei Männern an Bord. Magellan lässt abdrehen. Nach den Erfahrungen auf den »Diebesinseln« will er mit seiner entkräfteten Mannschaft keinen neuen Kampf riskieren. Ein paar Meilen weiter finden sie eine Insel, die unbewohnt ist. Vor ihr lässt der Generalkapitän ankern. Dann werden die Kranken aus den stickigen Zwischendecks an Land gebracht, Zelte für sie errichtet, ein Schwein geschlachtet. Es gibt dort einen Bach, frisches Wasser, Bäume. Sie wissen immer noch nicht genau, wo sie sind; doch wo immer sie auch sein mögen, es ist eine Offenbarung. Die Landung der Europäer ist den Bewohnern der Nachbarinsel nicht verborgen geblieben. Am nächsten Tag kommen sie, freundliche Menschen, in einem großen Kanu, beladen mit Geschenken: Palmwein, Feigen, Bananen, Kokosnüsse. Sie bringen auch Informationen über die Inselwelt, an deren Peripherie Magellan gelandet ist – ein riesiger Archipel, in Europa unbekannt und auf keiner seiner Karten verzeichnet, Tausende von Inseln, eine viel versprechende Eroberung für die spanische Krone und ein Königreich für Magellan und seine Erben. Er hat es geschafft.

Ein Gedenkstein am felsigen menschenfernen Strand der Küste von Humunu (heute Homonhon) erinnert an diese erste Landung von Europäern auf den Philippinen. Der Weg vom Strand schlängelt sich hinauf zum alten Lagerplatz, dem Kiefern und lorbeergrüne Bäume lichten Schatten spenden. Zikaden zirpen, Blätter rascheln im Wind, Vögel singen, das Meer rauscht nur noch fern. Ein idealer Rekonvaleszenzplatz. Und unermüdlich liefern die freundlichen Bewohner der Nachbarinsel Suluan den Geschlagenen des Meeres Kokosnüsse und Früchte, Hühner und Fische. Die ausgehungerten Seeleute hauen derart rein, dass zwei Matrosen an der plötzlichen Völlerei sterben. »Ihre Körper waren nach den Entbehrungen in vielen Monaten dem nicht gewachsen gewesen«, schreibt Pigafetta. Deshalb ergeht von Magellan der strenge Befehl, »dass alle mit dem Essen und Trinken Maß zu halten hätten, und dass er alle, die sich seinen Befehlen widersetzen sollten, streng bestrafen würde«. Er selbst, merkt Pigafetta an, »aß nie mehr, als er zur Erhaltung seines Körpers notwendig hatte, dafür trank er gern zu jeder Mahlzeit ein Glas Wein«.

Die Menschen von Suluan sind auch heute freundlich. Die Befangenheit des Grüppchens von Europäern, das an diesem stillen Dienstagmorgen des Jahres 2000 plötzlich in einem 150-PS-

In der Kathedrale von Cebu drängen sich täglich die Gläubigen. Dank Magellan sind die Philippinen als einziges großes Land Asiens christlich. Heute gehören die Filipinos zu den treuesten Kindern der katholischen Kirche.

Schlauchboot in das geruhsame Dorfleben einbricht, verfliegt schnell. Jeder Gruß wird erwidert, die Menschen sind liebenswürdig, aber nicht distanzlos. Die Ankunft auf dieser philippinischen Insel, die man im Atlas mit der Lupe suchen muss, hat etwas von Heimkehr nach Europa. Alle sind katholisch, alle Kinder gehen zur Schule, alle spielen Basketball oder gucken wenigstens zu. Der Basketballplatz ist auch die Plaza des Dorfs, Marktplatz, abendlicher Treffpunkt und manchmal Freiluft-Disco. Das Dorf ist sauber, ein Betonweg führt hindurch, Blumen blühen vor den Häusern, Papayas, Avocados, Süßkartoffeln wachsen dahinter. Mehr als 300 Jahre spanischer Kolonialherrschaft haben aus dem pazifischen Eiland ein irritierendes Kind zweier Welten gemacht, in dem sich die Unbekümmertheit und Fröhlichkeit der tropischen Mutter mit der strengen Religiosität des südeuropäischen Vaters vereinen. Magellans Erbe.

Hat er es wirklich geschafft? Noch hat er Zweifel. Noch hat er schließlich sein Ziel, die reichen Gewürzinseln, nicht erreicht. Noch weiß er nicht einmal genau, wo er eigentlich ist und sein neues Reich liegt; noch nagt auch Ungewissheit an ihm, ob er wirklich der Erste sein wird, der die Welt umsegelt. Doch nach acht Tagen im Waldhospital von Humunu ist die Mannschaft ausreichend gekräftigt, die Schiffe gehen wieder ankerauf und segeln tiefer hinein in die philippinische Inselwelt, einen Märchengarten von bizarren Felsen und Inselchen in allen Größen und Gestalten; Skulpturen, die das Meer geschaffen hat, erodierte Kalk-Kandelaber, Wasserburgen mit Erkern und Türmen, Terrassen und Galerien, Totenkopffelsen wie aus dem Kinderpiratenbuch, Riesen und Gnome und Pilze, und dazwischen weiße Buchten ohne Menschen. Seeadler schweben über dieser yachtenfernen Wunderwelt, in der Delfin-Schulen spielen und durch die der Gezeitenstrom das Schiff mit sechs Knoten schiebt.

Auf der Insel Limasawa ließ Magellan die erste Messe auf philippinischem Boden zelebrieren. Heute erinnert daran eine imposante Gedenkstätte.

In Limasawa geht Magellan wieder an Land. Ein Kreuz wird errichtet, eine Messe gelesen, Einwohner werden getauft. Magallanes heißt der Ort heute, 600 Einwohner hat er und eine eindrucksvolle Stätte der Erinnerung an die erste heilige Messe auf den Philippinen. Gott zu danken, dafür hat Magellan besonderen Grund. Bei der Begrüßung durch die Einwohner von Limasawa hat sein dunkler Diener Enrique, den er vor Jahren auf dem Sklavenmarkt von Malakka gekauft hat, plötzlich die Sprache der Menschen verstanden, viele Worte und Bruchstücke jedenfalls, die eng verwandt sind mit seiner eigenen Sprache, dem Malaiischen. Das kann nichts anderes bedeuten, als dass sein Herr genau dorthin fährt, wohin er wollte. Die Insulaner bestätigen es; sie kennen Borneo, Celebes und die Molukken und wissen den Kurs dorthin. Nun weiß Magellan, dass er es geschafft hat. Er wird der Erste sein, der die Welt umsegelt. Er wird die Gewürzinseln erreichen und mit Reichtümern zurückkehren. Und er wird dem spanischen Imperium eine neue Kolonie hinzufügen, die gleichzeitig sein eigenes Königreich ist. Den Herrscher von Limasawa hat er schon zu seinem Verbündeten und Freund gemacht mit bunten türkischen Kleidern und Glasperlen, Messern und Äxten. »Diese Tage in Massawa sind die seligsten und entspannendsten der ganzen Reise«, schreibt Stefan Zweig. »Magellans Stern steht im Zenit.« Jetzt will er noch einen Pakt mit dem mächtigsten König der Region schließen und dann weiter – zu den Molukken und zurück nach Sevilla. Der größte Herrscher der Inseln, sagt man ihm, lebe auf Cebu. Und wieder werden die Anker der »Trinidad«, der »Concepción« und der »Victoria« hochgehievt.

Das Wasser, das die »Starship« umspült, ist schmutzig, voller Fäkalien und Abfälle. Industriebrache und heruntergekommene Wohnhäuser säumen das nahe Ufer. Das Schiff liegt vor Anker, schaukelt aber heftig, wenn große Containerfrachter und die schnellen Fähren vorüberrauschen, die bis zum Hafen des quirligen Cebu fahren, der 600.000 Einwohner großen Stadt, der ältesten des Landes. Sie fahren unter den beiden riesigen Brücken hindurch, die die große Insel Cebu mit dem vorgelagerten Mactan verbinden, wo heute der Flughafen ist, ein paar bessere Geschäftsadressen und das einzige exklusive Hotel der Stadt. Zwischen der »Starship« und dem Strand der Insel schwingt sich eine lange, flache Bucht. Sie ist der Schauplatz von Magellans letztem Gefecht. Und sein Todesort.

»Why did he do it?«, fragt Dave, der neuseeländische Biologe, der dem Internetpublikum erklären will, warum Magellan ausgerechnet hier, auf der Höhe seines Triumphs, ums Leben kam. Aber die Erklärung fällt schwer. Eine Narretei, sagen die Historiker achselzuckend, eine Riesendummheit. Die größte, die ein Feldherr begehen kann: seinen Gegner zu unterschätzen. »Zum ersten Mal scheint Magellan seine augenfälligste Eigenschaft im Stich zu lassen«, schreibt Stefan Zweig: »Vorsicht und Weitsicht.«

Anfangs geht alles nach Wunsch. Der König von Cebu empfängt die Spanier, tauscht Geschenke mit ihnen, lässt sich sogar taufen und ist zum Abschluss eines Abkommens bereit. Allerdings ist er ein anderes Kaliber als die Inselherrscher, denen Magellan bisher begegnet ist. Der Erdkreis beginnt sich für ihn tatsächlich zu schließen, und Cebu liegt schon im Einflussgebiet der großen östlichen Zivilisationen und wird von chinesischen und siamesischen Kaufleuten angelaufen. Sie kennen die Spanier und Portugiesen und die furchtbare Wirkung ihrer Bordkanonen. Sie warnen den König von Cebu vor ihnen. Weswegen bis heute nicht ganz klar ist, wie ehrlich das Spiel ist, das er mit Magellan treibt.

Seinem neuen Verbündeten will der einen Gefallen tun. Und ihm bei dieser Gelegenheit auch ein wenig imponieren und die Stärke spanischer Waffen demonstrieren. Deswegen übernimmt es Magellan, einen Widersacher des Königs, den Herrscher von Mactan, zur Räson zu bringen, und rüstet gegen ihn eine kleine Strafexpedition aus. Ganze 60 Spanier wählt er dafür aus. »Einem Admiral des Kaisers beider Welten scheint es unter seiner Würde«, kommentiert Zweig, »gegen einen solchen braunen Lümmel, der keine ungeflickte Matte in seiner dreckigen Hütte hat, eine ganze Armee ins Feld zu schicken.« Doch der »braune Lümmel« Lapulapu ist in Wahrheit ein erfahrener Krieger. Der deutsche Journalist und Historiker Peter Miñoza hat sich mit der Biografie des »vergessenen Helden« beschäftigt und herausgefunden, dass Lapulapu hervorragend in den philippinischen Kampfkünsten ausgebildet war und wichtige Erfahrungen in erfolgreichen Abwehrkämpfen gegen chinesische Piraten gesammelt hatte.

Magellan verlässt sich völlig auf das Einschüchterungspotenzial seiner gepanzerten Krieger mit ihren Helmen und Harnischen, Schwertern, Eisenlanzen, Musketen und Armbrüsten. Doch die vier Dutzend Männer, die am Morgen des 27. April 1521 schon weit vor dem Ufer aus ihren Booten steigen und schwerfällig durch das flache, von Steinen und Korallen durchzogene Wasser waten müssen, imponieren Lapulapu nicht. Und genauso wenig seinen 1500 Kriegern, die die Angreifer am Strand erwarten. »Sie warfen sich mit einem schrecklichen Geschrei auf uns«, berichtet Pigafetta. »Zwei Haufen griffen uns von der Seite an, der dritte stürmte von vorn auf uns los.«

Da die weit tragenden Waffen der Spanier in diesem Getümmel wirkungslos sind, befiehlt Magellan, die Hütten der Eingeborenen anzuzünden. Doch wider Erwarten werden sie davon nur zu noch größerer Wut angestachelt. Magellan, von einem vergifteten Pfeil in den Oberschenkel getroffen, gibt Befehl zu einem geordneten Rückzug. »Aber der größere Teil der Unsrigen begann Hals über Kopf zu fliehen, sodass nur acht Männer bei dem Generalkapitän blieben. Die Insulaner richteten jetzt alle ihre Pfeile, Lanzen und anderen Wurfgeschosse gegen unsere nackten Schenkel. So blieb uns kein anderer Weg, als zu weichen.« Das Letzte, was Pigafetta

Bei einer Strafexpedition gegen aufsässige Insulaner verschätzte sich Magellan in deren Stärke und fiel im Kampf.

von seinem Generalkapitän sieht, ist, wie er im Gesicht verwundet wird und darauf den Angreifer mit seiner Lanze durchbohrt. »Er wollte nun seinen Degen ziehen, vermochte ihn aber nur noch halb aus der Scheide zu bringen, weil ihm der verwundete rechte Arm kaum mehr gehorchte. Als die Insulaner dies sahen, drangen sie alle auf ihn ein, und einer von ihnen stieß unserem Generalkapitän die Lanze so heftig in den linken Schenkel, dass er aufs Gesicht fiel. In demselben Augenblick warfen sich alle Feinde auf ihn und hieben mit ihren Waffen auf ihn ein. So kam unser treuer Führer, unser Licht, unsere Stütze ums Leben.« Kein Begräbnis in geweihter Erde. Die Insulaner behalten den Leichnam Magellans. Vielleicht verzehren sie Teile von ihm bei ihrer Siegesfeier. »Kein Zeugnis ist uns geblieben«, schreibt Stefan Zweig über das Ende

Traditionelle Bauweise verträgt sich bestens mit Phantasie bei der Materialbeschaffung: ein Auslegerboot auf den Philippinen.

Magellans, »verschollen ist sein Grab und geheimnisvoll im Unbekannten die Spur des Mannes verloren, der dem unendlichen Ozean, der die Erde umrundet, sein letztes Geheimnis abgerungen.«

Ein einziges Schiff von den fünfen, mit denen Magellan Sevilla verlassen hatte, kehrt nach drei Jahren von dieser ersten Erdumrundung zurück. Am 8. September 1522 läuft die »Victoria« mit letzter Kraft in den Hafen von Sevilla ein, 18 ausgemergelte Männer an Bord. Die anderen sind der See zum Opfer gefallen, dem Hunger, den Bordstrafgerichten, feindlichen Eingeborenen, Skorbut, Tropenfieber, giftigen Schlangen und den Portugiesen, die die wracke »Trinidad« aufbringen und die Mannschaft, soweit noch am Leben, einsperren. Drei Schiffe hat der König von Spanien verloren und 171 Mann. Aber der Laderaum der »Victoria« ist voller Säcke mit Gewürznelken, und als der königliche Kämmerer Bilanz zieht, da hat Magellans Expedition 8.334.300 Maravedis gekostet und der Verkauf der Nelken 8.680.500 erbracht. Gerechnet hat es sich also.

Nicht für Magellans Erben. Sie gehen leer aus. Und als die Söhne schließlich eine Bittschrift an den König richten und um der Verdienste ihres Vaters willen untertänigst um eine größere Unterstützungssumme nachkommen, da schreibt der Monarch an den Rand: »Die Bittsteller mögen sich an den König von Portugal wenden.«

Höhepunkt unter Wasser

An zahlreichen Plätzen der Erde ging die »Starship«-Mannschaft auf Tiefe. Viele Tauchgänge waren großartig. Einen Höhepunkt aber erlebte die Crew dort, wo das Meer auf den ersten Blick unscheinbar wirkt: zwischen den indonesischen Inseln. Michael Poliza erklärt, warum

Der Fachbegriff heißt »Biodiversität«. Einfacher könnte man sagen »Lebensvielfalt«. Das pazifische Dreieck zwischen Papua-Neuguinea, Philippinen und Indonesien beherbergt nach Erkenntnis der Wissenschaftler die höchste Biodiversität aller Ozeane. Es ist eine unglaublich vielfältige Konzentration von Meereslebewesen, die sich in der Unterwasserwelt zwischen den Insel-Hundertschaften dieses südpazifischen Raumes findet, und es ist kein Wunder, dass wir hier fast mehr Zeit unter als über Wasser verbringen. Und wie an Land heute durchaus nicht immer klassische Postkartenlandschaften wie die Toskana oder die Côte d'Azur die größte Faszination haben, sondern beispielsweise die kargen schottischen Highlands oder die einsamen Weiten Islands, so werden auch unter Wasser immer wieder neue Landschaften jenseits der bunten Korallengärten entdeckt.
Die Lembeh-Straße im Norden Indonesiens beispielsweise war vor zehn, zwölf Jahren noch ein weißer Fleck auf der Weltkarte der Taucher. Zu Recht, denkt man beim ersten Blick auf den teils schlammigen, teils kieselsteinigen, immer langweilig aussehenden Grund. Man entdeckt außer ein paar versunkenen Baumstämmen und sporadischen Korallen nichts, was einen interessanten Tauchgang verspricht. Man muss sich schon viel Zeit nehmen, große Geduld mitbringen und mit nicht erlahmender Aufmerksamkeit beobachten – wenn man am Ende wunderbar belohnt werden will. Es ist so ähnlich, als wenn eine schwarz verschleierte Frau einen langsamen Striptease zu tanzen beginnt und dabei schließlich eine unglaubliche Schönheit offenbart.
Was aber tun, wenn man nicht weiß, welche von den vielen schwarz verschleierten Frauen die Schöne ist und wann sie mit ihrem Tanz beginnt? Dann wendet man sich vertrauensvoll an Kevin und Valerie, die Manager des Kungkungan Bay Resorts an der schmalen Straße zwischen Bitung und Lembeh. Man erlebt es oft, dass die Leiter einer

exotischen Tauchbasis gegenüber Durchreisenden sehr zugeknöpft sind und wenig bereit, ihre Kronjuwelen unter Wasser – die sie sich selbst meist mühsam erarbeitet haben – zu präsentieren.

Ganz anders Kevin, der die »Starship« schon aus unseren E-Mails und dem Internet kennt und das Projekt klasse findet. »Was wollt ihr sehen?«, fragt er freundlich und legt uns eine Liste vor, die auf einen Taucher wirkt wie die Speisekarte eines Drei-Sterne-Restaurants auf einen Gourmet. »Flamboyant Cuttlefish? Hairy Frogfish? Sea Moth? Dwarf Lionfish? Pygmy Seahorse? Mandarinfish?« Und zu jedem Fisch weiß er einen Tauchplatz und eine Uhrzeit. »Mandarinfish?« Höchst selten und sehr exotisch. No problem: Viertel vor fünf in einer bestimmten Bucht. Sea Moth? Am besten morgens im Kanal. Pygmy Seahorse? Das kleinste und putzigste Seepferdchen, das es gibt, gerade mal daumennagelgroß. Auch kein Problem: direkt vor der Tauchbasis in 22 Meter Tiefe.
Die nächsten Tage kommen wir lediglich zum Essen und zum Schlafen nach oben. Unten ist es einfach interessanter. Viele der wunderbaren Geschöpfe sind in relativ flachem Wasser zu finden, und das gibt uns die Möglichkeit, stundenlang mit der Videokamera im Anschlag auf unsere Kleindarsteller zu warten und sie dann zu filmen.
Wir sind mit dem aktuellsten Equipment von Sony ausgerüstet, neuen Kameras und speziellen Unterwassergehäusen, die uns eine extreme Makrofilmerei ermöglichen. Erstaunliche Filmbilder entstehen so. Formatfüllend können wir die Augen eines Heuschreckenkrebses und eines Lizardfish aufnehmen und durch Details sichtbar machen, die man mit bloßem Auge nie wahrnehmen könnte. Auch dem kleinen Pygmy Seahorse können wir so zu besonderer Größe verhelfen, und eine Naturwissenschaftlerin, die sich der Erforschung dieser Winzlinge widmet, hat mit Hilfe der Bilder begeistert Beobachtungen gemacht, die ihr unter dem Mikroskop nicht möglich wären.
Filmen unter Wasser wird bekanntlich durch dessen Farbe erschwert. Selbst bei scheinbar klarem Wasser nimmt der Blauanteil mit der Tiefe immer stärker zu. Auch der Abstand zwischen Kameraobjektiv und Objekt erschwert das farbgetreue Filmen. Wie ein großer blauer Filter sitzt das Wasser vor der Linse. Durch Rotfilter kann das zwar ausgeglichen werden, aber nur wenige Filter lassen sich unter Wasser wechseln, und so muss man sich schon vor dem Tauchgang entschließen, in welcher Tiefe und mit welchem Abstand zum Motiv man filmen will.
Mehr und mehr gehen wir dazu über, diese Einschränkung mit Unterwasserlampen auszugleichen. Diese Lampen

Abkippen zum Tauchgang: Eines der vielfältigsten Reviere fand die »Starship«-Crew im pazifischen Dreieck zwischen Papua-Neuguinea, den Philippinen und Indonesien.

haben in den letzten Jahren große Fortschritte gemacht. Sie produzieren fast exaktes Tageslicht, sind sehr weich, und zusammen mit dem Weißabgleich der Kamera ermöglichen sie es, die Originalfarben der Unterwasserwelt auch auf das Videomaterial zu bekommen. Die hier im Buch gezeigten Standbilder vom DV Video zeigen eine Auswahl und demonstrieren die hohe Farbqualität der neuen Technik.

Einen weiteren Höhepunkt beim Abtauchen erleben wir im Südosten Sulawesis. Hier treffen wir den Schweizer Lorenz Mäder, der die ganze Welt auf der Suche nach dem idealen Tauchplatz bereist hat, sich dann in Wakatobi niederließ und dort ein gelungenes Beispiel für privat initiierten Umweltschutz demonstriert. Mäder hat eine kleine Hotelanlage gebaut und lädt nur erfahrene Taucher ein, sich sein Hausriff anzusehen. Wer der Einladung folgen will, muss nicht nur taucherfahren sein, sondern auch sehr reisefreudig und seefest.

Man erreicht Hotel und Tauchplatz nach einer Anreise über Bali. Von dort geht's mit einem weiteren Zwischenstopp nach Kendari, und dann muss man noch einmal 14 Stunden mit dem Schiff durch ruppige See nach Wakatobi übersetzen. Dort allerdings findet man unter Wasser ein Paradies. Dass es eins bleibt, verdankt es Lorenz Mäder. Denn wie alle Riffe der indonesischen Inselwelt sind auch die vor seiner Haustür von Dynamit-Fischern bedroht, die im Wasser Sprengladungen zünden und dann die toten, an der Wasseroberfläche schwimmenden Fische einsammeln. Um dem zu begegnen, erklärte Mäder sein Küstengebiet zum privaten Naturschutzpark und schützt ihn folgendermaßen: Fischer, die auf traditionelle Weise und

außerhalb des von Mäder in Anspruch genommenen Gebietes fischen, erhalten von ihm für ihren Fang einen Preis, der deutlich über dem Marktpreis liegt. Außerdem zahlt er den Dörfern noch eine Pauschale für die Zusicherung, nicht in seinem Gebiet zu fischen.
Und Arbeitsplätze hat er auch noch geschaffen, indem er zwei Patrouillenboote angeheuert hat, die das Gebiet kontrollieren. Das Ganze funktioniert so gut, dass Mäder inzwischen die Unterstützung der Regierung bekommen hat und sein privates Naturschutzgebiet wahrscheinlich bald in einen offiziellen Marinepark umwandeln darf. Auch der wird sich aber auf die kleinen Tricks stützen müssen, die die fantastische Unterwasserwelt hier bisher vor den Detonationen der Dynamitstangen schützt. Es ist begreiflich, dass den Menschen auf den Inseln das Hemd näher ist als der Rock und der tote Fisch in der Hand wichtiger als der schönste Fisch unter Wasser. Aber langfristig zerstören sie ihre eigene Lebensgrundlage. Helfen kann dagegen kurzfristig leider gar nichts und langfristig nur Ausbildung und Aufklärung vom frühesten Kindesalter an.

Einen cleveren Weg dahin hat die internationale Gesellschaft »The Nature Conservancy« mit einem Comic-Heft eingeschlagen, das den Kids auf ihrem Niveau und in ihrer Sprache die Problematik des Fischens mit Dynamit und Zyanid erklärt. Das Heft ist gut gemacht, und wir haben es dutzendfach während unseres Indonesien-Aufenthalts verteilt. Man kann nur hoffen, dass es Wirkung hat. Denn nirgendwo habe ich je eine so beeindruckende Unterwasserwelt erlebt wie in Indonesien. Es gibt natürlich andere Meeresregionen mit anderen Attraktionen, großen Mantas, Walen, Haien und Walhaien. Aber die exotischen kleinen Fische mit ihrem ungeheuren Variantenreichtum an Verhaltensweisen und Überlebensstrategien, wie wir sie vor den Küsten Sulawesis sehen, jeden Tag aufs Neue staunend, sind ein einzigartiges Kleinod der Meere und ein kostbarer Besitz der Menschheit. Wir müssen alles dafür tun, ihn zu bewahren.

Auf einem kleinen, primitiven Grill bereitet eine Hausfrau auf Bonerate in der Flores-See den abendlichen Fisch zu. Das Meer ist der wichtigste Nahrungslieferant der Region.

Im Reich der Drachen

Sie ängstigen die Menschen. Sie verschlingen Wildschweine am Stück. Ihr Speichel ist tödlich. Und haben sie einmal Blut gerochen, dann sind sie nicht mehr aufzuhalten: die Warane von Komodo. Ein Besuch bei den Urzeit-Echsen in Indonesien

VON JAN CHRISTOPH WIECHMANN

Aus der Ferne klangen die Geschichten von der Dracheninsel noch wie Märchen. Märchen aus einer anderen Welt und einer anderen Zeit. Märchen von Riesenechsen mit gespaltenen hellgelben Zungen und säbelartigen Zähnen. Prähistorische Ungeheuer, die ganze Büffel verdrücken und Hirsche und auch mal einen alten Baron aus dem Kanton Solothurn. Zwanzig Seemeilen vor dieser Insel, in der kleinen indonesischen Hafenstadt Labuanbajo, klangen die Geschichten dann anders: nüchterner, realer. Die Menschen in Labuanbajo sprachen von »insgesamt acht Opfern« und »einigen Sachschäden«. Sie sagten: Bei der Attacke eines Drachens in dem kleinen Dorf Kampung Komodo wurde kürzlich ein kleiner Junge verletzt. Ein Junge mit wirren Haaren, der seitdem kein Wort mehr spricht.

Windstill und warm ist der Morgen, als wir an Bord der »Starship« Komodo erreichen. Eine Insel, kaum größer als Usedom, 400 Kilometer östlich von Bali gelegen – dort, wo sich Indischer und Pazifischer Ozean treffen. Ein zarter Schleier von rosa Wolken umweht die Gipfel der Vulkanberge, und hinter der tiefblauen See schimmern hell und kurvenreich die weiten Sandstrände. Man würde Badelaken auf ihnen vermuten und Sonnenschirme und den süßen Duft von Bacardi-Rum, aber nicht menschenfressende

Drachen. Nun, da die Insel der Komodo-Warane zum Greifen nah ist, treffen über Satellit Forschungsberichte aus aller Welt auf dem High-Tech-Boot ein. Berichte, die nicht mehr wie Märchen klingen, sondern wie Gebrauchsanweisungen für den Umgang mit den »urzeitlichen Kannibalen«, den »letzten lebenden Sauriern«.

»Haben Sie größten Respekt vor den Tieren«, schreibt der bekannteste Waran-Forscher, Professor Putra Sastrawan von der Universität Denpasar. »Wenn die einmal Blut riechen, hält sie keiner auf. Die Suche nach diesen prähistorischen Tieren mit den gelben Zungen, dem Schweizer Baron und dem kleinen Jungen beginnt im Monsunwald, im dichten Dschungel gleich hinter dem Strand. Inmitten von Bäumen, von denen kleine, weiße Kürbisse an langen Fäden herunterhängen. Und Palmen, deren mächtige Blätter im aufbrausenden Wind klappern wie Gleise unter einem fahrenden Zug. Und schwarzen Spinnen mit gelben Punkten, deren Beine so lang sind wie die Finger eines Menschen. Eine Märchenwelt.

Der Ranger Yusuf Jenata wird uns zur Seite gestellt. Seit ein Tourist auf der Insel spurlos verschwunden ist und ein Kamerateam aus Singapur von Waranen attackiert wurde, darf sich keiner mehr allein bewegen im Nationalpark. Yusuf trägt eine olivgrüne Uniform und einen Stock aus Eisenholz, der ihm zur Abwehr der Warane dient. Er weist darauf hin, dass menstruierende Frauen an der Expedition nicht teilnehmen dürfen, denn die Tiere riechen frisches Blut bis zu vier Kilometer weit. Er sagt auch, dass sich keiner zum Ausruhen hinlegen sollte: Die Warane könnten das als Einladung zu einem Festmahl missverstehen. Und für den Fall eines Angriffs empfiehlt Yusuf, auf einen Baum zu fliehen oder um sein Leben zu sprinten. Die Echsen rennen bis zu 20 Kilometer schnell. Sie werden drei Meter lang, wiegen durchschnittlich 60 Kilo und können ohne weiteres ein zentnerschweres Reh auf einmal herunterschlingen.

Yusuf entdeckt eine frische Spur im Sand. Abdrücke von mächtigen Pranken und einem langen, kräftigen Schwanz. »Das ist Awas«, sagt Yusuf. »30 Jahre alt. 60 Kilo schwer. Drei Meter. Männlich. Aggressiv!« Yusuf kennt Awas gut. Vor einem Jahr hat der Waran mit der auffälligen Kopfnarbe versucht, sich ein Kind aus dem Camp des Nationalparks zu holen. Ein Ranger warf sich dazwischen und vertrieb ihn mit einem Stock. »Wir werden Awas schon finden«, sagt Yusuf. »Wir sind bereits in seinem Revier.«

Der Weg wird schmaler und führt tiefer hinein in den Dschungel. Unter der weit verzweigten Wurzel eines Tamarinden-Baumes öffnet sich ein großes Loch im Boden. Die Höhle eines Warans, fünf Meter tief, sein Unterschlupf an kalten und nassen Tagen. Heute ist kein Drachen da. Auch im Übergang zur Savanne, dort, wo die erdfarbenen Echsen stundenlang Wildschweinen und Hirschen auflauern, ist jetzt kein Tier anzutreffen. Aus der Ferne hört man nur die Schreie eines Kakadus – und die Sprünge eines Mähnenhirsches durch das knisternde, sonnenverbrannte Laub.

Doch dann gegen Mittag, als die Sonne sengend vom Himmel brennt, erblicken wir den ersten Drachen. Einen 2,50 Meter langen ausgewachsenen Waran, der faul im heißen Sand auf einer Lichtung liegt. Ein archaisch anmutendes Tier. Mit einer Haut wie ein Kettenhemd, kräftigen Vorderbeinen und einem extrem dehnbaren Maul, in das ganze Schweine hineinpassen. Warane sehen und hören schlecht, dafür riechen sie umso besser. Dieser Kerl riecht uns. Er hebt den Kopf, streckt die gelbe, gespaltene Zunge heraus, nimmt unseren Geruch mit den feinen Sensoren wahr – und bleibt liegen. Schließt die Augen. Senkt den Kopf. Rührt sich nicht mehr. Er wärmt sich in der Sonne auf, bringt den Körper auf Jagdtemperatur – von 28 auf 38 Grad. Warane sind wie alle Reptilien wechselwarm. Und Einzelgänger. Erst am frühen Nachmittag wird dieser Kerl losziehen.

Auf der Suche nach dem Schweizer Baron verlassen wir den dichten Wald und wandern durch die Savanne hoch in die Berge. Heiße Monsunwinde wehen von Nordaustralien herüber. Hochgeschossene Lontar-Palmen stecken im Boden wie Antennen. Die Bergwelt scheint übersät davon.

Schließlich, auf einem kleinen Hügel unterhalb eines Grats, erscheint ein verblichenes Holzkreuz im Gras. Dort steht: »In Erinnerung an den Baron Rudolf von Reding Biberegg, geboren in der Schweiz am 8. August 1895 und verschwunden auf dieser Insel am 18. Juli 1974.« Der Mann befand sich auf einem »Adventure Trip« und sagte seinen Begleitern, er wolle auf dem Hügel noch etwas verweilen. Seitdem wurde er nie wieder gesehen. Nur seine Kamera fand man – mit einem zerrissenen Riemen.

Gruselgeschichten wie diese gibt es viele, und wenn die Einheimischen sie erzählen, dann klingen sie so selbstverständlich wie Berichte vom morgendlichen Reiskauf. Ein zwölfjähriger Junge wurde von einem Drachen angegriffen und halb aufgefressen; Nachbarn zogen ihn aus dem Schlund und vertrieben das Tier. Der Junge aber war bereits verblutet. Einem Grundschullehrer wurde bei einem Spaziergang die rechte Wade abgebissen. Und im einzigen Dorf der Insel, so erzählt unser Ranger Yusuf, gebe es jenen Jungen mit wirren Haaren, der die Attacke eines Drachens zwar überlebt hat, aber seitdem krank ist.

Das Dorf Kampung Komodo hat 1400 Einwohner und liegt in einer geschützten Bucht. Die Häuser stehen auf Pfählen und sind aus Holz und Bambuswedeln gezimmert. Am Strand spielen Kinder, Frauen kehren mit Wasserkübeln auf den Köpfen vom Brunnen zurück, Männer schnitzen an ihren Booten oder fahren zum Fischen hinaus. Die Menschen leben von Reis und Fisch und der Hoffnung auf eine Flasche Coca-Cola am Ende eines Tages. Karl

Die Bewohner von Kampung leben von Reis und Fisch – und in ständiger Furcht vor den Waranen. Die kommen oft in das Dorf, um dort Haustiere zu reißen – und auch mal einen Menschen zu attackieren.

May hätte sie wahrscheinlich glückliche Wilde genannt. Yusuf nennt sie Primitive. »Sie haben zu viel Freizeit«, sagt er, »also auch zu viele Kinder.«

In einem kleinen Pfahlhaus mit Wellblechdach und grünen und blauen Holzplanken lebt der elfjährige Hery mit seinen Eltern und vier Geschwistern. Er sitzt verschüchtert auf einem roten Plastikstuhl und wickelt seine Arme sorgfältig in ein verblichenes T-Shirt. Auf den Innenflächen seiner Arme sind lange Narben erkennbar. Hery sagt nicht, woher sie stammen, er sagt auch seinen Namen nicht, er sagt gar nichts. Sein Onkel erklärt, dass Hery den Angriff des Oras (so nennen sie die Warane) nicht verkraftet hat. »Der Ora hat ihm den Geist entrissen«, sagt der Onkel.

Um Tamarinden zu pflücken, war Hery mit Freunden in den Wald gegangen, als aus dem Gras ein junger Waran auf ihn zuschoss und ihm Fetzen aus Armen und Rücken riss. Die Freunde schlugen das Tier mit Steinwürfen in die Flucht. Hery kam nach Labuanbajo ins Krankenhaus und überlebte. »Aber er wird nicht lange leben«, sagt sein Onkel. »Die Bakterien in seinem Körper machen ihn schwach.« Der Speichel des Warans enthält mehr als 50 verschiedene Bakterien, die schlimme Infektionen auslösen können. Und da kann man nichts machen für Hery? »Nein«, sagt der Onkel, »man muss das hinnehmen. Die Oras holen sich ihre Opfer.« Er lässt diese Sätze so lässig in die dunkle Hütte fallen wie die Asche seiner Nelken-Zigaretten. Und grinst. Hery schweigt. Blickt auf den Boden. Blickt kurz hoch. Blickt traurig. Schweigt.

Warane greifen erwachsene Menschen nur sehr selten an, aber in das Dorf sind sie schon häufiger eingefallen. Sie holen sich Ziegen, Hunde und Hühner und betreten auf der Suche nach Ratten

Ausgelassen spielen Kinder am Strand von Komodo.

und Fischresten selbst die Hütten. Aber die Einwohner von Kampung Komodo wehren sich nicht. Selbst als die Drachen ihre Gräber plünderten und die Knochen der Vorfahren raubten, haben sie sich nicht gewehrt. Die Menschen lassen die Tiere gewähren, als wären sie eine höhere Kraft.

Pak Ishaka, ein angesehener Holzschnitzer im Ort, legt den Oras sogar Ziegen und Hirsche als Opfergaben auf die Gräber seiner Ahnen. »So nehme ich Kontakt zu den Geistern auf«, sagt er. Dieser kleine, dürre Mann mit gelben Zähnen und gelb unterlaufenen Pupillen hat die Geister vor einiger Zeit gebeten, ihm zwei Jungen zu schenken – und bekam sie. Er hat um einen kleinen Schnitzauftrag gebeten – und bekam ihn. Von der Weltbank in Washington. Die Suche nach Awas, dem großen Drachen, gestaltet sich schwierig. Manchmal liegen weiße Brocken auf dem Weg, aus denen Knochen hervorschauen und lange schwarze Borsten. Es ist der Kot eines Warans mit unverdauten Resten eines Schweins. Awas selbst ist in seinem Revier nicht zu sehen. Es ist das Ende der Paarungszeit; wahrscheinlich ist er beschäftigt.

Die Weibchen legen bis zu 25 Eier in ein Nest tief in der Erde. Etwa acht Monate später, nach der Regenzeit, schlüpfen die Nachkommen, 30 Zentimeter lang und 80 Gramm schwer. Bis zum zweiten Lebensjahr leben die Jungtiere auf Bäumen, zum Schutz vor Angreifern, vor allem älteren Artgenossen. Warane gehören zu den ältesten Lebewesen der Welt. Vor 15 Millionen Jahren kamen sie nach Australien und Indonesien. Obwohl sie eine gewisse Ähnlichkeit mit Sauriern haben und auch über gemeinsame Vorfahren verfügen, stammen sie nicht unmittelbar von ihnen ab. Im Jahre 1912 wurden die Komodos von einem holländischen Leutnant entdeckt, der damals behauptete, es handle sich um Riesendrachen, die bis zu sechs Meter lang würden. Der größte bisher gefundene Waran war 3,13 Meter lang und wog 166 Kilogramm.

Wie alt die Echsen wirklich werden – keiner weiß es genau. Auch nicht, warum es dreimal so viele Männchen gibt wie Weibchen. Und warum sie ausschließlich auf den kleinen Inseln Komodo und Rinca sowie im Norden der Nachbarinsel Flores leben. Nur wenige Wissenschaftler haben sich den Drachen bisher über einen längeren Zeitraum gewidmet. Professor Sastrawan von der Udayan-Universität in Denpasar erforscht die Tiere seit über 30 Jahren. »Die Drachen werden noch viele Jahre ein weitgehend ungelöstes Rätsel der Natur bleiben«, sagt er. Zu viele seiner Studenten hätten Angst vor den Drachen, zu schwierig seien die Forschungsbedingungen auf der Insel, zu gering die finanziellen Zuwendungen großer Universitäten aus Europa und den USA.

Plötzlich, auf einem der vielen Märsche durch den Monsunwald, raschelt es laut im Gebüsch; schwere, gleichmäßige Tritte nähern sich. Ein Drachen taucht auf zwischen den Orchideen, kurz darauf noch einer. Sie eilen zielstrebig durchs Unterholz. Ganz in der Nähe muss es ein Opfer geben, das sie hierher lockt in Awas' Revier, vermutet Yusuf. Er folgt ihren Spuren, mahnt zur Vorsicht. Nach 200 Metern, auf einer Lichtung, steht tatsächlich ein ausgewachsener männlicher Drachen, drei Meter, etwa 60 Kilo. Er schnauft. Vor ihm liegt ein Wildschwein, gerade erst erlegt. Der Drachen packt das Schwein, bohrt die Zähne in den Hals, umstülpt mit seinem ausgeklappten Maul den gesamten Kopf und zerrt ihn in den Rachen. Schluckt den Kopf, schluckt weiter, schluckt den Rumpf und schließlich das gesamte Schwein auf einmal, samt Haut und Haaren, samt Pfoten und Schwanz. In 60 Sekunden.

Weitere Drachen tauchen auf, angelockt vom Geruch frischen Blutes. Ganz in der Nähe hat ein anderer Waran ein noch viel größeres Schwein zur Strecke gebracht. Es ist Awas. Yusuf erkennt ihn sofort und signalisiert, jetzt ausreichend Abstand zu halten. Awas thront majestätisch vor seiner Beute, mustert die heranpreschenden Kollegen, und dann geht alles sehr schnell. Er reißt die Bauchdecke auf und ist gerade dabei, die Eingeweide herauszuzerren, als die anderen Warane sich ebenfalls auf das Schwein stürzen. Ein blutrünstiger Kampf der Giganten beginnt. Vier Warane kämpfen um die Beute, reißen an ihr, fressen Eingeweide und Kopf, wirbeln das Schwein durch die Luft, fauchen, kratzen, brechen Knochen, schlürfen Gedärme, Leber, Geschlechtsteile und schlingen alles in einem wahren Rausch hinunter. Es stinkt bestialisch, die Erde vibriert. Erst als alles verschwunden ist, kommen die Drachen zur Ruhe, ziehen sich langsam ins Gebüsch zurück und hinterlassen ein bis auf den letzten Blutstropfen gereinigtes Schlachtfeld. Es dämmert, in 30 Minuten wird es hier stockdunkel sein, acht Grad südlich des Äquators.

Zubeißen, in den Rachen zerren, hinunterschlingen – in kaum einer Minute hat dieser knapp drei Meter große Waran ein junges Wildschwein mit Haut und Haaren geschluckt. Trotz ihrer scharfen Zähne machen sich die seit 15 Millionen Jahren auf Komodo lebenden Jäger nicht die Mühe, ihre Beute zu zerteilen.

Etwa 50 Kilo Fleisch pro Woche brauchen Warane, und bisher haben sie auf Komodo und Rinca immer genug Beute gefunden. Das Gleichgewicht aber beginnt aus den Fugen zu geraten. Als vor drei Jahren die Börsen in Asien crashten, wurde auch Indonesien schwer getroffen. Viele Unternehmen gingen ein, Millionen Angestellte verloren ihre Jobs, das Einkommen sank. Auch die Menschen auf der Nachbarinsel Sumbawa suchten verzweifelt nach neuen Erwerbsquellen und stießen dabei auf den Handel mit Fleisch aus Komodo. Seitdem fallen nachts regelmäßig Wilderergruppen in den Nationalpark ein und töten in einer Woche bis zu 50 Hirsche und Wasserbüffel. Auf den Märkten in Sumbawa erzielen sie für das Kilo Fleisch bis zu 30.000 Rupien, etwa sieben Mark. Das Tageseinkommen eines Arbeiters liegt in Indonesien bei durchschnittlich vier Mark.

Die Truppe im Komodo-Nationalpark wurde inzwischen auf 106 Ranger aufgestockt und militärisch ausgebildet, doch Wilderer sind oft besser ausgerüstet. Sie verfügen über Sprengstoff und Maschinenpistolen aus Armeebeständen. Oft kommt es zu Schießereien mit Toten auf beiden Seiten. »Es ist Krieg im Namen der Artenvielfalt«, sagt Yusuf. Sein Freund wurde kürzlich angeschossen, ein anderer bei einem Bombenangriff auf hoher See schwer verletzt. »Die Wilderer haben nichts zu verlieren«, sagt Yusuf. »Sie haben keine Angst vor dem Tod.«

Eine Woche lang ankert die »Starship« vor Komodo. Am Abend kehren die Crew-Mitglieder an Bord zurück, stellen die digitalen Fotos und Tagesberichte ins Internet, kreieren eine CD-Rom, schneiden das Filmmaterial und gestalten eine neue Website für den Nationalpark. Forscher und Leser aus aller Welt reagieren. So beginnt manch wissenschaftlicher Chat in diesem einsamen Winkel der Welt unter einem sternklaren Himmel und auf spiegelglatter See. Draußen fahren Angler in Einbäumen vorbei, Flughunde verlassen schreiend die Mangrovenwälder und schwärmen zu Tausenden aus, und gleichzeitig laufen über die Bildschirme der vielen Workstations an Bord Diskussionen über die Zukunft dieser fantastischen Tiere.

Noch leben 1600 Drachen auf Komodo, weitere 1500 auf Rinca sowie etwa 200 in Zoos weltweit. Werden Hirsche und Büffel ausgerottet, verschwinden auch die Warane. Erst werden sie einander fressen, sich dann in ihrer Not vielleicht an den Menschen versuchen und sich irgendwann zum Sterben ins Gras legen. So wie der Drache, dem wir am letzten Abend begegnen. Ruhig liegt das etwa 40-jährige Weibchen an einem Flussbett und wartet. Wasserbüffel trampeln vorbei, wilde Pferde traben heran, aber die Drachendame steht nicht mehr auf. Die Rippen sind deutlich erkennbar unter ihrem trägen Panzer, der auf dem Boden ruht wie ein zu großer Mantel. Sie liegt in der Abendsonne unter einem Baum und wartet. Der Tod wird kommen. In einem Tag oder einer Woche. Ein jüngerer Drachen wird sie fressen.

Ein Waran hat dem elfjährigen Hery die Arme zerfetzt. Sein Onkel versucht, dem traumatisierten Jungen mit einem Holzmodell der Echse zu therapieren.

Kinderstube für die Waldmenschen

Orang-Utan heißt übersetzt Waldmensch. Aber der Wald, sein Lebensraum, ist bedroht, und viele Orang-Babys werden zu Waisen. Ihnen hilft ein Projekt im Süden von Borneo, das die kleinen großen Affen auf das Leben in der Wildnis vorbereitet. Michael Poliza besuchte es

Unter allen Gegenden auf dem Globus war Südostasien stets die exotischste für mich. Und da gab es einen Namen, der einen besonders magischen Klang hatte: Borneo. Die Insel der Kopfjäger, des undurchdringlichen Dschungels und der Orang-Utans. Ersteren will ich ungern, Letzteren gern begegnen, aber für beides sind die Chancen schlecht. Die Küstengewässer sind für die flache »Starship« noch einigermaßen erreichbar, aber über die Befahrbarkeit der Flussarme gibt es nirgendwo irgendwelche Hinweise. Doch dann treffen wir in Bali Segler, die von einem Freund erfahren haben, dass ein Fluss, der in den Dschungel von Borneo führt, von einem kleinen Boot mit Außenborder befahrbar sei; die handschriftlichen Aufzeichnungen des Freundes bekommen wir.

Und so tastet sich die »Starship« dann im Süden Borneos durch die flachen und schlecht kartografierten Mündungsgewässer des Sungai Kumai bis zu dem kleinen Städtchen Kumai. Dort ist für das große Schiff Endstation. Doch auch für das Beiboot kann die Weiterfahrt flussaufwärts gefährlich werden, erfahren wir; der Fluss sei zwar tief, aber unter Wasser können sich immer wieder Baumstämme verkeilen und die Fahrrinne blockieren. Wir beschließen, das Risiko einzugehen und die Fahrt zu wagen. Denn am Oberlauf des Flusses liegen die Camps des Tanjung-Pating-Nationalparks, einer einzigartigen Anlage für die Aufzucht und Renaturierung von Orang-Utans.

Mit dem ersten Licht geht es am nächsten Morgen um sechs los. Andi, ein junger Mann aus Kumai, der den Fluss gut kennt, ist unser Führer. Vorsichtig fahren wir die engen Windungen und Schleifen des Flusses hinauf durch den erwachenden Urwald. Alles geht gut. Nach ein paar Stunden haben wir das Tanjung Harapan Camp erreicht, Aufzuchtstation für die jüngsten Orang-Utans, die ihre Mütter durch Abholzungen oder andere Schicksalsschläge verloren haben.

Die jungen Menschenaffen müssen ebenso auf das Leben vorbereitet werden wie Menschenkinder. Die Ranger bringen ihnen so lebenswichtige Dinge wie Klettern und Nestbauen bei, sie nehmen sie mit auf Spaziergänge und zeigen ihnen, welche Früchte essbar sind und welche sie meiden müssen. Dabei müssen die Lehrer konsequent vermeiden, dass ihre Schüler menschliche Verhaltensweisen übernehmen. Denn Ziel der Ausbildung ist ja, den Affen das Überleben in der Wildnis zu ermöglichen.

Wenn die Tiere ein Alter von acht, neun Jahren erreicht haben, werden sie in das nächste Camp gebracht. Hier erfolgt der nächste Schritt zur Auswilderung. Die Fütterungsabstände werden größer, und die halbstarken Affen verbringen die ersten Nächte im Dschungel. Aber erst im Camp Lakey, der dritten Ranger-Station im Dschungel, werden sie mit anderen, in der freien Wildnis aufgewachsenen Affen zusammengebracht.

Bis dahin ist es weit, viele Kilometer flussaufwärts. Der Fluss wird immer schmaler, dichter Urwald zu beiden Seiten. Manchmal ist die Durchfahrt so eng, dass wir uns im Leerlauf mit eingezogenen Köpfen hindurcharbeiten müssen. An einer Gabelung stoßen wir plötzlich auf einen Polizeiposten, der von uns ebenso überrascht ist wie wir von ihm. Hastig ziehen sich die Männer Uniformhemden über die verschwitzten Oberkörper und werden dienstlich: Was wir hier machen? Nach ein paar Sätzen entspannt sich die Lage. Die Polizisten sollen illegale Holzfällereien verhindern; die kostbaren Teakbäume flussaufwärts sind von Holzgangstern bedroht.

Endlich ist Camp Lakey erreicht. Hier kommen wir »wilden« Orang-Utans nahe, die aber immer noch sehr zahm sind. Sie werden noch gefüttert, aber nur zur Unterstützung. Die Affen sollen jetzt gelernt haben, für sich selbst zu sorgen, und sie brauchen – wie Menschen – manchmal etwas Druck.

Das Orang-Utan-Projekt ist aufwendig. Geld dafür kann nur aus dem Tourismus kommen. Also stehen Wissenschaftler und Naturschützer hier wie überall auf der Welt vor dem Konflikt, Menschen die Begegnung mit den Tieren zu ermöglichen, die man andererseits gerade vor menschlichen Einflüssen schützen will. Ein schwieriger Balanceakt.

62

Zu Gast beim Liebesmahl

Solange Deutschland noch Kolonien besaß, gab es eine schöne Tradition: Wenn Schiffe der Marine die Häfen Fernosts besuchten, wurden die deutschen Kaufleute vor Ort zu einem »Liebesmahl« an Bord eingeladen. So zeigte die Heimat Verbundenheit mit ihren Söhnen in der Ferne. Der stern *ließ den alten Brauch auf der »Starship« noch einmal aufleben, bat den deutschen Koch Franz Keller dazu nach Singapur und lud zur langen Tafel*

VON PETER SANDMEYER

Vier Uhr früh. Franz Keller schnüffelt. Wunderbar! Geruch gut, Augen klar, Fleisch fest, Fisch okay. Kaufen! Skates heißen sie hier, eine kleine Rochenart. Singapur, Fischmarkt. Körbe mit Tintenfischen, Pyramiden von Papageienfischen, Snapper reißen grotesk das Maul auf, Berge von Muscheln und Krebsen; stämmige Männer in kurzen Hosen, Gummistiefeln und Unterhemden dazwischen mit Karren und Plastikkörben, Pfützen und Geschrei, das Aroma von Hafen und chinesischer Nudelsuppe und eine Luft zum Auswringen. Weiter! Was steht noch auf der Liste? Scampi. Und dann Salat und Gemüse und Poularden. Und, und.

Acht Uhr. Joerg Schweizer frühstückt. Cornflakes und Obst. Seine Frau Barbara sitzt ihm gegenüber, gebürtig aus Knittlingen, jetzt barfuß im langen chinesischen Kleid mit hohem Schlitz. Es ist die kontemplativste Stunde des Tages, die einzige. Im Büro wartet die Asienkrise. Aber noch ist der Tag voll Ruhe; gedämpftes Licht, gute Energieflüsse. Das liegt am Feng Shui. Jede Granitplatte des Fußbodens wurde einzeln ausgewählt, damit es keine Energieblockaden gibt. Aus dem gleichen Grund wurde den Hausbesitzern abgeraten, die Eingangstür zu versetzen. Eigentlich wollten sie Platz für einen zweiten Parkplatz gewinnen. Aber dann wären Gartentor und Haustür in einer Flucht gewesen – energetisch eine Vollkatastrophe. 22 Jahre alt ist das Haus, 360 Quadratmeter groß plus 20 Quadratmeter Garten, gute Lage, gute Hausnummer: 99. Zwei Neunen machen zusammen eine 18 – chinesische Glückszahl. Das kommt dem Wert zugute: zweieinhalb Millionen Singapur-Dollars.

Die Schweizers leben seit sieben Jahren in der Stadt und würden nicht riskieren, gegen die Prinzipien des Feng Shui zu verstoßen. »Große Büropaläste haben Pleite gemacht, weil sie sich ignorant verhalten haben.« In ihrem Haus stimmt alles. Die Stellung der Möbel, viel Asiatisches, nur ein paar Erbstücke aus Deutschland; die Blickrichtung des Buddha; die rot blühenden Pflanzen gegen die bösen Geister.

Schon gar nicht würden die Schweizers gegen irgendwelche gesellschaftlichen Spielregeln oder Vorschriften verstoßen. Deswegen wechselt Frau Schweizer jetzt das Blumenwasser in den Vasen. Gesetz! Damit sich keine Mückenlarven entwickeln können. Aus dem gleichen Grund müssen in dem kleinen Steintrog mit Seerosen im Garten Fische schwimmen.

Sie haben neun Jahre in Amerika gelebt, Schweizer war Marketing-Mann von Zeiss für Medizintechnik. Da war natürlich alles unkomplizierter. Singapur ist besonders. Besonders wenn man Leiter des »German Centre« ist, eine Repräsentationsfigur.

Zehn Uhr. Michael Poliza beißt die Zähne zusammen. Schon wieder 60 Dollar abdrücken, nur für Wäschewaschen. Aber klar, »Raffles Marina« ist ein nobler Yacht-Club, da wollen Service-Leistungen gut bezahlt werden. Warum musste die verdammte Waschmaschine auch ausgerechnet in Singapur verrecken? Und das Schlimmste: Das Wrack steht unter Deck und sieht aus, als sei die »Starship« drumherum gebaut worden. Ein Riesenteil. Keine Ahnung, wie man es da rauskriegen soll. Zerlegen? Auch der MAN-

Diesel ist halb auseinander genommen; ein Defekt an der Ölpumpe, die den Motor der Stabilisatoren schmiert. Und Trevor nervt wegen der Abrechnung. Der alte Kapitän verlässt das Schiff, der neue heißt Charles und versucht, sich in all dem Chaos mit der »Starship« vertraut zu machen. Die heutige Website ist natürlich auch noch nicht fertig. Keine fünf Minuten Ruhe. Schattenseiten eines Globetrotter-Daseins, von dem alle nur die Schokoladenseite sehen. Und ausgerechnet heute soll auch noch das »Liebesmahl« stattfinden. In der Messe wird gerade die große Tafel für die Gäste installiert. Am liebsten würde der »Projektleiter« sich jetzt ein Hotelzimmer nehmen und »Bitte nicht stören« an die Tür hängen.

Das »Ostasiatische Liebesmahl« geht auf uralte Traditionen zurück. Schon im antiken Rom haben sich die frühen Christen zu Versammlungen mit abschließendem Abendmahl getroffen, um

Die Küchen-Crew auf der »Starship« arbeitet in der engen Kombüse mit Hochdruck, um auch die Feinschmecker unter den Gästen zufrieden zu stellen.

sich ihrer Gemeinschaft zu versichern. Im Mittelalter taten es ihnen die Zünfte und Gilden nach und später die preußischen Offiziere. »Diesen Brauch übernahm die Marine«, schreibt der Historiker Bernd Eberstein. »Wenn also Schiffe des deutschen Ostasien-Geschwaders in einen Hafen des Fernen Ostens einliefen, pflegten die Kommandeure die ansässigen Kaufleute nach dieser Tradition zu einem derartigen Liebesmahl an Bord einzuladen.«

»Deutschland hat zwar keine Kolonien mehr und keine kaiserliche Marine, die ihnen Flottenbesuche abstattet«, stand in dem Brief des *stern*, »aber ist das ein Grund, gute alte Traditionen zu vergessen? Wir finden: nein.« So kamen 20 Deutsche in Singapur zu ihrer heutigen Abendeinladung. Und Franz Keller, der Wirt der »Adlerwirtschaft« in Hattenheim am Rhein, zu einem Freiflug nach Singapur und der Aufgabe, dort in einer engen Schiffskombüse ein

Joachim Ihrcke ist Unternehmensberater, mit einer Chinesin verheiratet, Vater von zwei Töchtern und selbst ein versierter Hobby-Koch.

ganz besonderes Abendessen zuzubereiten. Um Assistenz hat er Joachim Textor gebeten, den Küchenchef des zweitürmigen »Mandarin-Hotels« in der Orchard-Road. Der hat keine Sekunde gezögert. Köche sind rührende Menschen. Und eine weltweite Bruderschaft.

Elf Uhr. Joachim Ihrcke fährt. Er fährt ungefähr 35.000 Kilometer pro Jahr, und das auf einer gerade mal 600 Quadratkilometer großen Insel. Aber er fährt bequem. Einen BMW der Siebener-Reihe, so was ist in Singapur nicht unter 300.000 Dollar zu haben. »Mein rollendes Büro. Ein stationäres brauche ich eigentlich nicht.«

Der 52-Jährige bezeichnet sich gern als »Firmenarzt« . Jetzt fährt er auf Hausbesuch. Der Patient heißt Stamford Tyres, ein Reifenhändler, der von Singapur aus den halben Fernen Osten mit Continental-Reifen versorgt.

Mrs Dawn Lee begrüßt ihn, eine gewinnende Business-Frau in strengem Kostüm, die Vize-Präsidentin. Vor der Besprechung nehmen sie das Lager in Augenschein. Es ist gigantisch. Endlose Hallen voll Pkw-Reifen, Truckreifen, Flugzeugreifen, insgesamt rund eine Million. Auf 15 Millionen Dollar schätzt Ihrcke den Bestand. »Viel zu groß, viel zu teuer.« Er will helfen, das Lager um etwa ein Drittel zu reduzieren, und rechnet mit Einsparmöglichkeiten von fünf Millionen Dollar. »Davon will ich dann zehn Prozent haben.« Der Unternehmensheiler hat das Prinzip der chinesischen Ärzte: Der Patient zahlt nur für Gesundheit. Die Firma des Heilers erfreut sich dabei besten Wohlergehens. »Hier können Sie noch richtig was machen. In Deutschland sind doch nur noch kleine Optimierungen möglich.«

Seit einem Dutzend Jahren ist der gelernte Elektro-Ingenieur schon in Singapur, nach Stationen in Nigeria, wo er nur knapp überlebte, Hongkong, wo er seine chinesische Frau kennen lernte, und Peking, wo er zuletzt das Chinageschäft für Krupp aufbaute.

Heute ist er selbstständig. Und erfolgreich. Das Kaufmännische hat sich der Techniker selbst beigebracht. Learning by doing. »Das Wichtigste, was Sie in Asien brauchen, sind Antennen. Sie müssen herausfinden, was Menschen wirklich meinen. Wenn jemand sagt: ›Es ist schwierig‹, meint er: ›Es ist unmöglich‹. Wenn Sie da auf deutsche Art rangehen und sagen: ›Schwierigkeiten sind da, um überwunden zu werden‹, machen Sie sich unmöglich.«

Gut zwei Stunden dauert der Termin bei dem Reifenhändler, dann BMW-Ledersitz, Klimaanlage, Highway, nächster Termin. Grauer Himmel und Regen. Unterwegs Telefonate – grundsätzlich nur per Mikro und Kopfhörer. Wer am Steuer mit einem Handy am Ohr erwischt wird, riskiert Gefängnis.

Halb zwölf. Franz Keller brutzelt. Weißwein, Weißweinessig, Schalotten und dann eiskalte Butterstückchen dazu. Das ergibt die Beurre Blanc, die er für die Fischfilets braucht. Neben ihm stehen Lasse Tegermark, Bordkoch der »Starship« , und Norbert Kleiner, eigentlich Grafiker beim *stern*, aber auch ein alter Freund und Küchenhelfer Kellers; beide schnippeln: Zwiebeln, Knoblauch, Sellerie, Lauch, Lorbeer und Nelken. Daraus wird zusammen mit zwei Dritteln Weißwein und einem Drittel Weißweinessig die Sauce für den jungen Hahn. Die Arbeit ist konzentriert, die Stimmung gut – auch dank eines bewährten Rezeptes: Man nehme eine Flasche Wein und tue sie in den Koch. 1998 Oberbergener Bassgeige, Müller-Thurgau.

Zwölf Uhr. Wolfgang Leuschner brütet. Vor ihm liegt die Bibel, aufgeschlagen das Buch Exodus, Moses in der Wüste. Daraus will der stille Mann mit der Stirnglatze eine Art Rollenspiel entwickeln für den kommenden Sonntag: Familiengottesdienst in seinem Wohnzimmer, eine Premiere. Wie viele werden kommen? Zwanzig? Fünfzig? Dann wird es eng. Das Pfarrhaus, das die deutsche Gemeinde von Singapur ihrem Pastor bezahlt, misst 150 Quadrat-

Einer, der nicht mittanzt ums Goldene Kalb ist Wolfgang Leuschner. Auch für den evangelischen Pastor der deutschen Gemeinde in Singapur wird an der langen Tafel ein Platz gedeckt.

meter. Es liegt, weniger schick als die Domizile der Geschäftsleute, in Ang Mo Kio, einer der zahlreichen Satellitensiedlungen von Singapur, die mit eigener Infrastruktur ausgestattet sind und 75 Prozent der knapp vier Millionen Einwohner beherbergen. Gleichförmige Wohntürme aus Beton, aber ohne Graffiti, ohne Müll, ohne wehende Zeitungsreste, ohne leere Bierdosen. Das Viertel ist, wie alles in dieser Stadt, porentief rein. Auch die Treppensiedlung, in der das Reihenhaus der Leuschners liegt, ist blitzblank. So viel kaugummifreie cleane Keimfreiheit ist für den 51-jährigen Württemberger ungewohnt. Bevor er die 245 evangelischen Seelen der Gemeinde in Singapur übernahm, war er 15 Jahre lang Seelsorger für Schausteller und Zirkusleute in Süddeutschland. 50.000 Kilometer pro Jahr war er da unterwegs, mit eigenem Wohnwagen. Heute muss er nur noch einmal im Monat nach Kuala Lumpur, um dort Konfirmandenunterricht zu geben, Gemeindeversammlung und Gottesdienst zu halten. Den Alltag in Singapur bestimmen der Religionsunterricht an der Deutschen Schule, der Konfirmandenunterricht im Wohnzimmer und der sonntägliche Gottesdienst in der kleinen Kirche an der Orchard-Road, die die deutschen Protestanten sich mit vier anderen Konfessionen teilen. Trauerfeiern und Beerdigungen kommen so gut wie gar nicht vor.

Lunch-Time. Dirk Paulsen reibt sich die Hände. Einen 1,5-Millionen-Dollar-Auftrag zieht er nicht jeden Vormittag an Land. Für diese Summe hat er gerade einen Flugsimulator an einen Vergnügungspark im chinesischen Hainan verkauft. Noch lieber hätte er den kompletten Park geliefert, inklusive »Wilder Maus« und Wildwasserbahn. Kein Problem. »Wir haben da einen Schotten, der hat die verrücktesten Ideen.« 150 Mitarbeiter hat das Handelshaus in Singapur, drei davon sind Deutsche. Das Stammhaus ist in Bremen. Klassischer Im- und Export. Von Knoblauch über Textilien und Teak bis zu Kühlschränken. Paulsen macht mit der Filiale in Singapur 100 Millionen Mark Umsatz pro Jahr.

Er kam vor 30 Jahren und ist einer der dienstältesten Deutschen in der Stadt. Er hat Singapurs Tigersprung von der Dritten in die Erste Welt miterlebt. Vor dem Absprung war er 25 und die Stadt ein schmutziges Loch. Chinatown war Tohuwabohu, die Bugi-Street eine sündige Meile mit Bordellen und schummrigen Kneipen, die Straßen waren voller Garküchen, der Alltag war laut und turbulent, aber auch irgendwie gemächlich. Ferngespräche nach Deutschland mussten angemeldet werden, dauerten Stunden, bis sie zustande kamen, und brachen oft zusammen; und das Faxgerät war gerade erst erfunden. Heute ist Chinatown saniert und zum Boutiquen-Viertel verwandelt, die alte Bugi-Street fiel dem U-Bahnbau zum Opfer, Prostitution wird verfolgt, und die Garküchen wurden aus Hygienegründen in Food-Centres verbannt. Das Leben ist eintöniger geworden und schneller. Handy-Geklingel und E-Mails diktieren den Alltag, Banken prägen die Skyline. Damals gab es sie noch nicht, es gab auch keine europäischen Clubs und keinen Golfplatz, und die paar Deutschen gingen, wenn sie mal ein deutsches Bier trinken und Schwarzbrot essen wollten, an Bord der Hapag-Lloyd-Schiffe, die noch lange Liegezeiten hatten. Heute sind die Schiffe nach sechs Stunden wieder weg, dafür gibt es Bier und Schwarzbrot im deutschen Supermarkt. Damals war das Leben bunt, heute ist es das Fernsehen. Dafür sind sich jetzt Chinesen und Ausländer näher. »Der Abstand hat sich deutlich verringert, auch die Hierarchien in den Betrieben sind geschrumpft.« Private Einladungen zwischen Chinesen und Deutschen waren vor 25 Jahren exotische Ausnahmen, heute sind sie selbstverständlich. Dirk Paulsen ist mit Singapur eigentlich ganz zufrieden.

13 Uhr. Jörg Schweizer kämpft. Er hatte ein hastiges Mittagessen in der Kantine mit deutschbetonter Küche. Jetzt arbeitet er wieder. Großes Büro, großer Schreibtisch, Leder-Sitzecke. Kuan Gung guckt ihm aus einem Holzrahmen über die Schulter, ein chinesischer Krieger, der sehr streng, aber auch sehr gerecht war, und heute das »guiding light«, eine Art Coach, für die asiatische Führungskraft ist. Der Blick aus dem Fenster geht auf eine sechsspurige Straße, über die eine vierspurige Straße führt.

Noch immer hat das German Centre die Folgen der Asien-Krise nicht ganz überstanden. Es ist ein hochmodernes Bürogebäude und ein Service-Center, das vor allem kleinen und mittelständischen deutschen Unternehmen bei der Expansion nach Fernost helfen soll; es bietet ihnen flexiblen Mietraum vom einzelnen Schreibtisch bis zum Großraumbüro. Gerade diese Klientel aber wurde von dem Taifun gebeutelt, der über die asiatischen Märkte gefegt ist. Zwar musste Schweizer bisher niemandem kündigen, aber viele Mieter mussten ihre Büros verkleinern, abspecken und Personal reduzieren. Da ist der Manager manchmal auch als Beistand gefordert. Doc Holiday im Wilden Osten. Eine deutsche Firma hatte beispielsweise das Pech, dass ihrem Hauptkunden in

Am Ende eines langen Arbeitstages bespricht sich Jörg Schweizer, Leiter des German Centre in Singapur, mit seiner Sekretärin Padelin Tan.

Djakarta bei innenpolitischen Unruhen das Lager abgefackelt wurde. Der Kunde war nicht mehr zahlungsfähig, mit ihm ging die deutsche Firma Pleite. Aber insgesamt ist Schweizer optimistisch. Die Zahlen, wie Singapur in der Krise gegengesteuert und die Unternehmen entlastet hat, sind eindrucksvoll. Reduzierung der Steuern um 1,2 Milliarden Dollar, der Lohn- und Lohnnebenkosten um 7,5 Milliarden, der Behördengebühren um 212 Millionen, der Erbpacht und Mieten von Fabrikgebäuden um 306 Millionen – insgesamt eine Kostenreduzierung für Unternehmen von 10,5 Milliarden Dollar!

14 Uhr. Michael Poliza telefoniert-faxt-bespricht-sich-E-mailt-gibt-Anweisungen-unterschreibt-Überweisungen-plant-schwitzt-und-will-dringend-abnehmen. Was für ein Tag!

15 Uhr. Joachim Ihrcke fährt. Links bunte Betonsiedlungen, rechts bunte Betonsiedlungen. Vor ihm der Highway. Gleichmäßiger Verkehrsfluss, dank ERP – Electronic Road Pricing. Jedes Auto hat eine Box mit einer Cash-Karte auf dem Armaturenbrett. Auf jeder Fahrt Richtung Innenstadt passiert es elektronische Barrieren, die von der Karte je nach Straße und Tageszeit unterschiedliche Gebühren abbuchen. Hauptverkehrszeiten sind besonders teuer, sodass man sich jede Fahrt gut überlegt und Staus selten sind.

Dann hat er die Innenstadt hinter sich, aber das Bild bleibt das gleiche. Er fährt durch ein Siedlungskonglomerat, das so aussieht, als sei es zu 90 Prozent erst in den letzten zwei Jahren gebaut worden. Schließlich die Grenze zu Malaysia. Kurze Abfertigung. Dann weiter auf der Autobahn nach Westen. Links Kautschukplantagen, rechts Palmölplantagen. Beide öde.

Der zweite Patient an diesem Tag heißt »Sitra Wood«. Roland Chew ist der Chairman der Holzhandlung, ein dynamischer Chinese, Anfang vierzig, der mit seinen Tropenhölzern jetzt auch auf den deutschen Markt will – am liebsten fix und fertig als Parkett oder mit vorgefertigten Elementen für die Herstellung von Fenstern und Türen. Ihrcke berät ihn. Lange Sitzung. Wie und wann beginnt man die Kampagne? Welche Firmen in Deutschland spricht man an? Welche Holzmuster brauchen die, welche Zertifikate, welche Expertisen? Wer schreibt, wer reist?

Die Beratung asiatischer Unternehmen, die nach Deutschland wollen, nimmt zu. Der klassische Auftraggeber des »Firmenarztes« aber ist immer noch der deutsche Vorstandsvorsitzende, der beim Studium der Bilanz sagt: Es kann doch nicht wahr sein, dass Asien nur fünf Prozent unseres Weltumsatzes ausmacht, obwohl es ein Viertel zur Weltwirtschaft beiträgt. »Dann«, sagt Ihrcke, »kommt er zu uns.«

16 Uhr. Franz Keller schmeckt ab. Gibt noch einen Schuss Weißweinessig zur Saucenbasis. »Wichtig bei diesen Temperaturen. Essigsäure hilft verdauen.« Den richtigen Geschmack hat der Koch bei Paul Bocuse gelernt. Seit diesem Patron kann ihn kaum noch etwas erschüttern. »Es war wie in der Fremdenlegion, da flogen die Pfannen.« Von der überdekorierten Nouvelle Cuisine ist Keller lange weg. In seiner »Adlerwirtschaft« in Hattenheim gibt es frische, einfache Küche von erlesenem Geschmack und exzellenten Grundzutaten, möglichst aus eigener Produktion.

Halb fünf. Zeit für den Apfelkuchen. Keller macht ihn auf altdeutsche Art. Äpfel mit Butter und Zucker in die Pfanne, und wenn der Zucker karamellisiert, Apfelschnaps dazu; einen Deckel aus Teig darüber, fertig. Die Äpfel hat Keller aus dem eigenen Garten mitgebracht. In Singapur sind sie absolut exotische Früchte. Im Handgepäck hatte er auch ein großes Stück Bergkäse von einem Freund aus dem Schwarzwälder Münstertal. Den wird es zu einer Spätburgunder Spätlese vom Weingut seines Vaters am Kaiserstuhl geben.

17 Uhr. Wolfgang Leuschner schreibt. Der Gemeindebrief muss heute unbedingt noch fertig werden. »Herzliches Willkommen allen neuen Singles, Paaren, Familien«, schreibt er. »In dem immer warmen Singapur ohne den vertrauten Wechsel der Jahreszeiten ist das Kommen und Gehen der Menschen vielleicht ein gewisser Ersatz.« Der Pastor seufzt. Wie viele werden ihn lesen, diesen Brief? Er hat eine Gemeinde, von der viele deutsche Amtsbrüder, die sich mit Armen und Alten abplagen, nur träumen können. Lauter gut verdienende, gut erzogene, gut situierte Menschen, jung, robust, positiv. Und kirchendistanziert. »Männer sagen in Gesprächen mit mir meistens: ›Meine Frau ist evangelisch.‹ Wenn ich dann nachfrage, sagen sie: ›Ich war mal evangelisch‹«. Der Pastor schreibt weiter. Beschwörend. »Für mich ist Kirche nicht eine Kirche des Pfarrers, sondern du und ich, wir alle sind Kirche.«

Halb sechs. Dirk Paulsen sitzt im Taxi. Das ist in Singapur ein preiswertes, zuverlässiges und komfortables Verkehrsmittel. Der Kaufmann hat am späten Nachmittag noch ein Meeting im Goodwood Park Hotel, dem schnörkeligen weißen Kolonialbau mit dem merkwürdigen Burgturm aus dem vorletzten Jahrhundert. Vor dem Ersten Weltkrieg residierte hier der »Club Teutonia«, in dem die Mitglieder der deutschen Kolonie Singapurs zusammenkamen. Paulsen liebt die kühle dämmrige Bar des Hotels, ein Ort, in dem die Zeit wenig Spuren hinterlassen hat und Joseph Conrad, Rudyard Kipling oder Somerset Maugham in einem der bequemen Sessel kaum auffallen würden. Aber heute macht sich Paulsen Sorgen – der Weg zur Raffles Marina und zur »Starship« ist weit. Doch das Geschäft, das ihn hergeführt hat, ist wichtig: Es geht um den Import von amerikanischen Kühlschränken, den Rolls-Royce unter den Coolern, die jeder Wohlhabende in Singapur haben will, weil sich in den mannshohen Dingern halbe Rinder und Dutzende von Sixpacks unterbringen lassen. Da liegt Profit in der Luft.

19 Uhr. Franz Keller legt letzte Hand an. Er dekoriert die marinierten Snowfish-Filets auf Radicchio und Staudensellerieherzen, bereitet die Marinade für die Shrimps aus Olivenöl und Tangerinen und beträufelt die Tunfischfilets mit Limone und Koriander. Hochbetrieb in der Bordküche. Auch Küchenchef Joachim Textor ist noch dazugestoßen. Acht Hände schnippeln, schneiden, dekorieren, würzen, richten an.

Halb acht. Wohlsein! Auch Dirk Paulsen hat es noch rechtzeitig geschafft. 20 Deutsche versammeln sich an Deck der »Starship«, lockern die Krawatten, sehen zu, wie die Sonne in heißem Dunst versinkt und das Licht des Tropentages verdämmert, lauschen dem melancholischen »La Paloma« der beiden Gitarrenspieler auf der Pier und stoßen mit 1990er Champagner Legras an. Auftakt für ein Sechs-Gänge-Menü.

»Alle, die leicht viel Geld verdienen, sind unweigerlich verpflichtet, Feinschmecker zu sein«, schrieb der französische Gastro-Papst Brillat-Savarin. »Einer, der täglich eine reichliche Mahlzeit für hundert Personen bezahlen könnte, hat oft an einem Hühnerschenkel genug. Die Kunst muss dann alle Hilfsmittel aufbieten, um jenen Schatten von Appetit durch Gerichte zu wecken, die ihn ohne Schaden aufrechterhalten und, ohne ihn zu ersticken, liebkosen.«

Zwanzig Uhr. Franz Keller liebkost. Mit Blattsalaten in Traubenkernöl, Shrimps und Skatefilets in weißer Buttersauce. Und die Liebkosten plaudern dabei über ihren Alltag und den Stress, unter dem er manchmal steht. Dem, den sie alle teilen, wie dem ewig feuchtheißen Klima, oder der Heimatlosigkeit ihrer Kinder, die in der deutschen Sommerfrische »let's go home, daddy« quengeln; und dem besonderen Stress jedes Einzelnen, wie den Etatkürzungen, unter denen der Leiter des Goethe-Instituts Heinrich Blömeke ächzt, oder dem heiklen Umgang mit der üblichen Behördenkorruption in den umliegenden Ländern, über den Günter Kuhberg stöhnt, Chef der »United Arab Shipping Company«. Aber bei jungem Hahn in Weißweinessigsauce und 99er Oberbergener Grauburgunder Selection »S« wirken Bestechung und Finanzmisere nicht mehr ganz so unverdaulich wie noch am Nachmittag im Büro. Und auch Michael Poliza findet allmählich wieder, dass er eigentlich ein super Schiff hat und eine tolle Reise macht.

Je später der Abend, desto schöner die Deutschen. Knorrig seien sie halt in den Augen der Asiaten, sagt Ihrcke, holzköpfig, aber ehrlich. Ohne die koloniale Attitüde der Engländer, ohne die arrogante Hemdsärmeligkeit der Amerikaner – für deren Mittelstand Asien auch gar nicht existiert – und ohne die Kriegsgräuel-Erblast der Japaner. Umständlich und teuer, aber zuverlässig und gut – so werde der Deutsche gesehen am Singapore River. »Wenn wir sagen, die Maschine läuft, dann läuft sie. Und wenn sie nicht läuft, dann sorgen wir dafür, dass sie läuft, und fragen erst danach, wer den Fehler gemacht hat und zahlen muss.« Wir sind, sagt Joachim Ihrcke, und kein Widerspruch regt sich, beliebt. Da ist es 23 Uhr und die Er-

Wuchernde Weltstadt am Äquator – Geld schläft nicht. Auch wenn das Tageslicht schwindet, geht die Arbeit in den Banken weiter. Deren Türme prägen die Skyline von Singapur. Fast alles in dieser Stadt dreht sich um Geschäfte, um Global Business. Auch viele Deutsche machen mit beim Spiel ums große Geld.

bacher Marcobrunn Riesling Auslese wird entkorkt. »Es ist nicht zu vergessen«, schrieb der Gastrosoph Eugen von Vaerst, »dass Noah erst nach der Sündflut den Weinstock anpflanzte, dass also alle Sünder, die die Sündflut über das Menschengeschlecht gebracht hatte, Wassertrinker waren.« So sitzen sie zusammen, 20 Deutsche und die Crew der »Starship«, sündenlos, satt und sittlich gestärkt, eine schöne Bestätigung der Feststellung von Brillat Savarin: »Nach einem trefflichen Mahl erfreuen sich Geist und Körper eines ganz besonderen Wohlbefindens.« Sowie der Feststellung des Historikers Bernd Eberstein: »Im Liebesmahl kommt das Bedürfnis nach einer feierlichen Betonung hoher Ziele und Werte zum Ausdruck.«

Ein Uhr. Der letzte Gast geht, und die Küchen-Crew fährt mit dem Taxi nach China-Town – um endlich etwas zu essen.

OSTAFRIKA

Oben hui – unten pfui

Die Seychellen sind ein Traumziel – für Seeschildkröten, die ihre Eier ablegen wollen, für Touristen, die Erholung suchen, und für Seefahrer, die genug haben von der Weite des Indischen Ozeans. Doch so paradiesisch die Seychellen-Welt für Michael Poliza an Land ist, so trostlos ist sie unter Wasser

Nach langer Seefahrt wirken viele Küsten wie das Paradies. Die Seychellen sind es. Bizarre Granitformationen, dazwischen üppige Vegetation, Kokosnüsse, Papayas und Mangos fallen von den Bäumen, die Inseln sind frei von Malaria und fast frei von Moskitos, und es gibt Strände, an denen sich Kaskaden von klarem Süßwasser direkt ins Meer ergießen. Kein Wunder, dass Namen wie La Dique und Praslin weltweit als Traumziele gelten.

Leider verlässt man das Paradies schlagartig, wenn man taucht. Wir hatten schon gehört, dass die Folgen von El Niño auf den Seychellen besonders spürbar seien, aber so dramatisch hatte ich es mir nicht vorgestellt. Eigentlich ist El Niño ja ein Phänomen, das die Küsten des pazifischen Südamerikas betrifft: Die Abschwächung der Passatwinde löst so genannte Kelvinwellen aus, die den Auftrieb von kaltem Tiefenwasser verhindern. Dadurch kommt es zur periodisch etwa alle vier Jahre wiederkehrenden Erwärmung der Deckschicht des tropischen Pazifiks vor Ecuador und Peru.

Diese Meereserwärmung verändert aber zugleich die atmosphärische Zirkulation, sodass auch im Indischen Ozean die Temperatur steigt. 1997 war El Niño besonders stark, und die Wassertemperatur stieg bei den Seychellen zum Teil auf 40 Grad an. Das war der Tod für viele Korallen und ihre Bewohner.

Der Anblick der Riffe unter Wasser ist schrecklich. Eine zerstörte Landschaft, verendet und verblichen. Nur an einigen Stellen ist bereits erkennbar, dass sich das Meer langsam erholt. Betonung

Ein Forscher markiert eine Seeschildkröte mit einer Metallmarke in der Vorderflosse (oben). Links: Eine der bizarren Gespensterkrabben.

auf langsam. Es wird Jahrzehnte dauern, bis es hier wieder blühende Korallengärten geben wird. Nie zuvor habe ich einen so schroffen Gegensatz von Überwasser-Paradies und Unterwasser-Hölle gesehen.

Auf der Insel Cousin treffen wir Wissenschaftler, die Wasserschildkröten markieren. Aber es sind zu wenige Wissenschaftler, und sie sind froh, als wir ihnen Unterstützung anbieten. Dann verteilt sich die Mannschaft der »Starship« rund um die kleine Insel.

Jeder ist mit einem Handfunkgerät ausgerüstet. Das Warten beginnt. Hier kommen die Schildkröten ungewöhnlicherweise bei Tageslicht an den Strand, um eine geeignete Stelle für die Eiablage zu suchen. Geschieht das, wird das Team über Funk alarmiert und die Schildkröte begleitet, bis sie die passende Stelle gefunden, ihr Nest gebaut hat und mit der Eiablage beginnt. Dann ist die Zeit für die Markierung da. Eine nummerierte Metallmarke wird an ihre Vorderflosse gekniffen, ohne dass die Schildkröte irgendeine Reaktion zeigt – sie ist vollständig davon in Anspruch genommen, ihre 100 bis 120 Eier in den Sand zu legen. Wenn sie damit fertig ist, ist sie buchstäblich fertig. Das Meer erreicht sie nach diesem Kraftakt manchmal nur noch mit letzter Kraft.

Die heimliche Liebe der Helgoländer

Der Lyriker Reimer Eilers wuchs auf Helgoland auf und hat sein Leben lang von der fernen Geliebten vor der Ostküste Afrikas geträumt, ohne die er Engländer wäre. An Bord der »Starship« kommt der Autor zum ersten Mal nach Sansibar. Eine Liebesaffäre mit Hindernissen

VON REIMER EILERS

Jeder Helgoländer träumt von Sansibar. Uns verbindet, so denken wir, eine gemeinsame Geschichte. Als mein Großvater Andreas zwölf Jahre alt war, wurden Helgoland und Sansibar zwischen England und Deutschland getauscht. Der Lehrer in der Helgoländer Schule dekorierte das Klassenzimmer um, hängte das Bild von Queen Victoria ab und das von Kaiser Wilhelm auf. Das war am 10. August 1890. Bei uns auf der Insel kennt jedes Kind die Historie. Zwar lagen die Dinge in Wirklichkeit etwas komplizierter. Doch Legenden verlangen nach einfachen Wahrheiten. Anders als auf Helgoland, wo der Abschied vom britischen Gouverneur tief in den Alltag der Bewohner einschnitt, blieb auf Sansibar zunächst alles beim Alten. Denn die Insel war vor dem diplomatischen Kuhhandel gar nicht in deutscher Hand gewesen. Es ging den Kolonialmächten lediglich um die Abgrenzung künftiger Einflussgebiete in Afrika. Da hatte England, das rund um den Globus Inseln sammelte und tauschte wie Privatleute Briefmarken, längst eine unübersehbare Präsenz auf Sansibar entfaltet. Die Deutschen saßen an der ostafrikanischen Küste in Tanga und Dar es-Salam.

So haben nur wenige Sansibaris je von Helgoland und dem Austausch gehört. Aber das weiß man ja bei uns zu Hause nicht. Man glaubt an gegenseitige Zuneigung. Und ferne Lieben sind die dauerhaftesten. Es gibt nichts Herzerwärmenderes, wenn der Novembersturm über die Nordsee fegt und ein Knochenbrecher eiskalte Gischt über die Molen treibt, als den magischen Namen zu beschwören und sich an einen sonnenüberfluteten Palmenstrand zu versetzen.

Einer Geliebten macht man Geschenke – man kann gar nicht anders. Die Helgoländer haben Sansibar das rote Feuerwehrauto meiner Kindheit geschenkt. Es war das erste Auto, das ich kannte. Privatautos durften auf der Insel nämlich nicht fahren. In den siebziger Jahren nahm ein Frachter aus Hamburg den alten VW-Bully mit in den Indischen Ozean. Seitdem hat mein Verhältnis zu Sansibar eine ganz persönliche Variante: Ich will das rote Feuerwehrauto aus Kindertagen wiedersehen. Doch als die »Starship« den Archipel erreicht, holt mich die politische Wirklichkeit Afrikas ein. Knapp eine Million Sansibaris sollen in diesen Tagen das Parlament und den neuen Präsidenten ihrer teilautonomen Insel wählen. Das geht nicht ohne eine besonders heiße Phase des Wahlkampfs ab. Die Inselgruppe wird von Unruhen erschüttert, es gibt Anschläge auf Wahllokale, Verhaftungen von Oppositionellen.

Dennoch wirkt die prächtige Silhouette der Altstadt einladend. Alabasterweiße Häuserfronten gleißen im Mittagslicht. Der Sultanspalast und Stadtresidenzen schmücken die Uferlinie, dahinter schlanke Minarette zwischen Palmenkronen und die Glockentürme einer Kathedrale. In der tintenblauen See vor dem Hafen eine Flotte von Dhaus, den traditionellen Segelbooten der arabischen Welt. Ihre Dreieckssegel blähen sich im tropisch-heißen Monsun wie zu unserer Begrüßung, als ich mit dem »Starship«-Tender an Land fahre. Die »Steinstadt«, das historische Zentrum von Sansibar, verdient ihren Namen; sie war die erste nicht aus Lehmhäusern errichtete Stadt südlich der Sahara. Hassan Said, mein einheimischer Begleiter durch das Labyrinth der Straßen, gibt sich als

Anhänger der moslemischen Opposition zu erkennen. Sie will sich vom christlichen Festland Tansanias nicht majorisieren lassen und verlangt mehr Autonomie bis hin zu der Vorstellung, dass Sansibar ein afrikanisches Singapur wird.

Hassan Said, ein junger Mann von arabischem Typus, kleidet sich westlich, statt Burnus grünes Hemd, Hose mit Bügelfalten. Eigentlich studiert er am College für Lehrerausbildung, bessert mit Führungen nur sein Einkommen auf. Persönlich wünscht er sich ein noch stärkeres Engagement der reichen Golfstaaten, die bereits Sansibars Universität finanzieren. »Karibu«, sagt er – willkommen. Und dann tauche ich ein in seine Welt. Eine Welt unterschiedlichster Kulturen. Verschleierte Araberinnen vor einer Moschee. Inderinnen in Saris hinter der Kasse in verschatteten Kramläden. Zugewanderte Massais in einer Art roter Toga, schlank, groß, mit hoheitsvoller Miene und einer Decke voller Perlenketten am Wegrand. Dunkelhäutige Suaheli-Frauen in ihren strahlend bunten Kangas, den afrikanischen Wickeltüchern, mit Kindern auf dem Arm. Die Afrikanerinnen gehen mit offenerem Blick, schauen dem Fremden gerade ins Gesicht. Hände, Lippen, Wangen sind bis zur Grenze der Schicklichkeit mit dem Rot der Lippenstiftpflanze gefärbt. Arabische und afrikanische Frauen mit strengerer Kleiderordnung tragen Bui-Buis, schwarze, knöchellange Umhänge, balancieren zehn Liter schwere Wasserkrüge, Reissäcke oder Bananenstauden auf dem Kopf.

Sie alle sprechen Kisuaheli, die Verkehrssprache in ganz Ostafrika, die sich angeblich nirgends so rein herausgebildet hat wie auf Sansibar. Die Händler auf dem Markt sind häufig indischer Abstammung oder persische »Schirasis«. An einem Obststand kaufe ich auf Saids Ermunterung hin eine halbe Jackfrucht. Das reicht für eine Mahlzeit zu zweit. Die Früchte sind groß wie Medizinbälle und haben ein festes gelbes, nach Honig schmeckendes Fruchtfleisch. Zum Nachtisch gibt es eine Hand voll frittierter Kassava-Chips. In den Mokkastuben sitzen Männer in traditionellen Dschellabas, den wallenden weißen Gewändern der Araber aus Oman, und führen unendliche Gespräche. Auf dem Kopf tragen sie die Kofia, eine flache, dem Fez ähnliche Kappe.

Sansibar: seit Jahrhunderten ein wunderbarer Schmelztiegel verschiedenster Hautfarben und Religionen, Küchen und Kulturen. Aber immer wieder brechen auch bittere Gegensätze auf zwischen den Nachfahren der alten arabischen Oberschicht und denen der schwarzen Sklaven. Im Unabhängigkeitsjahr der Insel 1964 kam die afrikanische Mehrheit in einer blutigen Revolution an die Macht, verjagte den Sultan und vereinigte sich mit dem festländischen Tanganjika, dem ehemaligen Deutsch-Ostafrika, zu dem Staatenbund Tansania.

Man sah das Heil im Sozialismus, lehnte sich an den Ostblock an. Bis Mitte der neunziger Jahre war Sansibar das realsozialistische Klein-Kuba des Indischen Ozeans. Das wiederum weiß auch niemand bei uns auf Helgoland. Inzwischen erlebt die Insel im Indischen Ozean ihre eigene späte Perestrojka, inklusive einer gehörigen Portion Paranoia unter den Kadern der früheren Einheitspartei und des Geheimdiensts.

Manchmal sind es nur meterbreite Gassen, durch die Hassan Said mich führt, überwölbt von Kabelgewirr. Hunderttausend Menschen leben hier auf engstem Raum, hinter betagten Hausmauern aus zartrosa schimmerndem Kalkstein. Die Dächer in der Steinstadt bestehen heute meist aus rostigem rotem Wellblech, Markenzeichen der Neuzeit. Viele Relikte einer prächtigen Geschichte, von der Unesco als Weltkulturerbe ausgewählt, sind vom Verfall bedroht. Die kunstvoll geschnitzten Portale, Erker und Balkonbrüstungen aus Teakholz verschimmeln oder werden von Insekten

In der »Steinstadt« von Sansibar ist viel alte Pracht vom Verfall bedroht.

gefressen. Stuckdekorationen an den Fassaden bröckeln in der feuchtheißen Tropenluft. Während wir auf verschlungenen Wegen durch Saids geheimnisvolle Stadt streifen, wird die »Starship« dort zum Thema. Die Menschen, sagt Said, wundern sich. »Warum seid ihr gerade jetzt gekommen?« Jetzt – wo gegangen ist, wer kann. »Einheimische, die es sich leisten können, haben die Insel bis zur Wahl verlassen«, erklärt der deutsche Konsul Erich Meffert in heftigen Telefonaten mit dem Schiff und drängt uns, diesem Beispiel zu folgen.

Bis über den Abend zögern wir die Abfahrt hinaus. Der vergehende Tag malt unwahrscheinliche Farben auf das Wasser, zartes Lachsrot, Rubin und Bernstein. Erste Feuer leuchten im Forodhani Park vor der Hafenfront auf. Dort drüben werden jetzt Tintenfische, Langusten und Fleischspieße unter freiem Himmel gegrillt, verfeinert mit den atemberaubenden Gewürzen der Insel.

Wir essen an Bord. Einfach. Stehlen uns nach kurzem Schlaf um vier Uhr morgens aus Sansibar davon. Nehmen Kurs auf Pemba, die Nordinsel des Archipels, auf der es keine größeren Städte gibt, dafür eine Menge verschwiegener Ankerplätze. Zehn Stunden dauert die Passage. Am Mittag des nächsten Tages schlüpfen wir durch eine enge Fahrrinne in die Bucht von Gando Kibutani an der äußersten Nordostküste von Pemba.

Immer noch Sansibar. Dessen unbekanntere kleine Schwester, von deren Existenz wir Inselkinder von Helgoland nichts wussten. Eine Entdeckung. Auf dem Wasser einige Fischer in Einbäumen und primitiven Auslegerbooten. Die Ufer ringsum dichtes Grün. Zwei winzige Schiffsländen. Keine Hütten, nur Holzgestelle am Strand, auf denen Netze trocknen. Dahinter Wälder, soweit wir das hügelige Land überschauen können. Hier, so nehmen wir an, ist die große Politik fern. Aber so einfach kommen wir nicht davon.

In jedem Märchen gibt es eine dunkle Macht, die bis ans Ende mit den guten Kräften ringt und an den Fäden des Geschehens zieht. Gleich nach unserer Ankunft kreuzt eine Fregatte der tansanischen Marine vor der Bucht auf. Beinahe gerät uns das scheinbar stille Pemba vom Geheimtipp zum Horrortrip. Lasse, unser schwedischer Schiffskoch, und James, der Computerfachmann, müssen als Geiseln an Bord des Kriegsschiffs. Dann entert ein Prisenkommando unsere schwimmende Heimat.

Soldaten mit ölverschmierten Plastiklatschen an den Füßen besetzen Salon und Steuerhaus, Kalaschnikows im Anschlag. Ein beklemmender Anblick. Doch unbeeindruckt und freundlich bietet Louise, die australische Tauchlehrerin der Crew, den schwarzen Marineinfanteristen Getränke an. »A drink?« Sie lächelt, schüttelt ihr blondes Haar, lässt Eis in Cola-Gläser klirren. Die Soldaten schütteln den Kopf, sie dürfen nichts trinken. Michael Poliza verhandelt mit dem Offizier des Kommandos auf der Brücke. »Keine

Angst«, sagt der Mann, ein Leutnant zur See, breit lächelnd nach dem Studium der Schiffspapiere. »Sie dürfen selbstverständlich bleiben.« Als die Soldaten abrücken, bleibt Angst. Dennoch nehmen wir die tansanische Marine beim Wort. Wir bleiben. Werden auf Pemba die Wahlen abwarten, hoffend, dass sich die Lage beruhigt und wir auf die Hauptinsel zurückkehren können. Und wenn nicht?

Ich muss nachdenken, nehme das rote Kajak, das kleinste Beiboot der »Starship«, paddle zum Ufer durch das Mangrovendickicht. Es liegt im Zwielicht unter hohem Laub. Ganz unten steigt etwas Sand aus dem sachte blubbernden Schlamm, besetzt mit einer Armee von blauroten Krabben. Die Böschung besteht aus verwittertem Korallenkalk, endet in Unterholz und Lianen. »Grüne Schlangen im Ozean« nannte der britisch-amerikanische Journalist und Abenteurer Henry Morton Stanley die Inseln bereits im 19. Jahrhundert. Damals war Sansibar das klassische Sprungbrett für Expeditionen ins Innere Schwarzafrikas. Nur 40 Kilometer sind es bis zum Festland. Der Äquator ist sechs Grad entfernt, Richtung Norden.

Fäulnis und verstecktes Leben. Ein Ort fern vom Himmel. Lastende, schwüle Stille umfängt mich, gelegentliche Rufe des Schreiseeadlers irgendwo oben über den Baumkronen. Ein Hornschnabel trompetet. Das Kreischen eines Affen. Dazwischen wieder für Minuten kein einziger Laut. Glucksen, als das auflaufende Wasser die Strandhöhlen der Gespensterkrabben flutet. Ein Palmendieb auf einem modernden Ast im Schlamm, die größte Landkrabbe der Erde, die auf Bäume klettern kann und Kokosnüsse knackt.

Eigentlich hatte ich mir die Begegnung mit Sansibar ganz anders vorgestellt. In meiner Jugend auf Helgoland war es für mich die Insel aus Tausendundeiner Nacht, in einer Laune der Geografie von Arabien nach Afrika versetzt. Ein Sesam-öffne-dich, ein Hort für

Elfenbein, Gold. Zwar auch Sitz der dunklen Seite dieser Nachtmärchen, der Sklaverei und des Vogels Roch, aber vor allem doch die Insel der Mondbarken, der Sultane und kühnen Seefahrer.

Als ich mein rotes Kajak im Wald der Stelzenwurzeln wende, fasse ich einen Entschluss. Die Gespensterkrabben haben sich in ihre Sandhöhlen verkrochen, die Luft ist noch drückender geworden. Zwei taubengroße afrikanische Eisvögel sitzen über dem Boot im Geäst und warten auf Beute, die mit dem auflaufenden Wasser hereinkommt. Die ersten Moskitos suchen nach Blut. Ich habe mein Feuerwehrauto nicht gesehen. Ich werde nicht nach Helgoland zurückkehren, ohne noch einmal auf Sansibar gewesen zu sein.

Wir machen das Beste aus unserem Zwangsaufenthalt, wollen eine der Nelkenplantagen besuchen, für die Pemba unter Eingeweihten berühmter ist als Sansibars Hauptinsel. Zwei Drittel der Ernte des Archipels stammen von hier. Das war schon im 19. Jahrhundert so, zur Hochzeit des Nelkenanbaus auf Sansibar, als die Hälfte der gesamten Weltproduktion von der Schwesterinsel Pemba kam.

Deren Karriere als Gewürzinsel geht auf einen Boykottbrecher zurück: Im Jahr 1812 brachte ein Araber aus Oman, Saleh bin Haramil, die ersten Nelkenbäume auf die ostafrikanischen Inseln. Er brach damit das Gewürznelkenmonopol der Molukken im Pazifik, das erst Portugal und dann Holland reich und mächtig gemacht hatte. Sansibar erlebte in der Folge eine wirtschaftliche Blüte ohnegleichen, die den Sultan Said von Oman veranlasste, seinen Herrschersitz nur ein Jahrzehnt später vom wüsten und armen arabischen Mutterland auf die Trauminsel zu verlegen. Die Nelkenbäume wachsen auf einem gerodeten Waldstück in ordentlichen, bis zu 15 Meter hohen Reihen, beschattet von Kokospalmen. Von weitem erscheint die Plantage in einem überraschend vertrauten

Anblick. Wo der »Muzungu«, der weiße Fremde, sich Exotik ausgemalt hat, etwas in Richtung Magnolien, Flamboyants oder Mangos, wirken die versammelten Nelkenbäume tatsächlich wie bessere Birken. Erst aus der Nähe enthüllen sie ihre Besonderheit: die büschelweise an den Zweigen sprießenden Knospen und weißen Blüten. Nur auf die Knospen kommt es an. Je nach Entwicklungsstand schwankt ihre Farbe zwischen Grün, Pink und Rot. Geerntet wird meistens kurz vor dem Aufblühen. Von diesen frischen Nelken kann man pro Baum etwa drei Kilo pflücken. Nach der Ernte werden sie in aufwendiger Handarbeit von ihren Stielen getrennt. Aus den Stielen gewinnt man das Nelkenöl für medizinische und kosmetische Zwecke. Die Knospen werden in Bastmatten gewickelt. Sie wechseln im Prozess der Fermentation in ein tiefdunkles Violett, dann trocknen sie und wandeln sich zum schwarz-braunen Gewürz.

Ein Fußpfad windet sich zwischen Kassavafeldern, Brotfruchtbäumen, Tamarinden, Mandelbäumen und hohen Kokospalmen hindurch. Keine Autos, keine Esel. Die ersten Lehmhütten tauchen aus dem Grün auf, rohe, fensterlose Wände, die Dächer mit ausgeblichenen Palmblättern gedeckt. Zwischen den Hütten eine Moschee ohne Minarett, mit einem Dach aus Wellblech. Zweitausend Seelen leben in dem Dorf Gando Kibutani, fast alle Moslems, eine Hand voll Christen.

Vor der Moschee kommen wir mit Hamadi Khamis Mbaruk, Besitzer einer kleineren Nelkenplantage, ins Gespräch. Er lädt uns zu sich nach Hause ein. 28 Jahre ist er alt, spricht gut Englisch. In der Straße hinter seinem Haus riecht es nach Pfeffer, Ingwer, Kopra und fremdartigen Düften, die unseren Schiffskoch Lasse zum Schwärmen verführen. Vor allem riecht es nach Nelken. Hamadi Mbaruks letzte Ernte lagert zwischen Bastmatten unter freiem Himmel. Angefeuert vom Gelächter der Frauen und Kinder, die uns umringen, bedrängt von bunten Kangas, befühlen und beschnüffeln wir die reifenden Gewürze, fallen ins Lachen ein, kosten beschwingt. Bunt, scharf, fröhlich, so lebt es sich plötzlich zwischen Lehmhütten.

Geh hin, wo der Pfeffer wächst! Ein frommer Wunsch unter Gewürzbauern. Wir ziehen weiter unsere Runde durchs Dorf. Im Reich der Sinne kaue ich auf Holz und Rinde. Hamadi Mbaruk hat mir ein frisches Stück vom Zimtbaum abgeschnitten. Eine Sinfonie von Aromen erfüllt meinen Mund. Schwellende Ober- und Untertöne, wie sie im fernen Europa nicht mal die heimlichen weihnachtlichen Zimtplätzchen der Geliebten hervorbringen, weil sich die rauschhaften Noten auf dem langen Weg in die deutsche Küche längst verflüchtigt haben. Es beißt, es quillt, es zieht und reizt meine Geschmacksnerven. Ich schwanke zwischen Faszination und der Sorge, dass es jeden Moment zu viel des Guten sein könnte, ein süßes Gift. Und doch nur ein Stückchen Holz. Der Zimtbaum wächst neben einer Bananenstaude an der Dorfstraße. Ein paar Schritte weiter schwankt eine Ananas auf ihrem dünnen Stiel in Kniehöhe über dem staubigen Boden.

Die Bäume der Nelkenplantage auf Pemba gleichen jungen Birken. An ihnen wachsen Knospen in dichten Büscheln ...

... die vor dem Aufblühen geerntet, dann getrocknet und als Gewürznelken verkauft werden.

Gewürze halten nicht jedes Versprechen. Sansibaris leben mit ihrer Überfülle und bleiben trotzdem arm. Die Nelkenpreise haben sich in den neunziger Jahren auf dem Weltmarkt halbiert, fielen von 6000 auf 3000 Dollar die Tonne. Auch Kopra, das getrocknete Fleisch der Kokosnuss, wirft nichts ab. Der Tourismus soll die Rettung für die Inselwirtschaft bringen. Am Marktplatz des Dorfs macht uns Hamadi Mbaruk mit Seif Fadhil, seinem alten Dorflehrer, bekannt. Der verfolgt das Auf und Ab des Dorfes seit dreißig Jahren; seine Wünsche fasst er in einem knappen Satz zusammen: »Bessere Netze für die Fischer und einen guten Brunnen.«

Das müsste eigentlich zu schaffen sein. Für Hamadi Mbaruk ist Herr Fadhil eine ganz besondere Respektperson. Hamadis Vater ist nämlich auch einmal Dorflehrer gewesen, 15 Jahre ist das her. Er wurde aus politischen Gründen entlassen, ein Kritiker der revolutionären Einheitspartei Chama Cha Mapinduzi. Seitdem kümmert sich der Vater wieder um die Nelken, zusammen mit dem Sohn und Großvater Mwitumbe Mbaruk. Der Großvater ist noch Analphabet. Der Fortschritt läuft, wenn nicht im Kreis, so doch in einer beschwerlichen Spirale.

Wir machen uns auf den Rückweg zur Schiffslände, eskortiert vom fröhlichen Geleit der Dorfjugend. »Jambo! Jambo!« Die »Starship« wartet mit laufenden Maschinen und flüchtet sofort aus der Bucht auf das offene Meer. Die Unruhen haben auf das vermeintlich sichere Pemba übergegriffen. Verhaftungen, ein Toter bei Schießereien in der Bezirkshauptstadt Wete, gerade mal eine Bucht südwestlich von unserem eben verlassenen Ankerplatz.

In Dar es-Salam, der Millionenstadt auf dem Festland, warten wir darauf, dass sich die Lage beruhigt. Sie bleibt ungewiss, auch nach der Wahl. Eine Rückkehr der »Starship« ist zu riskant. Ich nehme die Schnellfähre nach Sansibar, wie ich es bei meinem Ausflug im roten Kajak beschlossen habe. Der neue Präsident ist inzwischen bestimmt, Amaani Karume. Sohn des 1972 ermordeten Revolutionsführers und Staatsgründers Scheich Abeid Karume.

»Amaani« bedeutet Frieden. Das nehme ich als Omen. Und noch ein weiteres Zeichen verheißt ruhigere Tage. Als Präsident Amaani Karume im Stadion der Hauptstadt vereidigt wurde, ging ein schwerer Regenguss während seiner Ansprache nieder. In Afrika ist es das Zeichen der großen Häuptlinge, den ersehnten Regen zu bringen. Nun ist der Präsident also von ganz oben bestätigt worden. Wahrscheinlich finden die Wahlen deshalb immer zu Beginn der Regenzeit statt.

Ein Gewitterschauer erwischt mich im Hafen von Sansibar ausgerechnet in der Schlange vor der Zollstation. Im Nu bin ich umringt von einem Schwarm Papaasis – »Stechfliegen«, die aufdringlichen Fremdenführer der Insel, zerren an meinem Gepäck. Auf der Flucht vor den Unbilden des Wetters und den Papaasis rette ich mich in das erstbeste Geschäft in der Altstadt. Der schicke schmale Laden an der Ecke Sukokuu Street, gegenüber dem alten omanischen Fort, verkauft Mobiltelefone und Safaris für die Fremden. Und der Geschäftsinhaber, der erste Mensch, den ich bei meiner Rückkehr nach Sansibar anspreche, ist einer von knapp vierhundert evangelischen Christen unter einer Million Moslems.

Zufall oder Fügung? Auf jeden Fall ein Wunder. Stanislaus Moses, der korrekt gekleidete, freundliche Mann hinter dem Ladentresen, singt im Kirchenchor der jungen Partnergemeinde von St. Nikolai auf dem Helgoländer Oberland. »Karibu.« Er begrüßt mich wie ein Familienmitglied. »Wir hatten gerade Besuch von Peter und Bettina.« Ich weiß genau, wen er meint. Die beiden singen bei mir zu Hause im Kirchenchor.

In den nächsten Tagen begleitet mich Stanislaus Moses über die Insel. Früh am andern Morgen sind wir auf dem Weg an die Ostküste. Unser Minibus passiert den Küstenort Bububu. Heute eine Vorstadt der Reichen, ein kleines Blankenese der sansibarischen

Düstere Vergangenheit: das Lager für schwarze Sklaven in Bagamoyo.

Kaufleute, war Bububu im 19. Jahrhundert eine Haltestelle des Zugs, der vom alten omanischen Fort in Sansibar Stadt bis zur privaten Plantage des Sultans fuhr: die erste Eisenbahn in Ostafrika. Bububu ist bereits in den auf Deutsch geschriebenen Memoiren der Prinzessin Salme von Sansibar erwähnt. Sie bezog dort als junge Frau um 1865 eine Villa, als es die Inselbahn noch gar nicht gab.

»Ein kleines Flüsschen, ein unschätzbarer Vorteil für unser Klima, durchlief den Hof«, schrieb Salme. »Und unmittelbar vor sich hatte man die weite Fläche der See, deren Wogen häufig die Mauern der Villa bespülten. Ich war sofort entschlossen, Bububu zu kaufen.« Kurz darauf verliebte sich die Schwester des Sultans Madschid in den Hamburger Kaufmann Heinrich Ruete, der auf Sansibar das Handelshaus Hansing vertrat. Salme wurde von ihm

Zeugen alter Zeiten: Eine Dhau kreuzt vor der Steinstadt von Sansibar.

schwanger, ein todeswürdiges Verbrechen in der streng islamischen Gesellschaft. Die beiden flohen ins britisch regierte Aden, heirateten dort, reisten über Marseille nach Deutschland und ließen sich an der Elbe, nun tatsächlich nahe Blankenese, nieder.

Die ewige Sehnsucht nach der traumschönen Insel ihrer Jugend aber blieb. Zwanzig Jahre später sagte die Prinzessin von Sansibar, verheiratete Frau Ruete, von sich: »Ich verließ meine Heimat als vollkommene Araberin und gute Mohammedanerin, und was bin ich nun? Eine schlechte Christin und etwas mehr als eine halbe Deutsche.«

Hinter Bububu beginnt heute das ländliche Sansibar. Stanislaus und ich fahren weiter zu den Sklavenhöhlen von Mangapwani. Die Prinzessin Salme von Sansibar besaß in ihrer Zeit auf der Insel Haussklaven als Dienerschaft und Arbeitssklaven auf ihren Kokos- und Nelkenplantagen. Davon berichtet sie in ihren Memoiren ganz unbefangen. Kein Bewusstsein davon, dass hier eins der großen Menschheitsverbrechen geschehen ist. Sansibar war damals das Zentrum des Sklavenhandels im östlichen Teil der Welt.

Die Höhle, in der die Ware Mensch bis zum Verkauf zwischengelagert wurde, ist gefährlich. Wer sich in die hinteren Verästelungen ihrer Gänge locken lässt, wo große Fledermäuse an den Felsen hängen, bekommt Atemnot und Schweißausbrüche. Der Sauerstoff ist knapp. Wer nicht aufpasst, riskiert, das Tageslicht nicht wiederzusehen.

Endlich führt mein Weg zur Hauptstation der Feuerwehr an der Kilimani-Straße. Feuerwehrchef Chum Hassan Chum grinst achtungsvoll, als ich ihm sage, warum ich den langen Weg nach Sansibar gemacht habe. Ja, er kennt mein Auto. Und niemand braucht ihm zu erklären, warum Feuerwehrautos bedeutsam sind. Ich schließe ihn augenblicks in mein Herz. »Kann ich es sehen, Mister

Chum?« – Leider nein, es ist aufs Festland verkauft worden. Ein wichtiges Teil ging kaputt, Ersatz war auf der Insel nicht aufzutreiben. »Darf ich dann wenigstens ein Foto von der Feuerwehrstation machen?« – Leider nein, es ist ein Regierungsgebäude. »Schon okay, Mister Chum, darf ich mir eines der heutigen Feuerwehrautos angucken?« – Leider nein, es ist keins da. Das einzige vorhandene Auto ist am Flughafen stationiert.

Die Stadt, staubig und heiß, macht Durst. Wer ihn auf norddeutsche Art löschen will, muss sich in private Räume zurückziehen und »Safari kidogo« machen: ein bisschen Safari. Das heißt, er trinkt ein Bier. Auf Sansibar ist Alkohol in der Öffentlichkeit verboten. Die Sansibaris, vor allem die weiblichen, trinken einen Sud von Muskatnusspulver, um sich zu berauschen. Er soll aphrodisiakisch wirken.

»Kannst du das bestätigen?«, will ich am folgenden Tag von Stanislaus Moses wissen, bevor wir segeln gehen. Er nimmt mich mit auf einen Spaziergang zu einem Garten an der Küste, um mir einen Muskatnussbaum zu zeigen. Erläutert mir vieldeutig, dass es ein Gesetz auf Sansibar gibt, wonach man nicht mehr als ein Pfund von dem gemahlenen Gewürz im Haushalt haben darf, damit man es nicht übertreibt. Was übertreiben? Persönlich habe ich da meine Zweifel. Ich denke an die vielen Jahre, in denen es auf Mutters Tisch Kartoffelbrei mit Muskatnuss gab. Von Erotik keine Spur. Allerdings hat bei uns im Norden auch noch niemand die Nuss im Naturzustand gesehen. Stanislaus pflückt eine vom Baum und schneidet sie auf. Es ist eine Offenbarung. Der Kern liegt pechschwarz in weißem Fruchtfleisch. Und die so genannte Muska-Blüte, die wir ebenfalls nur in dürrem bräunlichem Zustand kennen, ist hier ein grellrotes Häutchen, das die schwarze Nuss mit einem Geflecht überzieht. Alles in allem eine höchst unanständige Kombination, bei der man schon auf dumme Gedanken kommen

Düster recken sich die Reste des ehemaligen Sklavenhandelsplatzes von Bagamoyo in den Himmel.

könnte, käme sie nicht aus der Natur selber, die ja bekanntlich unschuldig ist.

Eine halbe Stunde vor der Steinstadt liegt die Kette kleiner Eilande, die wir schon mit der »Starship« angelaufen sind. Gefängnisinsel, Friedhofsinsel, Schlangeninsel. Stanislaus segelt nach Chunguu, der Gefängnisinsel, auf der heute eine Population von Riesenschildkröten lebt. Davor liegt ein flaches Korallenriff. Wir lassen uns treiben. Sansibar liegt wie Stanleys grüne Schlange in einem blauen Universum. Diese Seeschlange werde ich mit in meine Winterstürme nehmen. Eine Fracht-Dhau, vom Festland kommend, segelt vorbei zum Hafen. Ihr Heck ist grün-rot-weiß bemalt – die Farben Helgolands.

Als ich am nächsten Morgen im Flugzeug sitze, bereit zum Abheben in Richtung Europa, fährt draußen das rote Feuerwehrauto von Sansibar über die Startbahn. Nicht meins, aber eins. Wer will auch, dass sich Kinderwünsche restlos erfüllen?

Das Arche-Noah-Atoll

Aldabra liegt abseits der großen Schiffsrouten. Auf dem Atoll im trockensten Teil des Indischen Ozeans regiert die Natur, leben noch Exoten wie die Kokosnuss-Krabbe. Für Touristen ist das Eiland tabu, die »Starship« durfte dem Naturreservat einen Besuch abstatten

VON ULI HAUSER

Das Erste, was wir von Aldabra sahen, war eine grüne Wolke. Eine große grüne Wolke im Blau des Indischen Ozeans, unwirklich wie eine Fata Morgana. Als wir näher kamen, verschwand das Grün. Der Horizont gab eine schmale Linie frei, die sich nicht auswachsen wollte zu Bäumen oder Hügeln. Es dauerte Stunden, ehe Striche zu Stränden und Punkte zu Palmen wurden. Wellen brachen auf Riffkanten, Gischt tropfte von spitzen Korallen. Im aufgewühlten Wasser entdeckten wir Treibgut. Schildkröten. Sie waren bei der Arbeit. Liebesarbeit.

Fast senkrecht ragten die Panzer aus dem Wasser. Die Männchen begruben die Weibchen unter sich. Selbst aus Madagaskar kommen sie angepaddelt, um eine abzukriegen. In der Nacht dann würden sich die Weibchen ans Ufer schleppen und ein Loch buddeln. Und Brian, der Ranger mit der Stupsnase, würde mit der Taschenlampe im Sand liegen und ihnen beim Eierlegen zuschauen.

Es gibt wenig Ereignisse, die Brian mehr interessieren. Sex, sagt er. Sie machen den ganzen Tag Sex. Er nicht. Er lebt an Land. Mit acht Männern und zwei Frauen. Die eine ist verheiratet, die andere seine Chefin. Brian mag sie nicht. Die Freunde halten ihn für verrückt. In Victoria, der Hauptstadt der Seychellen, gibt es Discos und Kinos und Mädchen. Brian könnte mit 25 Jahren aufregendere

Dinge tun, als auf einem gottverlassenen Atoll ohne Frischwasser Schildkrötenspuren zu verfolgen. Seine Freundin hat ihn deswegen verlassen. Jetzt sagt nur noch seine Mutter, er soll zurückkommen. Brian ist seit vier Jahren auf der Insel.

Aldabra empfängt uns in gleißendem Licht. Die »Starship« ankert in weichem Sand. Unter einem mächtigen Badamier-Baum am Strand brennen bunte Birnen. Man hat sie nicht abgehängt nach dem letzten Weihnachtsfest. Dieseltonnen knacken. Die Hitze weitet das Blech und drückt es wieder zusammen. Es ist der Takt der Insel. Irgendwo brummt ein Generator. Eine Schildkröte tastet sich eine Treppe hoch. Biskuit, 60, will wieder Kekse. Eines Tages hatte sich das Tier ins Proviantlager geschlichen und nicht mehr rausschieben lassen. Nur Kekse halfen. Wir locken sie so zum Strand, um sie von unten an einem kleinen Überhang zu fotografieren. Biskuit schafft die zehn Meter in fünf Minuten.

Lang war die Überfahrt von Sansibar gegen den Wind, hier steht die Luft. Aldabra liegt abseits der großen Schifffahrtsrouten. Es verirrt sich kaum jemand in diesen trockensten Teil des Indischen Ozeans. Der Boden ist erstarrt, spitze Steine und versteckte Spalten machen aus Wanderungen waghalsige Unternehmungen. Das Gestrüpp ist undurchdringlich. In kleinen Pools dümpeln Medusen und Kardinalfische, und niemand weiß, wie sie hergekommen sind. Unter Buschwerk parken Kolonnen von Panzern. Es würde den Schildkröten wahrscheinlich auch nichts ausmachen, gestapelt zu werden. Wer es von ihnen nicht in die Schatten der Sträucher schafft, endet als Kraterleiche. Überall liegen Knochen und verweste Panzerteile. Ehe die Meister der Langsamkeit eine Pflanze verdaut haben, dauert es einen Monat; ihr Kot düngt den kargen Boden. 28 Pflanzenarten leben davon.

Die Riesenschildkröten von Aldabra sind die Letzten ihrer Art. Sie haben die Dinosaurier überlebt und Generationen von Krieg

Landgang in wichtiger Mission: Zur Eiablage kommen auch die Seeschildkröten nach Aldabra. Sie kriechen den Strand hinauf, buddeln in geschützten Lagen tiefe Löcher in den Sand und legen darin ihre Eier ab. 90 Tage dauert es, bis die Jungen schlüpfen, 25 Jahre, bis sie geschlechstreif sind.

führenden Seefahrern. Auf den Rücken gelegt, dienten sie den Flotten über Jahrhunderte als Proviant. Sie brauchten kaum Wasser und gaben lange Fleisch. 1835 bereits waren die Giganten weltweit ausgerottet, nur nicht auf Galapagos und hier. Aldabra lag weit vom Schuss. 1742 kam mal ein französischer Kapitän vorbei und bunkerte ein paar Riesenschildkröten, so groß, dass sechs Mann sie nicht tragen konnten, wie er notierte. Mehr ist nicht überliefert aus jenen Tagen. Aldabra hatte keine Ankerplätze, das Riff war eine Festung. Der Pastor, der letztens eine Messe halten wollte für die armen Seelen fern der Heimat, versuchte drei Tage vergebens, an Land zu kommen. Er war drei Wochen unterwegs gewesen.

Andere scheiterten früher. Norwegische Kommunisten wollten hier mal eine Kommune aufmachen, aber sie kamen nie an. Besser so, für die Kommunisten und die Schildkröten. Später pflanzten ein paar Abenteurer Palmen und ernteten Kokosfett. Viel Geld brachte es nicht. Und die Chinesen, die nach Seegurken fischten, liegen auf dem Friedhof begraben, am Ende des Strands. Nachts krabbeln Kokosnuss-Krabben über die Gräber.

Die Leute von der »Aldabra Research Station« verbringen ihre Tage mit dem Reparieren von Bootsmotoren und dem Zählen von Schildkröten. Sie haben die Insel in 47 Strandabschnitte eingeteilt und führen Strichlisten. Was sie sehen, schreiben sie auf. Die Rubrik »Ungewöhnliche Ereignisse« hat folgende Einträge: 12. Juli 2000: Einzelnen Vogel gesehen über Strand 3. Konnte nicht erkennen, welche Art. Aber ich mag diesen Vogel. 15. Juni 2000: Flamingo fliegt vom Strand zum Bootsmann-Haus. 8. Januar 2000: Nest entdeckt, gegenüber der Bücherei. 2. August 1999: Toter blauer Vogel gefunden, keine Zeichen äußerer Verletzung. 18. Juni 1999, 18.45 Uhr: Antarktische Raubmöwe fliegt übers Wächterhaus. Mehr steht da nicht. Ich schlage nach, was dieser Vogel sonst noch so macht. Und lese, dass er im antarktischen Winter die 10.000 Kilometer bis nach Indien fast an einem Stück durchzieht, Zwischenlandung auf Aldabra.

Aldabra, die Unerreichbare. Tabu für Touristen. Fundgrube für Naturforscher. Liebesnest für Flamingos und Fregattvögel. Heimat der flugunfähigen Ralle, die hier das Fliegen verlernt hat. Himmelreich für Schildkröten. Weltnaturerbe. Hier ahnen wir, wie die Erde mal ausgesehen haben muss zu Schöpfungszeiten. Als Dankeschön für das uns gewährte Besuchsprivileg haben wir Sonnenkollektoren im Gepäck und ein paar Kästen Bier an Bord, was sich als gute Idee erweist.

Vor tausend Jahren entdeckten die Araber das Atoll. Sie tauften es Al Khadra, die Grüne. Weil die große Wolke die Lagune grün widerspiegelt. Das ist jedenfalls die schönere Erklärung. Die andere sagt, der Name bezeichne auf Arabisch einen Fels im Meer, von Zeit zu Zeit mit Wasser bedeckt. Auch das trifft zu. Aldabras Kalkgestein, zerfressen und erodiert, ist Erbe steiler unterseeischer Berge, die aus 4000 Meter Tiefe nach oben streben. Steinerne Erben eines Vulkans, wahrscheinlich ausgebrochen vor 20 Millionen Jahren. Sein Krater wuchs zu einer der größten Lagunen der Welt. 30 Kilometer lang, neun Kilometer breit.

Das Wasser ist zum Küssen schön. Blau, grün, türkis: Man möchte es streicheln. Wir hängen die Beine aus dem Boot und sehen Rochen flitzen. Schildkröten fliegen durchs Wasser, sie können auch schneller. Wir plumpsen ins Nass und tauchen in einen

Geschmeidig gleiten Stachelrochen durch die flache Lagune von Aldabra. In dem geschützten Gewässer finden die Tiere ideale Lebensbedingungen vor, im Sand gibt es Krebse und andere Leckerbissen in Hülle und Fülle.

Märchenwald. Zitronenhaie, Porzellanschnecken, Papageienfische. Tausend bunte Farben tummeln sich in der Wurzelwelt der Mangroven. Sie stehen im brackigen Salzwasser, das sich in praller Mittagshitze auf 40 Grad erhitzen kann. Seevögel düngen die warme Brühe, Futter für die Fische. Die Systeme sind miteinander vernetzt, die Natur hat sich im Griff. Ein Leichtes, das Staunen zu bewahren.

An vier Stellen hat das Meer die Korallenfestung durchbrochen und liefert den Stoff für Wasserspiele. Vorhang auf für Ebbe und Flut. Das Wasser tanzt. Hüpft. Springt. Tausende kleiner Wasserfälle gurgeln ins Grün. Wie in einem Flussdelta verästeln sich Seitenkanäle und Bäche. Viermal am Tag ändert das Wasser seine

Gebärfreudiges Becken: Das Leben in der Lagune ist fruchtbar und vielfältig. Am Ufer wachsen Mangroven und recken ihre Triebe gen Himmel. Im Schutz der Baumwurzeln gedeihen junge Schildkröten, Haie und andere Fische. Durch die zahlreichen Zuflüsse strömt frisches Meerwasser und sorgt für Nahrung.

Richtung. Wir müssen Acht geben, die richtige Zeit zu erwischen. Sonst läuft uns das Meer davon. Die Vorstellung, bei fallender Flut unter sengender Sonne in der Lagune zu dümpeln, mag uns nicht so recht begeistern. Haie haben keine Probleme im Flachen.

Brian wagt sich nur hinein, wenn er junge Schildkröten einsammelt, um sie zu nummerieren. Er treibt sie so lange vor seinem Boot her, bis sie müde sind. Dann springt er raus und packt sie. Brian nennt dies »Turtle Rodeo«. Dass er nicht schwimmen kann, stört ihn nicht. Hier wimmelt es nur so von Haien, sagt er. Wir sagen, wir sehen nur kleine Riffhaie. Ihr seid verrückt, sagt Brian. So gehen die Gespräche.

Brian hasst Haie. Sie knabbern an seinen Schildkröten. Stephen, sein Kumpel, wirft mit Steinen nach ihnen. Brian hasst auch Krähen. Sie töten zum Frühstück Schildkrötenbabys. 90 Tage dauert es, bis die Kleinen schlüpfen. Das Erste, was sie von der Welt sehen, ist so ein dämlicher Krähenschnabel. Stephen hat schon mal zwei dieser Mörder mit bloßen Händen erwürgt. Stephen und Brian würden sich am liebsten als Bodyguards neben jedes einzelne Ei legen. Manchmal sammeln sie die Babys ein und setzen sie vorsichtig im Meer aus. Dann ist zumindest schon mal ein Weg geschafft. Es dauert 25 Jahre, bis sie geschlechtsreif sind, sagt Brian. Die Mütter legen bis zu 150 Eier, und manchmal überlebt nur ein Junges. Man sollte alle Krähen abknallen. Seine Chefin, Anna aus Schweden, meint, der Mensch dürfe nicht eingreifen beim »survival of the fittest«.

Zur Zeit der Engländer war die Stimmung besser, sagt Francis, der Bootsmann. Wir haben viel gesungen, und ich habe Gitarre gespielt. Francis öffnet das Bier mit den Zähnen, er hat noch ein paar. Er erzählt, dass der Vater seiner Tante gestorben ist und sein Cousin gleich hinterher und das Versorgungsschiff nur alle zwei oder drei Monate kommt und er gern auf der Beerdigung gewesen wäre und sehr traurig war. Francis ist mit 17 Jahren hergekommen und weiß, worauf er sich eingelassen hat. Seine Kollegen staunen, dass er so viel redet, sie sind es nicht gewohnt.

Die Engländer jedenfalls sorgten in den sechziger Jahren für Aufregung. Sie wollten Bomben in die Lagune werfen, um Platz zu schaffen für einen Tiefseehafen. Für Kriegsschiffe Ihrer Majestät. Und eine Landebahn für Kampfbomber. Es war Kalter Krieg. Als Ornithologen den Militärs klarmachten, Aldabras Vögel würden die Bomber vom Himmel holen, wenn sie in die Triebwerke klatschten, ließ man den Blödsinn. Damit später nicht wieder jemand auf eine ähnliche Idee kam, besetzten Wissenschaftler das Eiland. Die ehrwürdige Royal Society in London schickte ihre besten Leute. Fünf Jahre lang wurde Aldabra seziert. Man beschäftigte sich mit der Frage, ob Wollschweber-Fliegen mit südöstlichen Winden aus Madagaskar herübergeweht worden waren und ob Palmendiebe, die größten terrestrischen Gliederfüßler, ihre mächtigen Krabbenscheren auch dazu nutzen, Kokusnüsse zu knacken. Die Royals zählten 160 Riesenschildkröten pro Hektar. 185 Fischarten auf drei und 198 Haie auf einem Quadratkilometer Lagune. Sie ermittelten auch das Gesamtgewicht von Vogelkot. In den Siebzigern waren das 1700 Tonnen pro Jahr.

Jetzt verwaltet die »Seychelles Islands Foundation« die Insel, und das Bier ist knapp. Inselchef Louis Ferney Prea passt auf, dass jeder Kollege drei Flaschen pro Werktag kriegt und am Wochenende sechs. Es ist schwierig, Disziplin zu halten, sagt der 67-Jährige, der Sergeant war bei der britischen Armee in Nordafrika und jetzt das Haupthaus hütet. Louis ist auch der Meinung, dass Brian den Frauen davonrennt, aber von ihm kann man das auch sagen. Er ist geschieden und hat viele Kinder auf den Inseln und eine junge Freundin von 34 Jahren. Sie ruft jeden Sonntag an und fragt, wann er heimkehrt. Louis sagt, im Januar. Louis sagt, im Februar. Er weiß es nicht. Er träumt von nackten Mädchen in der Lagune, aber das verrät er nur uns, weil wir wieder abhauen.

Louis geht manchmal zum Thermometer und schaut nach, wie heiß es ist. Manchmal ruft er seine Leute in der Lagune an und fragt, was sie so sehen. Und manchmal streitet er mit Anna, ob die Schildkrötenpopulation in hundert Jahren eher ab- oder zunimmt. Er hat den Schlüssel zum Drahtkäfig mit dem Vorhängeschloss, wo das Bier lagert. Es ist lange alle, bevor das nächste Schiff kommt. Vor allem für die Mechaniker eine harte Zeit. Sie haben tagsüber am Generator zu tun und abends Langeweile. Es gibt einen Fernseher mit einem flackernden Bildschirm, eine selbst gebastelte Hantel und eine Bücherei mit Berichten über Haifischattacken in Südafrika oder die Beschaffenheit von Atollen in aller Welt. Wer nicht den ganzen Tag Schildkröten zählt wie Stephen oder unterm Mikroskop Insekten studiert wie Anna, muss sich was ausdenken. Der Koch betet. Louis ruft seine Freundin an. Francis legt sich ins Bett und starrt an die Decke.

Vor zwei Jahren machte der Inselkoller einen Mann zum Mörder. Er stritt mit bedröhntem Schädel um ein Bier und ging mit dem Messer auf einen Kollegen los. Hätte jemand die Stichwunde fachgerecht verbinden können, das Opfer wäre noch am Leben. Der Mann verblutete auf dem Weg zur Nachbarinsel, wohin ein Rettungsflugzeug unterwegs war. Bis jemand von Aldabra bis ins Krankenhaus in Victoria geschafft werden kann, vergehen 20 Stunden. Vorausgesetzt, der Funkverkehr bricht nicht zusammen. Und die See hält still.

Wenn Brian der Himmel auf den Kopf fällt, setzt er sich zu den Schildkröten an den Strand. Spricht mit ihnen, stundenlang. Manchmal die ganze Nacht. Bis sich die große Wolke über der Lagune wieder grün färbt.

Wir liegen vor Madagaskar

Zwischen den spektakulären Stationen der »Starship«-Reise liegen viele Alltage. Fahrten entlang an Küsten, die nicht berühmt sind für ihre Einmaligkeit, Erkundungen von ganz gewöhnlichem Leben. Uli Hauser beschreibt eine Entdeckungsfahrt in den madagassischen Alltag

Wir liegen vor Madagaskar und haben die Post an Bord. E-Mails aus aller Welt treffen auf unserem High-Tech-Schiff ein, und wir wissen genau, was draußen passiert. Die armen Seeleute, die 1905 vor Madagaskars Westküste aufliefen, wussten es nicht. Es waren Soldaten aus der Ukraine, die im Auftrag ihrer Regierung den Kanal von Mosambik zu sichern hatten. Damals waren Russland und Japan im Krieg, und das Kriegsschiff aus dem Norden hielt eifrig Ausschau nach feindlichen Fregatten. Nur war der Krieg irgendwann vorbei, und die Seeleute erfuhren nichts davon. Sie lagen vor Madagaskar und warteten und warteten und hatten die Pest an Bord.

Es geht die Geschichte, dass ihr Schicksal im Volkslied »Wir lagen vor Madagaskar« besungen wird. Sie hatten wohl nicht die Pest an Bord, sondern Typhus und waren höchst unwillkommen bei den ansonsten freundlichen Bewohnern der madagassischen Westküste. 1936 soll der letzte russische Seemann gestorben sein; Erinnerungen gibt es nicht viele. Die Bucht, in der das Kriegsschiff ankerte, heißt heute »Russian Bay«, auf dem Friedhof von Hell-Ville auf der Insel Nosy Bé liegen ihre Gebeine.

Aber wir wollten herausfinden, ob es nicht doch Menschen gibt, die vom Schicksal der armen Seemänner gehört haben. In zwei Dörfern haben wir gefragt, sogar das Lied vorgesungen. Fehlanzeige.

Die Verständigung erfolgt in holprigem Französisch, denn die Menschen hier sprechen ihre Stammessprache und nur wenig vom Slang der alten Besatzungsmacht. »Bola tsara«, sagen sie, »guten Tag«, und dann kommt die wichtigste Floskel: »Inona no vaovao?« Heißt: »Was gibt es Neues?« Die Antwort lautet meistens: »Tsi misy vaovaomanao.« – »Es gibt keine Neuigkeiten.« Und so ist es hier auch. Das Leben ist ein langer ruhiger Fluss. Einen davon sind wir heute entlanggefahren. Es ist Sonntag, und unser Skipper Michael Poliza hatte

uns eingeladen zu einer Flussfahrt. Erste Station war ein kleines Dorf unter Kokospalmen, wo wir Bürgermeister und Dorflehrer Faralahy Benoite, 50, am Strand trafen. Er kam gerade aus der »Wäscherei« – von einem Wasserloch. Was seine Familie an Kleidung besitzt, passt in eine Schüssel. Monsieur Benoite hat zwei T-Shirts und eine Hose, wie wohl jeder in seinem Dorf Marohariva, was so viel heißt wie: »Dort, wo sich abends die Pirogen treffen.« Denn ab nachmittags kommen die Fischer aus den anderen Dörfern zum Palmweintrinken an den Strand, und es ist bis Sonnenuntergang sehr gemütlich.
In den sauberen Hütten des Dorfes liegen Matratzen zum Schlafen, vor den Hütten lagern ein paar Töpfe zum Kochen. Um die Hütten herum picken Hühner die Reste vom Essen. Die Palmen geben Kokosnüsse und Wein und Dachbelag. Am Dorfrand gibt es eine Wasserquelle, dahinter wachsen Reis, Maniok und Gemüse. Der Fluss bringt Krebse, Muscheln und reichlich Fisch, und die 84 Menschen hier haben ein gutes Leben. Vorausgesetzt, sie bleiben gesund: Zur nächsten Straße sind es 184 Kilometer, zum nächsten Hospital mit der Piroge bei sehr gutem Wind neun Stunden, bei schlechtem drei bis vier Tage. Einmal im Jahr ist große Party, dann wird ein Rind geschlachtet. Sonst stehen die Menschen hier mit der Sonne auf und gehen abends um acht

»Orgelpfeifen-Felsen« wird die Landmarke aus rotem Granit auf der Insel Mitsio vor der Nordwestküste Madagaskars genannt.

Uhr, spätestens, auf die Matratze. Sie haben kein Radio, kein Fernsehen, keinen Strom, keine Zeitung, und nichts bringt sie auf die Palme, außer, man bittet sie darum. Der leckeren Kokosnüsse wegen.

Morgens um sieben beginnt die Schule. Die ist in einer Bambushütte, offen und immer gut mit Wind versorgt. Die Kinder nehmen Aufstellung vor ihrer Bambusschule, Mädchen und Jungen getrennt, dann grüßen sie den Herrn Lehrer, und der bittet sie hinein. Hineinbitten ist ein bisschen übertrieben, es gibt ja keine Türen wegen des Winds. Der Lehrer sagt »setzt euch«, und die Kinder setzen sich und sagen »wir sitzen«. Anschließend muss jeder mal aufstehen und etwas sagen. Und dann bringt Herr Benoit ihnen das Zählen bei. Bücher besitzen die Kinder nicht. Ab und an kriegen sie Hefte geschenkt, so wie heute, die hat Michael mitgebracht, und auch noch Bleistifte.
Es ist ja nicht so, dass die Regierung im fernen Tana sich um den Ort, an dem sich die Pirogen treffen, kümmert. Das tut höchstens noch ein Engländer, der in der Nähe ein Hotel besitzt und dem Dorflehrer manchmal ein wenig Geld rüberschiebt. Fünf Stunden dauert der Unterricht, danach müssen die Mädchen Maniok stampfen, und die Jungs holen Baumstämme aus dem Wald oder fangen Schildkröten.

An Land gibt es 90 Prozent aller Chamäleon-Arten und Menschen, die im Einklang mit der Einfachheit leben (links).

Irre Schildkröten sind darunter. Eine hat einen Schnabel wie die Bugklappe einer Fähre. Und jede Menge Chamäleons gibt es, faszinierende Geschöpfe. Das Beste ist, dass sie sich beim Vorbereiten ihrer Insektenfalle so viel Zeit lassen, dass unsereins seine Verschlusszeit darauf einstellen kann und beste Bilder macht. Jörg jedenfalls hat draufgehalten und heute seinen 264. Film durchgeknipst. Das führt dazu, dass kaum noch Platz ist in der Koje.
Mittags fahren wir weiter mit unserem schnellen Boot, bis wir zu einer kleinen Holzhütte kommen, wo drei Kinder und vier Pirogen auf uns warten. Mit denen paddeln wir weiter entlang des grünen Ufers. Insekten zirpen, Vögel zwitschern. Es ist ein richtig gemütlicher Sonntagsausflug.
Als wir dann nicht mehr weiterkommen, steht plötzlich eine Frau mit einem Sack Reis auf dem Kopf am Ufer und bedeutet uns, sie mitzunehmen. Anfangs können wir sie nicht verstehen, doch schließlich landet sie an Bord. Es ist die Mutter der drei Kinder. Man muss sich das vorstellen: Die kleinen Kinder bleiben zu Hause, weil Vater und Mutter sich Kilometer weiter stromaufwärts um den Lebensunterhalt kümmern müssen.
Und jetzt sind wir wieder an Bord, und die Schiffsglocke läutet, es gibt Abendessen. Kokosreis und Nudeln und Magrovenkrabben aus dem Dorf, eine Köstlichkeit. Und weil Sonntag ist, kommt am Schluss noch ein Wort zum Sonntag von Seneca, den wir manchmal dabei haben, wenn wir auf Pirsch gehen: »Belaste dich nicht mit zu viel Gepäck. Nichts von dem, was wir haben, ist notwendig. Was wir notwendig haben, ist umsonst oder wohlfeil. Brot und Wasser verlangt die Natur. Daran ist niemand arm. Wer darauf seinen Bedarf einschränkt, mag mit Jupiter selbst wetteifern an Glückseligkeit.«

SÜDAFRIKA

Kap der Angst, Kap der Hoffnung

»Kap der Stürme« nannten die portugiesischen Entdecker die Südspitze Afrikas, »Kap der Guten Hoffnung« heißt der Felssporn heute. Beides passt, denn wer Cape Point mit seinen wütenden Winden umrundet hat, der kann guter Hoffnung für die Weiterreise sein

VON PETER SANDMEYER

Festhalten!« Daueranweisung für die Crew. Dauer-Devise für Muskeln und zentrales Nervensystem. Festhalten! Beim Gehen, Sitzen, Essen, Duschen, sogar beim Liegen. Schwere See. Afrika ist ein schwarzer Schatten am westlichen Horizont. Das ovale Bullauge am Fußende der Koje, das einen halben Meter über dem Wasserspiegel liegt, gibt bei stiller See morgens den Blick frei auf weites blaues Meer und die freundlichen Pastelltöne des Himmels. Jetzt ist es der Blick aus einem U-Boot. Blaugrau gurgelt die See formatfüllend am Fenster vorbei, auch mittags herrscht Schummerlicht in der Kabine, und nur bei starkem Überholen des Schiffes wird für Sekunden die düstere Pracht des Himmels sichtbar. Jagende Wolken und wütender Wind, Gischt hoch über dem Schiff und Welle um Welle quer von Backbord. Irgendwo vor uns liegt Cape Angulhas, der südlichste Punkt Afrikas. Und dann weiter im Westen »das Kap« und der Atlantik dahinter, wo man anfangen kann, »Rolling home« zu singen.

»Mit dem Kap ist natürlich das Kap der Guten Hoffnung gemeint, das Kap der Stürme seiner portugiesischen Entdecker«, schrieb der Seefahrer und Schriftsteller Joseph Conrad. »Und ob es nun das Wort Sturm ist, das man auf See nicht aussprechen soll, wo die Stürme so dicht beieinander hausen, oder ob sich die Menschen scheuen, ihre guten Hoffnungen einzugestehen – es ist jedenfalls das namenlose Kap geworden – das Kap *tout court.*«

Dorthin sind wir unterwegs, zum Kap ganz einfach, das früher auch ein Kap der namenlosen Angst war, so widrig das Wetter, so tückisch die See.

Noch fahren wir mit dem tiefblauen, warmen Angulhas-Strom, der sich durch den Moçambique-Kanal entlang der afrikanischen Ostküste mit einer Geschwindigkeit von rund 50 Seemeilen pro Tag nach Süden schiebt. Der Wind weht aus Ost. Das ist besser, als wenn wir ihn gegen uns hätten, aber unangenehm genug. Der Hafenkapitän von East London, ein Engländer wie aus dem Kolonial-Bilderbuch, in weißen Shorts und weißem Hemd mit Schulterklappen, hatte aufmunternd gelächelt, als wir uns nach den Prognosen für die Passage nach Kapstadt erkundigten, und nach Begutachtung der »Starship« höflich geantwortet: »It might be a little bit uncomfortable.«

»Ein klein wenig ungemütlich könnte es werden« – keine Übertreibung. Schwer stampft das Schiff durch die Wellenberge, hart kracht es in die Täler. Wie Menschenaffen hangeln wir uns durch die Messe. Und Lasse, der schwedische Schiffskoch, hat schon wieder seine Lieblingsmusik aufgelegt, den Soundtrack aus »Titanic«.

Am nächsten Morgen sehen wir die ersten Hochseevögel, Albatrosse und die gelbschnäbligen Cape Gannets; und dann grüne Finger in der blauen See: die Vorboten des eisigen Benguela-Stromes, der aus dem Südpolarmeer nach Norden strömt und sich am Kap teilt. Ein Zweig fließt an der Westküste Südafrikas entlang nach Namibia, bringt den Küsten dort kaltes Wasser, häufigen Nebel, eine satte Nährstoff-Flut, Fischreichtum, Hummer und Robben. Der andere Arm des Benguela-Stroms fließt nach Nordosten und kommt uns jetzt entgegen, rund zehn Grad kälter als das Wasser, mit dem wir bisher gereist sind.

»Der Zusammenstoß der beiden Strömungen erzeugt ein unregelmäßiges Gemisch von warmen und kalten Wasserstreifen«, steht im »Segelhandbuch« der Deutschen Seewarte von 1910. »Die Streifen verschieden warmen Wassers keilen sich ineinander wie die Finger der zwei Hände, die man gegeneinander legt.« Für die alten Segelschiffe war die Kampfzone der gegenläufigen Strömungen, von denen die warme nach Osten abgedrängt wird, ein gefährliches Revier: »Das Umbiegen des Angulhas-Stromes ist begleitet von wirr durcheinander laufender Stromstreifen und einem sehr unregelmäßigen Seegang, welcher bisweilen so wild wird, dass er die Steuerkraft der Schiffe beeinträchtigt.«

Das war und ist nicht die einzige Gefahr an dieser langen Küste, deren schroffe Silhouette jetzt dunkel im westlichen Frühdunst liegt; arm an Häfen und Ankerplätzen, aber reich an Riffen, Felsen, Sandbänken und Untiefen. Und geschlagen mit einer Neigung zu Starkwinden und Stürmen, deren Ausbrechen plötzlich und schwer vorhersehbar ist. Als der deutsche Weltumsegler Johannes Voss 1903 mit seinem kleinen Schiff die Bucht von Port Elisabeth passierte, bot sich ein Anblick, der ihm die Prinz-Heinrich-Mütze hochgehen ließ: »Mehr als zwei Dutzend große Rahsegler lagen gestrandet auf dem Sandstrand in der Nähe der Stadt. Ich erfuhr, dass alle diese Schiffe auf der Reede geankert hatten, die einen ladend, die anderen löschend, einige klar zum Auslaufen. Plötzlich sprang ein schwerer Südoststurm auf, von schweren Brechern begleitet. Alle diese unglücklichen Schiffe rissen sich von ihren Bugankern los und trieben auf die Küste zu. Hierbei trieben sie gegeneinander, rissen sich gegenseitig die Rahen und Masten herunter. Einige befanden sich scheinbar noch in ganz guter Verfassung, doch sie alle hatten Abschied nehmen müssen von den blauen Wassern des Ozeans, waren dazu bestimmt, abgewrackt zu werden oder an der Küste langsam auseinander zu fallen.«

Bei Cape Angulhas, dem südlichsten Punkt Afrikas, wurden in den letzten 18 Jahren 122 Schiffe zu Wracks – wie dieser japanische Trawler.

Immer wieder der »Southeaster« – der gefürchtete, gehasste Killer dieser Küste. Mehr als 300 Wracks dokumentiert das Museum von East London in den lokalen Küstengewässern; die Karte, die sie mit bunten Punkten verzeichnet, sieht aus, als sei auf ihr eine Familienpackung Smarties ausgekippt; und viele dieser Farbflecke markieren Opfer dieses Killerwinds, der sich aus den südpolaren »brüllenden Vierzigern« auf die afrikanische Küste stürzt.

Legendär ist das Schicksal der »Grosvenor«, eines der vielen Ostindienfahrer, die im 18. und 19. Jahrhundert zwischen England und der indischen Kronkolonie verkehrten. Am 4. August 1782 wurde das Schiff in stürmischer Nacht vom Südoststurm auf die Felsen der »Wild Coast« getrieben und leck geschlagen. 150 Besatzungsmitglieder und Passagiere ertranken, aber immerhin 123 gelang es, sich an Land zu retten. Nach Berechnung des Kapitäns hatten sie eine gute Chance, mit einem Marsch von 15 bis 16 Tagen die nächste holländische Siedlung zu erreichen. Doch nur sechs völlig erschöpfte Seeleute kamen dort nach 117 Tagen an. Die anderen hatten sich in Untergruppen geteilt, weil die Schnelleren keine Rücksicht auf die Langsamen nehmen wollten; dann dezimierten die Strapazen des Marsches durch Busch und Halbwüste, Hunger, die Angriffe von wilden Tieren und feindlichen Afrikanern diese kleinen Gruppen immer weiter. Frauen und Kinder wurden von den Eingeborenen gefangen und zu Sklaven gemacht. 1812 hieß es in einem abschließenden Bericht über das Unglück: »Am Kap stationierte Offiziere teilten mit, dass es einigen der bedauernswerten Frauen unter den Schiffbrüchigen sicher möglich gewesen wäre, zu fliehen. Vermutlich aber befürchteten sie, ihren früheren Platz in der Gesellschaft nicht mehr einnehmen zu können und in den Augen von ihresgleichen als minderwertig betrachtet zu werden, da sie einen großen Teil ihres Lebens unter Wilden verbracht hatten. Unter diesen Umständen entschlossen sie sich, ihre Kinder nicht im Stich zu lassen und und fortan bei den Häuptlingen, die sie beschützten, zu bleiben.«

Das Land, einst Bedrohung und Lebensgefahr, ist heute domestiziert. Ein afrikanischer Urlaubstraum die Fahrt durch die Halbwüsten, in denen Strauße weiden und leere Straßen sich weit über die Hügel winden, durch Flussschluchten, in denen Paviane an den Straßen lungern, zu menschenleeren Stränden, gigantischen Sanddünen und Felsküsten, an denen die Gischt kranhoch in den Himmel spritzt. Tausende von Touristen bummeln mit ihren Autos alljährlich die berühmte Garden-Route entlang, machen »Whale-Watching« in Hermanus, wo das Wasser so tief ist und die großen Meeressäuger so dicht ans Ufer kommen, dass ein Schild dort »das Füttern der Wale« verbietet; sie trinken den wunderbaren einheimischen Wein aus Stellenbosch und knacken die frischen

Bei Hermanus ist die See so tief, dass Wale bis dicht ans Ufer kommen.

Austern aus Knysna; sie promenieren durch Plettenberg, das St. Tropez der afrikanischen Küste, wo nur die Zimmermädchen schwarz, die Strände weiß und die Weißen so braun sind wie die Werbeplakate der Sonnencremes. Und die bummelnden Touristen haben keine Ahnung, dass sie auch einem Trekkingpfad der maritimen Katastrophen folgen, die bis in die jüngsten Tage reichen. Denn das Meer ist nicht domestiziert.

Wir sind müde. Man hat den Eindruck, das Schiff sei es auch. Selbst einem High-Tech-Produkt aus Glasfiber, Elektronik und über 20 Kilometer Kabelverbindungen billigt man plötzlich so etwas wie eine Seele zu, die geschunden ist vom endlosen Kampf, mürbe und erholungsbedürftig. Wir beschließen, Mosselbay anzulaufen, den letzten Zufluchtsort vor dem Kap.

Was würde man als Auto-Tourist von Mosselbay wahrnehmen? Eine Hauptstraße mit belanglosen zweistöckigen Gebäuden, ein paar Fish-'n'-Chips, Post, Bank und Kentucky-Fried-Chicken, ein Museum mit der Nachbildung einer portugiesischen Karavelle, eine Bucht mit Sandstrand und dazugehörigen Strandrestaurants. Fertig. Ganz nett. Bestenfalls.

Wer von See kommt, sieht anderes. Die lange, geschwungene Mole, hinter der das Wasser endlich ruhig ist; die kleine Flottille der Fischerboote, die auf besseres Wetter warten; die Leuchtschrift eines Pubs, die Fassbier verheißt. Wer von See kommt, riecht auch den wunderbaren Duft aller Häfen, das Aroma von Land, gemischt mit Salzwasser, Fisch, Diesel, Rost, Seetang und Mensch. Nicht umsonst sind in der Sprache der seefahrenden Engländer die Worte heaven und haven, Hafen und Himmel, enge Verwandte.

Der Liegeplatz, der dem schwanenweißen deutschen High-Tech-Schiff zugewiesen wird, ist längsseits eines völlig verwahrlosten, rostigen, schwarzen afrikanischen Trawlers – der Hafen ist eng, die Kapazität begrenzt; doch die Unterschiede der Herkunft, der Rasse und Klasse zählen hier nicht. Man ist aufgenommen in die egalitäre Bruderschaft des Hafens wie auf eine Burg, vor der ein feindliches Heer lagert.

In den alten Zeiten lagen sie hier oft und lange. Warteten auf ein Ende des Sturms, auf Wind aus der richtigen Richtung, auf die Fertigstellung von Reparaturen. Wenn sie abfuhren, ließen sie Post zurück, Nachrichten für andere Schiffe und Briefe zur Beförderung in die Heimat; sie legten sie unter einen großen Milkwood-Baum, der noch immer steht – auf mehr als 500 Jahre wird sein Alter geschätzt. Man könnte ein paar E-Mails an seine grünen Zweige hängen, aber wer würde sie pflücken?

Wie die plumpen, alten segelnden Heringstonnen der Portugiesen wartet unser rankes Cyber-Schiff darauf, dass der Wind sich legt, der sich hier selten legt.

Aber dann dreht er immerhin, und wir laufen aus. Hinaus auf die undomestizierte See, groß und gemein, grau und gleichmütig, ewige Lockung und Lebensgefahr.

Und Lebensquell. »Ons skuld die See alles«, sagen die drei alten Fischer aus Arniston, die kein Englisch können, nur Afrikaans; Coloured People, Nachfahren schwarzweißen Mix-Lebens, Kerle mit lustigen Schmitzäuglein und seltsamen Hüten, deren Gesichtern man nicht ansieht, dass sie die 70 überschritten haben, die aber gezeichnet sind von ihrer langen Zeit auf See – zusammen 150 Jahre. Cape-Salmons fingen sie dort, Haie und Yellowtails. »Wir schulden dem Meer alles.« Die kleinen weißen Steinhäuser, in denen sie wohnen, und den relativen Wohlstand, in dem sie leben Vor allem aber schulden sie ihm Respekt. 13 Boote schickt das Dorf hinaus, acht Mann sitzen in jedem. Fünf sind geblieben in den letzten Jahren. Und wenn sie nicht mehr gefunden wurden, dann liegt ein Fischernetz auf ihrem leeren Grab und das Kreuz fehlt.

600 Seelen zählt das Fischerdorf unweit des südlichsten Leuchtturms von Afrika, das auf einer weißen Steilklippe liegt und mit seinen spitzgiebligen weißen Häusern aussieht, als habe sich ein Stück Cornwall tief unter den Äquator verirrt. Es trägt den Namen einer Katastrophe. »Arniston« hieß das englische Schiff, das im Jahr 1815 kranke und verwundete Soldaten sowie zivile Passagiere aus Ceylon heimholen sollte ins englische Mutterland. Wochenlang kreuzte es bei stürmischem Wetter, ohne Landsicht und ohne ein verlässliches Besteck für die Navigation nehmen zu können, den Indischen Ozean hinunter. Dem Kapitän blieb nur das »Koppeln«: die täglich zurückgelegte Segeldistenz auf der Karte einzutragen und daraus den mutmaßlichen Standort des Schiffes zu bestimmen. Doch er konnte die schwierigen Strömungen nicht berücksichtigen, die das Schiff manchen Tag auf der Stelle segeln ließen. Als es nach Überzeugung der Schiffsführung das Kap der

Guten Hoffnung sicher passiert hatte, wurde neuer Nordwestkurs Richtung St. Helena angelegt – und mit vollen Segeln rauschte die »Arniston« gut hundert Meilen vor dem Kap auf das Riff des Ortes, der heute ihren Namen trägt. Eine unbekannte Zahl von Soldaten sowie 378 Passagiere, darunter 14 Frauen, 25 Kinder und zwei Lordschaften, kamen ums Leben.

So viele Geschichten von Schiffen und Schiffbruch, von Rettung und Ritterlichkeit, von Kampf und Heldentum und Unterliegen. Und die beklemmendsten sind die stummen. Woher stammt die schöne weibliche Galionsfigur, die der Leuchtturmwärter von Cape Angulhas eines Morgens aus der Brandung fischte? Schmückte sie den Bug der englischen »Dundrennan«, der Nebel zum Verhängnis wurde? Tauchte sie mit dem deutschen Schoner »Elise« in die Wogen, die in schwerem Sturm sank? Die hölzerne »Lady of Mystery« lächelt und schweigt.

Es ist ein andauernder Kampf, dieses wühlende Stampfen durch die wilde See, diese ständige Anspannung aller Muskeln und Nerven, ohne eine Sekunde Pause, ohne Ruhe. Wenn man in der Koje liegt, schläft man nicht ein, die Lider werden einem zugedrückt. Um vier Uhr morgens werden wir dann wieder aus dem Schlaf geschüttelt. Der Wind hat aufgefrischt, die See türmt sich höher, das Schiff bäumt sich und bockt wie ein Rodeo-Bulle. Mit flauem Magen und tapsigen Schritten auf die Brücke. Drohender Himmel, für Sekunden erhellt von halbem Mondlicht, dunkle Wellenschatten, Reflexe der Positionslichter in weißer Gischt, die gegen die Scheiben peitscht. »Wo sind wir?« Charles Curren, der Schiffsführer, tippt auf die Karte und zeigt in die Nacht. Das Licht eines Leuchtturms blitzt auf: »Danger Point.«

Noch ein Untergang. Aber was für einer! Es war der 26. Februar 1852, als der Kapitän der auf ein Riff gelaufenen »Birkenhead«

nach stundenlangem Kampf gegen das eindringende Wasser wusste, dass sein Schiff verloren war, und, nachdem 20 Frauen und Kinder in die Rettungsboote gegangen waren, die Parole ausgab: »Every man for himself!« Doch der kommandierende Offizier der 476 britischen Soldaten an Bord befahl seinen Leuten ein »Stillgestanden« und zog seinen Säbel: Wer jetzt über Bord springe und zu den Rettungsbooten schwimme, donnerte er, gefährde das Leben der Kinder und Frauen, und den Ersten, der es versuche, würde er niederschlagen. Doch er brauchte seinen Säbel nicht. Ohne Wimpernzucken und ohne die soldatische Haltung zu verlieren, gingen alle Männer in den Tod; alle Frauen und Kinder konnten sich retten.

Geschichten wie diese vom »heroischen Beginn eines neuen Kapitels der Seefahrtsgeschichte«, wie es in den Chronologien heißt, haben in schaukelnder, teerschwarzer Nacht einen besonderen Beigeschmack. Selbst auf der »Starship«. Man hat Computer vor sich, die das Schiff nach GPS-Weisung, Kompass- und Lotangaben sicher durch die Sichtlosigkeit steuern, man hat einen gewaltigen Satellitendom über sich und Zugriff auf jede elektronische Omnipotenz – und fühlt doch nichts anderes als die uralte Ausgesetztheit und Winzigkeit des Menschen in der großen, gleichmütigen See. Ja, es gibt ihn, den alten und immer wiederkehrenden Menschheitstraum: mit dem Meer zu kämpfen, die Ozeane zu besiegen. Aber wie klein ist man dann.

Grüner wird die See, kälter. Gewaltige Geschwader von Kormoranen streichen über die Wellen. Immer häufiger tauchen in ihnen die schwarzen Kegel von Robbenköpfen auf. Dann schaukeln die ersten Pinguine auf dem Wasser und tauchen hastig weg, wenn das Schiff sich nähert. Es sind Brillenpinguine, die ihre Kolonie bei Simonstown in der False Bay haben. Zu Tausenden mussten sie eingefangen werden, nachdem im Frühjahr 2000 ein havarierter

Tanker sein Öl in die Bucht ergoss. Man wusch die verölten Tiere, päppelte sie auf und brachte sie nach Port Elisabeth, Hunderte von Kilometern vom Öldesaster entfernt. Doch nach ein paar Wochen waren sie alle wieder zurück.

Die »falsche Bucht«. Auch ein Name aus alter Seefahrerzeit, als der Anblick der großen, geschützt wirkenden Bay manchen Kapitän dazu verleitete, sie für die Passage nach Kapstadt und einen sicheren Ankerplatz zu halten – bis der »Southeaster« aufsprang, gegen den sie keinerlei Schutz bot, und kein Anker mehr hielt. Die Tafelbucht auf der anderen Seite des Kap-Vorgebirges ist der einzige wirklich sichere Liegeplatz gegen diesen gefürchteten Wind, der einzige jedenfalls, der auch frisches Wasser und Proviant bietet. Das brauchten die Schiffe aus Europa früher dringend, wenn sie nach Monaten auf dem Atlantik mit den »Trade Winds« bis knapp

Isak, Hermanus und Samuel, drei alte Fischer aus Arniston. Zusammen verbrachten sie 150 Jahre auf See.

vor die Festlandsküste Südamerikas gesegelt, dann auf Gegenkurs gegangen und in den Kalmen manchmal tagelang mit schlaffen Segeln getrieben waren, bevor sie sich das letzte Wegstück bis zur Südspitze Afrikas oft gegen schwere Stürme ertrotzen mussten; dann waren die Frischvorräte restlos erschöpft, Mannschaft und Passagiere von Vitaminmangel und den Strapazen der Reise gezeichnet und der Anblick des Kaps eine Verheißung, selbst wenn es sich abweisend präsentierte.

»Wir hatten nun seit neun Wochen kein Land gesehen«, notierte der deutsche Naturforscher Georg Forster an Bord der »Adventure« auf James Cooks zweiter Expedition in die Südsee; »und das Reisen zur See fing an, denen unter uns verdrießlich und widerlich zu werden, die nicht an das einförmige Leben an Bord, an das Einerlei der Lebensmittel und der übrigen Gegenstände gewöhnt waren. Am 29. (Oktober 1772) entdeckten wir das äußerste Ende von Afrika. Es war von Wolken und Nebel bedeckt, und einige Sturmtaucher und Enten kamen von dort auf See.«

Die »Adventure« holte die Segel ein und hielt klugerweise Abstand zur Küste, »zumal es sehr finster war und harter Regen mit Stoßwinden ständig wechselte«. Erst am nächsten Tag wagte sie die Ansteuerung der Tafelbucht.

Auch die »Starship« tastet sich sehr vorsichtig an der weit nach Süden vorspringenden Kaphalbinsel vorbei, denn an vielen Stellen vor der Küste brodelt das Meer, spritzt weiße Gischt auf – deutliche Hinweise auf Riffe und Felsen weit vor dem eindrucksvollen 209 Meter hohen Felsvorgebirge, auf dem der älteste Leuchtturm Afrikas steht: »Cape Point«. Einer der markantesten maritimen Wegweiser der Welt, jährlich von 24.000 Schiffen passiert. Das eigentliche »Kap der Guten Hoffnung«, der südwestlichste Punkt des Kontinents, ist zweieinhalb Kilometer weiter und unspektakulär: ein paar zerklüftete Felsen von der Form eines Straußenfußes.

Auf der anderen Seite begrüßt ein Glas Rum die Wellen des neuen Ozeans. Geografisch beginnt der Atlantik zwar schon am Cape Angulhas, aber hier fängt er wirklich an. Und zum ersten Mal seit vielen Monaten dreht das Schiff den Bug nach Norden, seinem fernen Ziel entgegen, Europa; und es fährt an den »Zwölf Aposteln«, den Bergen der Kaphalbinsel, vorbei und dann an der hübschen Skyline von Kapstadts Nobelvororten Clifton, Sea Point und Green Point entlang zur Tafelbucht und in den Hafen. Gut, hier zu sein.

»Waterfront«: fabelhaftes Joint-Venture von altem Hafen und neuem City-Leben; quirliger Mix von Ankerschmieden und Edelshopping, Trockendocks und Tresen, Freiluft-Artistik und Fischtrawlern, Restaurants und Restaurierung, Hotels und Hafenbusiness. Clowns jonglieren, Werftarbeiter schweißen, Touristen trinken, A-cappella-Gruppen aus den Townships singen, Schlepper tuten, und Pelzrobben schnorren im Hafenbecken.

Über die »Starship« macht sich ein kleines Heer von Handwerkern her, um ausgefallene Elektroleitungen instand zu setzen, kaputte Wasseraufbereiter zu reparieren und den rätselhaften Dieselverlust zu untersuchen. Und die Proviantvorräte müssen gemustert, sortiert und erneuert werden. Alles wie früher. Auch da wurden hier die Schiffe repariert, Segel instand gesetzt und vor allem Wasserfässer gefüllt und frische Lebensmittel eingekauft; anfangs von den Hottentotten, den ursprünglichen Herren der Küste, die ihre Rinder und Schafe gern an die Tafelbucht trieben, um sie dem europäischen Schiffsvolk zu verkaufen.

Nachdem dort 1647 aber ein holländisches Schiff gestrandet war und seine Mannschaft ein volles Jahr ausharren musste, bis sie von einem anderen Schiff in die Heimat mitgenommen werden konnte, beschloss die holländische Ostindische Kompanie die Gründung einer festen Kolonie. Der wichtigste Auftrag an ihren Kommandanten Jan van Riebeeck war der Bau einer Befestigung und die Anlage von Gärten. Ziel war eine Versorgungsstation, keine Siedlungskolonie. So entstand Kapstadt, als Tochter der See und Mutter der Seefahrt.

Den ersten 90 holländischen Kolonisten folgte bald ein Gruppe politisch Verbannter aus Indonesien und ein paar Jahre später eine weitere Welle von europäischen Siedlern, 146 Hugenotten, die aus religiösen Gründen Frankreich verlassen mussten und die Kunst des Weinbaus ans Kap brachten. So wurde aus der Versorgungsstation allmählich doch eine Siedlung. Deren Ausbreitung führte aber auch zu den ersten Konflikten mit den schwarzen Viehzüchtern, die sich ihres Weidelandes beraubt sahen. Aus Konflikt wurde Krieg, der für die Hottentotten mit einer vernichtenden Niederlage endete. Der Teil von ihnen, der sich danach nicht ins Innere des Landes zurückzog, schloss seinen Frieden mit den Weißen und integrierte sich in die Gemeinschaft, die dann auch noch von Sklaven aus Ostafrika und Madagaskar bereichert wurde.

Damit war das Leben vorgezeichnet, das bis heute in der Stadt herrscht, bunt wie die neue südafrikanische Nationalflagge. Weiße, Schwarze, Kapmalaien und jede Menge »Coloured« sorgten für einen »singular mix«. Denn die Kolonisten waren zu 77 Prozent Männer, und die Gesetze der Natur waren stärker als die strengsten Rassegesetze.

Obwohl diese Lebensmischung nicht nur bunt, sondern auch brisant war, entwickelte sich die Stadt friedlich und ließ sie schnell zu Ruhm kommen als »Taverne zweier Ozeane«. Ende des 17. Jahrhunderts versorgte sie schon 200 Schiffe jährlich mit Proviant und bot deren Passagieren für die Dauer ihres Aufenthalts Gast- und Wirtshäuser, in denen der Wein aus Stellenbosch so reichlich floss, dass ein englischer Geistlicher sich wegen der ortsüblichen »Gelage« zu scharfer Rüge genötigt sah.

Nicht alles gedieh am Kap aber so gut wie Wein. Der fand an den Berghängen hinter der Stadt ideale Bedingungen, Lehmboden mit hohen Kalkanteilen, denn zwischen dem Sandstein der Berghöhen und dem Granit ihrer Sockel lagert eine dicke Lehmschicht. Apfel- und Birnbäume aber wuchsen hier, ohne Früchte zu tragen, Kirschen blühten nicht und bildeten keine Fruchtansätze, und Eichen schossen so schnell in die Höhe, dass ihr Holz weich und wertlos war. Auch mit Kartoffeln, den verschiedenen Kohlsorten, Walnüssen, Mirabellen und allen Beeren machten die Kap-Gärtner trübe Erfahrungen – den Pflanzen fehlt im mediterranen Klima zu Füßen des Tafelbergs der Kälteschock des europäischen Winters.

Dafür entdeckten die Siedler in der einheimischen Flora des »Fynbos« eine neue Wunderwelt, deren Geheimnisse sie erst langsam enträtselten. Was auf den ersten Blick als monotones Hartgras und dorniges Buschzeug wirkt und alle Berghänge und Täler der

Das fruchtbare Land am südlichen Ende Afrikas bietet Farmern vergleichsweise gute Bedingungen.

Kaphalbinsel bedeckt, ist in Wahrheit eine Pflanzenfamilie von überwältigender Artenvielfalt und höchster Angepasstheit an die jeweiligen Standorte, die Botaniker bis heute immer wieder staunen lässt. Sowie von vielfältigem Nutzen, der sich manchmal allerdings mühsam erschloss.

Die heute noch vorhandene Hecke beispielsweise, mit der der Gründungsvater der Kolonie van Riebeeck seine Siedlung umpflanzen ließ, führte zum ersten Vergiftungsfall am Kap, weil ihre Bittermandelfrüchte arglos verzehrt wurden. Sie enthalten aber Strychnin. Erst wenn man sie tagelang wässert und dann röstet, lassen sie sich als delikater Kaffeeersatz verwenden. Zuckerersatz bezog man von einer Proteen-Art, die wunderbar süßen Nektar in ihrem Blütenkelch sammelte, den man mit Regenwasser auslösen konnte. Die Blätter anderer Büsche lassen sich zu »Rooibos«- und

Die Familien Williams und Standaard bauen in Overberg, östlich der quirligen Metropole Kapstadt, Blumen an. Auf der Tolbos Flower Farm züchten sie vorwiegend Proteen, Königinnen der winterlichen Blumensträuße in Europa.

»Honeybush«-Tee verarbeiten, die heute in den Reformhäusern der Welt ein Hit sind. Aus Hartgräsern wurden haltbare Hausdächer; aus einer besonders elastischen Protea-Art Wagenachsen. Und heute bahnt die Schönheit vieler dieser Pflanzen, namentlich der großblütigen Königs-Protea, ihnen in der blumenarmen Winterzeit Europas den Weg in dessen Vasen.

»Company's Gardens«, die Gärten, die einst der Versorgung von Schiffen und Siedlern dienten, sind heute ein beliebter öffentlicher Park im Zentrum Kapstadts, wo die Beschäftigten des benachbarten Parlaments, der Banken und Kontore mittags ihre Lunchbrote verzehren und deren Reste an die Tauben verfüttern. Der fruchtbare Boden, die alte Lebensgrundlage der Stadt, ist längst unter ihren Steinen begraben. Aber vielleicht gedeiht sie auch deswegen so wunderbar, weil sie auf diesem Boden steht und jedermann das Gefühl gibt, es ginge aufwärts, trotz der Kinderbettler, des Township-Elends, der schreienden sozialen Gegensätze. Und neben dem Boden ist da auch noch der ewige Wind, der die Stadt durchlüftet wie kaum eine andere der Welt, der das Wolkentischtuch über den Tafelberg schiebt, der den Kopf klar, den Horizont weit und das Herz bereit macht.

Und dann fällt auf dem Signal Hill der tägliche Kanonenschuss, der die Mittagsstunde verkündet, und ein Schiff verlässt den Hafen und fährt in die Bay und dem Ozean entgegen. Und man möchte an Bord sein.

Abstecher zu Impala, Giraffe und Co.

Die Ursehnsucht nach dem Afrika der Safari-Romantik lockt die Mannschaft der »Starship« von der Küste ins Landesinnere. Michael Poliza und seine Crew begegnen Löwen und Leoparden, Giraffen und Elefanten und genießen die grandiose Schönheit der Sonnenaufgänge über der Savanne

Die Reise der »Starship« ist, na klar, ein maritimes Unternehmen. Und bisher haben wir uns auch nie weiter als ein paar Meilen von den Küstenlinien der verschiedenen Kontinente entfernt. Aber dann spaziert man an einem sonnigen Vormittag durch Kapstadt, schlendert durch Company's Gardens, den ehemaligen Gemüsegarten der holländischen Kolonisatoren, der heute ein Park ist, und steht plötzlich vor dem Denkmal von Cecil Rhodes. Der britische Afrika-Pionier weist mit ausgestrecktem Arm in das Innere Afrikas und ruft seinen Landsleuten laut Denkmalsinschrift zu: »Your Hinterland is there«. Und dann denkt man: Der Mann hat Recht. Das Afrika der Küste ist wunderschön, aber das Afrika ist das der weiten Ebene und der wilden Tiere. Wenigstens auf Stippvisiten wollen wir es sehen – auf nach Out of Africa! Erste Station ist der Selous-Nationalpark in Tansania, mit über 45.000 Quadratkilometern der größte Afrikas. Er besteht aus zwei Teilen, dem Safari-Park, in dem beobachtet, und – wenig bekannt – einem Game Reserve, in dem gejagt wird. Das ist nicht unumstritten. Die Befürworter dieser Jagd auf Büffel, Elefanten, Löwen usw. argumentieren, dass der selektive, kontrollierte Abschuss von Tieren für deren Bestand keine Gefahr darstellt und die horrenden Preise, die der Schütze zu zahlen hat – eine Elefant kostet 15.000 bis 20.000 Mark Abschussgebühr – dringend notwendige Einnahmen für den Unterhalt des Nationalparks sind. Überdies wird das Fleisch der erlegten Tiere sinnvoll verwertet, indem es den ansässigen Stämmen überlassen wird. Doch es gibt auch Gegner dieser Jagd, die hauptsächlich von Amerikanern, aber auch von Deutschen, anderen Europäern und betuchten Südafrikanern ausgeübt wird. Hauptargument der Gegner ist die absolut ungleiche Chancenverteilung. Die jägerische Leistung ist nämlich äußerst bescheiden, dem Jäger werden Fährtensucher, Jeep und Jagdobjekt gestellt, und die größte

Gefahr für ihn ist die, sich einen Sonnenbrand zu holen.

Wir verbringen drei Tage im angrenzenden Mbuyu Safari Camp, wo in zwölf Zelten maximal 24 Gäste untergebracht werden können. Der Landestrip für die Cessna ist hier der einzige Akzent der Moderne, alles andere wirkt sehr ursprünglich. Man fühlt sich »im Busch« und ist es. Das Camp ist nicht eingezäunt, und nachts statten ihm Antilopen, Hyänen, ja sogar Elefanten ihren Besuch ab. Beim Verlassen der betagten Zelte muss man grundsätzlich die Umgebung kontrollieren; vom Frühstückstisch aus kann man auch Krokodile und Nilpferde am Ufer des Rufiji-River beobachten. Letztere sehen gemütlich aus, sind aber höchst gefährlich. Durch Nilpferde kommen in Afrika mehr Menschen ums Leben als durch irgendein anderes Tier. Deswegen ist uns reichlich mulmig, als unser Guide bei einer Bootstour auf dem Fluss wenig Respekt vor den Dickhäutern hat und immer wieder auf Tuchfühlung an sie heranfährt.
Alle anderen Tiere des riesigen Parks, in dem es relativ wenige Besucher und Jeeps gibt, sind scheu und verlangen dem Beobachter Behutsamkeit und Vor-

Fürsorglich drängen sich Elefantenkühe um ihre Kälber, um sie vor möglichen Angriffen zu schützen.

sicht ab, wenn er sie beobachten will. Ganz anders in MalaMala, unserer zweiten Safari-Station. In diesem privaten Game Reserve, das westlich an den Krueger-Park angrenzt, wird schon lange nicht mehr geschossen, die Tiere sind an Jeeps und Touristen gewöhnt und bei Fotografen beliebt, weil sie Menschen bis auf wenige Meter an sich heranlassen. Die Zimmer sind klimatisiert, und im Gelände kann leicht das Gefühl aufkommen, sich in einem großen Zoo voller Kuscheltiere zu bewegen. Ein trügerisches Gefühl. Denn in dem Moment, in dem ein Mensch das vertraute Bild des Jeeps verlässt und sich vom Fahrzeug entfernt, verwandelt sich der gelangweilte Löwe in ein hellwaches und immer hungriges Raubtier. Die Zäune, die den Park früher vom angrenzenden Krueger-Park trennten, sind heute abgebaut, die Tiere können sich jetzt über große Distanzen frei bewegen – und der Job für die Ranger ist schwerer geworden. Obwohl sie über Funk miteinander verbunden sind und sich gegenseitig mitteilen, wo welche Tiere zu beobachten sind, kann den Touristen nicht mehr so leicht wie früher garantiert werden, dass sie die »Big Five« – Elefant, Büffel, Giraffe, Leopard und Löwe – zu Gesicht bekommen.

Im Krüger-National-Park leckt sich ein Gepard, die schnellste Raubkatze der Welt, die Reste einer Impala-Mahlzeit von den Lippen.

Die einzigen Tiere, die keine Angriffe zu befürchten haben und vollkommen entspannt sein können, sind Löwen. So wie dieses junge Weibchen an der Tränke.

Wieder ein anderes Umfeld finden wir an unserer dritten Safari-Station im Okawango-Delta in Botswana. Es ist eingeschlossen von großen Wasser- und Sumpfgebieten, eine Anreise im Auto ist unmöglich. Das einzige Verkehrsmittel ist die einmotorige Cessna, die die Gäste von Camp zu Camp fliegt. Deren Kapazität ist auf 16 Besucher begrenzt, und die finden eine perfekte Verbindung von Wildnis und Zivilisation vor. Jede Nacht hört man das Heulen der Hyänen und das Brüllen der Löwen durch die Zeltwände, aber diese Zelte sind so luxuriös wie Suiten im Grandhotel. Viel Platz, große Betten, komfortable Badezelte mit wassergespülten Toiletten und heißen Duschen. So lässt man sich das Leben im Busch gefallen. Der Tag beginnt hier, wie in allen Safari-Camps, früh. Die besten Zeiten für Wildbeobachtung sind die Morgendämmerung und die abendliche Stunde vor Sonnenuntergang. Mittags macht man es wie die Tiere, man verkriecht sich vor der Hitze in den Schatten und hält Siesta.

Komm, Killer, spiel mit mir!

Jedes Jahr sterben mehr Menschen durch Bienenstiche als durch Hai-Attacken. Dennoch ist der Weiße Hai ein Mythos der Angst, von der Natur als perfekter Killer geschaffen. Umso faszinierender sind die riskanten »Spiele« mit den gefährlichen Jägern, die die »Starship«-Crew vor Südafrika erlebte

VON JAN CHRISTOPH WIECHMANN

Was passiert hier eigentlich? Was soll das? Warum machen sie das? Vielleicht ist das Ganze ja tatsächlich ein Job, aber riskiert man für einen Job sein Leben? Vielleicht ist es der Mega-Kick, aber heißt heute nicht alles Mega-Kick, was nur einen Pulsschlag jenseits der Norm liegt? Oder es ist ein Spiel, aber kann man sich mit einem Serienkiller wirklich auf ein Spiel einlassen? Vielleicht ist es ja so etwas wie das letzte Abenteuer in einer saturierten Gesellschaft von Freizeitextremisten, aber das würde ihnen viel zu analytisch vorkommen. Wahrscheinlich gibt es kein Wort für das, was dort draußen passiert, an der Südspitze Afrikas.

Es ist ein warmer Sommermorgen, der Wind weht mit 15 Knoten aus Ost, und am Bug der »Starship« zerschneidet ein kräftiger, braun gebrannter Mann eine aufgetaute Haileber in zehn faustgroße Stücke. Er füllt die Stücke in ein Netz, bindet das Netz an einen Haken und lässt es ins Wasser hinab. »Sie werden kommen«, sagt er. »Das ist ihr Lieblingsessen. Sie riechen einen Tropfen Leberöl bis zu 500 Meter weit. Sie werden kommen.«

Der Mann zündet sich eine Zigarette an und blickt der Ölspur nach, die sich wie ein glatter Teppich auf den rauen Atlantik legt. Er trägt eine windschnittige Sonnenbrille und eine graue Baseballkappe, und über seinen rechten Unterarm erstreckt sich eine frische, 20 Zentimeter lange Narbe, die er zur Begrüßung gen Himmel gereckt hatte wie eine Trophäe. »Da war der Weiße Hai vor vier Wochen etwas schneller«, sagt der Mann. »Arterien und Muskeln waren durch.«

Und jetzt? – »Alles wieder okay.« Keine Angst? – »Quatsch.« Warum? – »Warum?? Na, weil das so ist.«

Der Mann heißt Michael Rutzen und gehört zu der Sorte Menschen, die Arbeit und Reden gern voneinander trennen. Er ist 30 und nennt sich selbst »Great White Shark Tour Operator«. Andere im Ort nennen ihn einen »Adrenalin-Junkie« oder »Fast Food für den nächsten Hai«. Rutzen verdient sein Geld damit, dass er Forscher, Filmteams und Touristen hinausführt zu den größten Raubfischen der Welt, zu diesen Lieblingsschurken amerikanischer Filmproduzenten, die so perfekt in die Hollywood-Welt von Gut und Böse passen, weil sie blutrünstig sein sollen und grausam und über ein Maul verfügen, in das ein ausgewachsener Mensch gut hineinpasst.

»Kann sein, dass dort unten schon einer lauert«, nuschelt Rutzen, hält seine rechte Hand in den tiefschwarzen Atlantik und quetscht noch mehr Öl aus der Haileber, die ihm ein Sardinenfischer überlassen hat. In der Ferne leuchtet der weiße Strand von Pearly Peach. Kinder spielen am Ufer und jagen sich ins knietiefe Wasser, und hinter den Bergen, dort, wo sich die Luft heute auf über 40 Grad erhitzen wird, steigt die Sonne auf. Es wird Tag in der Walker Bay. Vielleicht hätte Michael Rutzen seine Narbe nicht unbedingt zeigen sollen. Vielleicht hätten er und sein Kollege André Hartman tags zuvor auch ihr selbst gedrehtes Video nicht präsentieren müssen, auf dem man sah, wie ein Weißer Hai kürzlich in einen dieser angeblich so sicheren Taucherkäfige eindrang und zwei Journalisten um ihr Leben schwimmen ließ. Und vielleicht hätten wir an Bord der »Starship« nicht auch noch Bücher mit Titeln wie »Monsters of the Sea« und »Jaws of Death« herumreichen sollen, in denen die Folgen von Hai-Attacken detailliert festgehalten sind: abgebissene Füße, angenagte Knochen, zerstückelte Leichen.

Wahrscheinlich gehört das alles zum großen Hype um diese angebliche Killermaschine, um ein Tier, das in keinem Aquarium und keinem Zoo der Welt überlebt, das nicht zu zähmen oder gar zu dressieren und in freier Natur nur äußerst selten anzutreffen ist. Und so pilgern Naturliebhaber aus aller Welt nach Gansbaai, in diesen kleinen Ort 170 Kilometer südöstlich von Kapstadt, der als Zentrum für alle Haifreaks gilt und sich dazu den passenden Namen gegeben hat: White Shark Capital of the World.

Instinktiv folgt der Hai der Hand, die ihn an seiner Nase berührt, und lässt sich so dazu bringen, mit seinem ganzen Kopf aus dem Wasser zu tauchen.

Der Wind frischt auf, er trägt den Gestank von 60.000 Robben der Insel Geyser Rock herüber, und am Horizont umkreisen dunkle Wolken jenen Zielort, wo sich an einem guten Tag bis zu 20 Weiße Haie tummeln sollen: Shark Alley. Kurz vor einem Riff geht die »Starship« vor Anker. André Hartman, ein riesengroßer Kerl mit Rauschebart und langen, schon leicht ergrauten Locken, ein Kerl, der jedes Casting für einen Seemannsfilm gewinnen würde, prüft den Wind: Er hat gedreht – auf 20 Knoten aus Südost. Hartman prüft die Sicht unter Wasser: 3 Meter. Und die Wassertemperatur: 13 Grad. Nicht gut. Zu kalt, schlechte Sicht, zu viel Seegang. »Nicht gut«, brummt André Hartman mit einer tiefen, rauchigen Stimme, wie sie nicht anders sein kann, wenn man jeden Tag den Teer von 40 Zigaretten im Rachen ablädt und ihn mit Brandy runterspült.

Am liebsten halten sich die Großen Weißen hier in der Bucht bei 16 Grad auf, haben Rutzen und Hartman in den fünf Jahren ihrer Arbeit festgestellt. Und bei schlechter Sicht und starkem Seegang nähern sie sich Schiffen wie der »Starship« schon gar nicht. Aber vielleicht ist heute alles ganz anders, sagen sie. Vielleicht finden wir heute einen, mit dem wir richtig spielen können. Den wir zum Tanzen bringen. Vielleicht.

Wörter wie vermutlich, kann sein und vielleicht fallen oft in diesen Tagen. Rutzen und Hartman haben zwar Hunderte Weiße Haie gesehen; sie sind mit ihnen getaucht und haben sie gestreichelt, sie haben ihnen tief in die Augen geschaut und sich ihre Fingerkuppen abknabbern lassen, sie wissen mehr über ihr Verhalten als die meisten Wissenschaftler, aber sicher, so richtig sicher, sind sie sich nie. Nicht, wie alt die Tiere werden und wie groß. Nicht, wo sie sich paaren und wann. Nicht, warum sie manchmal so ängstlich sind wie aufgeschreckte Vögel und ein anderes Mal so angriffslustig wie ein Torpedo. Nur, dass sie gestern noch hier waren, genau an dieser Stelle, das wissen sie.

Michael wirft eine Attrappe raus, eine aus einem Surfbrett ausgesägte Robbe, und legt zusätzlich eine perforierte Flasche Fischöl und drei lange Barrakudas als Köder ins Wasser. Das Warten beginnt. Es kann Stunden dauern. Es kann Tage dauern.

Es dauert 45 Minuten. »Shark, Shark«, ruft Michael Rutzen. Die Gespräche an Deck verstummen, und die gesamte Crew rennt an den Bug der »Starship«. Tatsächlich, in etwa zehn Meter Entfernung bewegt sich ein gigantischer schwarzer Schatten langsam und majestätisch durchs planktongetrübte Meer. »Keine Bewegung jetzt«, mahnt Rutzen, »sonst haut er wieder ab.« Die dunkelgraue Rückenflosse taucht aus dem Wasser auf, dreht und wendet sich und schneidet durch den Atlantik wie das Periskop eines U-Bootes. Auch der weiße Bauch ist nun gut zu erkennen, die Kiemenspalten sowie drei blutige Bisswunden auf der Nase. »Ein Weibchen«, sagt Ryan Johnson, einer von zwei Hai-Forschern, die mit an Bord sind. »Um diese Jahreszeit trifft man nur auf Weibchen. Und sie sind sehr viel aggressiver als sonst. Warum, wissen wir nicht.«

Michael Rutzen kniet nun auf der Schwimmplattform der »Starship«, nur 50 Zentimeter über dem Wasser, hochkonzentriert und ruhig. Es ist der Moment, von dem er später sagen wird, er verschaffe ihm jedes Mal einen Adrenalin-Kick wie nichts anderes auf der Welt, wie kein Canyon-Rafting und kein Bungee-Jumping und all diese vorhersehbaren Zehn-Sekunden-Thrills. Der Hai nähert sich ihm, nähert sich den Barrakudas, die Rutzen nun langsam an einer Leine einzieht, nähert sich der Hand, die Rutzen ihm entgegenstreckt – und dreht plötzlich ab. Ignoriert die Delikatessen und taucht unter der »Starship« hindurch in die Tiefe.

Irgendwo dort unten ist er nun, ein vier Meter langer, anderthalb Tonnen schwerer Carcharodon Carcharias (»der mit den gezackten Zähnen«). Dieser vom Aussterben bedrohte Meeresräuber, der das zweifelhafte Glück hat, die gleiche Publicity zu bekommen wie Heidemörder Holst und Ausbrecherkönig Zurwehme und alle Serienkiller dieser Welt. Und gleichzeitig das Pech, zu sehr als Monster zu gelten, als dass Tierschutzorganisationen wie der WWF ihn richtig vermarkten, ihn in ihr Kuscheltier-Sortiment aufnehmen und schützen könnten wie etwa Wale oder Delfine.

Die Minuten vergehen, lange, ungewisse Minuten, in denen die Wellen plötzlich so aussehen wie spitz zulaufende Mäuler und die Schattenmuster auf dem Wasser wie massige Leiber. Aber der Weiße Hai kommt nicht wieder. Vielleicht ist er nicht hungrig, vermutet Michael Rutzen. Oder er hat Angst. Aber vielleicht ist er auch noch in der Tiefe, einige Meter unter dem Rumpf – und wartet. Bei Spielberg würde er jetzt zum Crescendo einer Bassvioline die »Starship« umkreisen, aus der Tiefe hochschießen, das Schiff aufschlitzen und einen blutgetränkten Atlantik hinterlassen.

Der Kinofilm aus dem Jahr 1975 war der Beginn einer Hysterie-Welle, die den Weißen Hai zu einem dämonischen Killer, Spielberg zu einem Multimillionär und Strandurlauber zu Paranoikern machte. Peter Benchley, der Verfasser des Romans und Drehbuchautor des Films, hat längst eingeräumt, »ein unfaires Porträt vom Hai gezeichnet zu haben. Jetzt möchte ich den Rest meiner Zeit dafür nutzen, um vor der Ausrottung der Haie zu warnen«.

Jedes Jahr sterben mehr Menschen durch Bienenstiche oder Schlangenbisse oder durch Ertrinken in der Badewanne als an den Folgen von Hai-Attacken. In Südafrika gab es im Jahr 2000 nur zwei Angriffe von Weißen Haien auf Menschen, und beide endeten glimpflich. Laut »International Shark Attack File« stieg die Zahl der Attacken im vergangenen Jahr weltweit von 58 auf 79, zehn verliefen tödlich. Diese Zunahme lässt sich nach Erkenntnissen des amerikanischen Meeresbiologen George Burgess vor allem damit begründen, dass sich im Wasser immer mehr Surfer und Schwimmer aufhalten und in Gegenden vorwagen, die Haie als ihre Reviere ansehen.

»Die Wahrheit ist, dass Weiße Haie sich nicht viel aus Menschen machen«, sagt Ryan Johnson, Doktorand von der University of Pretoria. »Menschen sind schwer verdaulich, zu kalorienarm und werden von den Tieren meist wieder ausgespuckt. Sie bevorzugen Robben und Delfine und kommen gut auch mal einen Monat ohne Nahrung aus.« Ryan Johnson fährt seit anderthalb Jahren raus, jeden Tag, mit zwei Robben-Attrappen auf dem Wasser und reichlich Frischfleisch als Köder und beobachtet das Verhalten dieser so wichtigen Tiere an der Spitze der maritimen Nahrungskette. Er hat

Mit ungeheurer Wucht katapultiert sich ein Weißer Hai aus dem Wasser und schnappt sich seine Beute, einen Barrakuda-Köder. Danach gleitet er in einer Steilkurve zurück ins Meer.

festgestellt, dass es in dieser Bucht, nahe am Badestrand, unzählige Begegnungen zwischen Hai und Mensch geben muss – ohne jede Folge. »Für jeden Weißen, den wir sehen, gibt es Hunderte Weiße, die uns sehen«, erklärt Ryan. »Ganz selten einmal verwechseln sie Menschen, halten deren Bewegungen für die einer Robbe oder knabbern neugierig an einem Stückchen Mensch.« Was gleich zur Folge hat, dass ein Arm oder ein Fuß fehlen.

Weiße Haie sind, wie man inzwischen weiß, äußerst komplexe und geradezu vollkommene Tiere. Sie sind nur eine von 460 Hai-Arten und leben seit etwa 60 Millionen Jahren in allen Ozeanen der Welt. Bis zu sechs Meter werden sie lang und erreichen Höchstgeschwindigkeiten von 40 km/h. Sie bestehen nicht aus Knochen wie die meisten anderen Fische, sondern aus Knorpel, was die ohnehin hydrodynamisch perfekt geformten Jäger sehr viel wendiger macht. Haie sehen nicht nur zehnmal besser als Menschen, sie können auch hervorragend hören (bis zu einem Kilometer weit) und nehmen im Wasser feinste Druckschwankungen wahr, die durch die Bewegungen anderer Fische ausgelöst werden.

Es wird Abend in der Walker Bay, und der Hai taucht nicht mehr auf. Er wird auch morgen nicht auftauchen, und auch übermorgen nicht. So beginnt das Warten auf der »Starship«. Ein Tag. Zwei Tage. Fünf Tage. Warten, essen, schlafen, warten. Auch das gehört zu einer Reise um die Welt: Warten auf den einen Augenblick, in dem die Natur überrumpelt wird, in dem Haie tanzen und Menschen dafür Worte finden wie *mindblowing* und bombastisch. Warten, bis das Warten unerträglich wird und die Witze dreckiger. Warten, bis Erzählungen tief in die Jugend zurückführen, als Michael Rutzen noch ein Farmjunge war, André Hartman Bassist in der Marineband und das Leben in Gansbaai ein graues, bleiernes Treiben ohne jeden Nervenkitzel.

Bis vor zehn Jahren noch galt Gansbaai als kleines Fischernest, das auf kaum einer Landkarte zu finden war. Dann kamen die Haie und mit ihnen erst die Abenteurer und dann die Touristen. Aus Schuppen wurden Häuser und aus Häusern eine Stadt. Aus Tieren wurden Mythen und aus Mythen ein Business. Mittlerweile leben in Gansbaai 13 000 Menschen, die Weißen – Nachfahren der Buren – im Ort selbst, die Schwarzen draußen im Township, in Masakhane, in Wellblechhütten und Pappschachteln und in der Gewissheit, dass sie auch in Zeiten der neuen Freiheit hier in keine weiße Bar reinkommen, in kein Restaurant und in keine andere Etage der Gesellschaftspyramide.

Inzwischen hat sich das Geschäft mit den Weißen Haien zu einer »moneymaking industry« entwickelt, einem »kleinen Disneyland«, wie Juan, der Besitzer des Hai-Souvenirshops, sagt. In seinem Laden gibt es nicht nur Hai-T-Shirts, sondern auch Haifischzahnketten und original angebissene Surfbretter, im Ort sogar eine »White Shark Disco« mit Wandbildern vom Großen Weißen und Soundtracks vom Großen Weißen und Bier aus Dortmund. Fünf Veranstalter bieten in Gansbaai ihre »Adrenalin-Touren« an, für einen Preis von 100 bis 150 Dollar pro Person. Sie nehmen Touristen mit hinaus, die mit Spielbergs Bildern im Kopf anreisen und mit Rettet-den-Weißen-Hai-T-Shirts zurückfahren. Früher haben die Leute in Gansbaai noch gelacht über diese Pilger und über diese jungen Typen mit ihren Tauchkäfigen auf den Pickups, heute gehören sie zum Stadtleben, genauso wie die Heldendramen, die immer abenteuerlicher werden, je später es wird in den Bars und je mehr Brandy fließt. Dramen aus einer Cowboywelt, in der Männer an die Front gehören, Frauen an den Herd und Schlägereien zur guten Abendunterhaltung. Dramen von dieser hundertstel Sekunde, die über Leben und Tod entscheidet und Haiführer zu Legenden macht.

Täglich fahren Boote mit Touristen und Beobachtungskäfigen an Bord hinaus zum Hai-Way der White Sharks.

»Haai op die aas! Haai op die aas«!, ruft André Hartman auf Afrikaans. Hai am Köder. Es ist der sechste Tag auf See, vormittags um elf. Unser zweiter Weißer Hai taucht aus dem Meer auf, er ist größer als der erste, er schwimmt schneller und dreht sich ruckartiger, so als suche er nach Orientierung. Und auf einmal ist er weg.

»Das ist ein schwieriger Kerl«, sagt Michael Rutzen. Woran erkennt man das? – »Du musst ihn lesen.« Wie geht das? – »Er hat Tempo drauf, er ist ungestümer, und die Augen, sieh dir die Augen an.« Ich seh nichts. – »Der ist gierig. Der will was.«

»Achtung, er kommt von der Seite«, ruft jemand vom Oberdeck. Aber da ist es zu spät. Der Hai katapultiert sich aus dem Wasser, reißt sein Maul auf und erwischt die Barrakudas, bevor Rutzen sie ihm entziehen kann. Er verschlingt auch die Plastikflasche mit Fischöl und zerrt nun am Tau. Schlägt mit seiner vertikalen

Rückenflosse laut klatschend aufs Wasser, Wellen lösen sich, Gischt spritzt hoch an Deck, und schließlich lässt Rutzen das Tau durch seine Finger gleiten, gibt es verloren und weicht zurück. Aber der Hai ist verschwunden.

Was hättest du gemacht, wenn er dich ins Wasser gezogen hätte? – »Bloß nicht panisch werden«, sagt Rutzen. »Du darfst dich weder wie seine Beute verhalten noch wie sein Gegner.« Und wenn er auf dich zukommt? – »Drückst du ihm in die Augen. Oder kratzt seinen Kopf mit einem Stock. Das mag er nicht.« Und wie wäre es mit wegschwimmen? – »Schwimmen? Nein.« Wieso? – »Ich kann nicht schwimmen«, sagt Rutzen. Der Seemann.

Das Spiel mit den Weißen Haien muss nicht auf Dauer gut gehen, das weiß Rutzen genau. Aber über Angst spricht man nicht – Angst hat man. Einmal ist ein Großer Weißer auf ihn zugesprungen und fast auf seinem Schoß gelandet, ein anderes Mal hat ihn eine Welle erfasst und beinahe in den Rachen hineingespült. 19 Narben von kleineren Bisswunden zieren seine Arme und Hände, Narben, die bei Frauen angeblich gut ankommen, »aber wenn sie erfahren, woher ich sie habe, wollen sie nichts mehr von mir wissen«.

Trotzdem will Michael Rutzen weitermachen. Er will den Menschen zeigen, um welch kluges und sensibles Geschöpf es sich eigentlich handelt, will der Erste sein, der die Tiere per Hand füttert, will ihre empfindlichen Stellen am Körper ertasten und vor allem eins: ihre Sprache lernen, in sie hineinblicken. Michael Rutzen will einer von denen sein, die es früher mal auf den großen Trecks der Buren gab und heute nur noch in sterilen Gentechniklabors: ein wahrer Pionier.

Mittlerweile ist in Südafrika so etwas wie ein Wettstreit ausgebrochen um die neuesten Erkenntnisse, die besten Fotos, die spektakulärsten Tricks. Wer kommt am nächsten an den Weißen Hai heran? Wer kann sein Maul öffnen? Wer berührt seine Nase? Und gleichzeitig wächst die Kritik an den Veranstaltern der Exkursionen: Die Haiführer würden die Tiere erst in die Bucht locken und ihnen antrainieren, auf Boote und Surfer loszugehen (wofür es allerdings keinen Anhaltspunkt gibt). Es ist der alte Krieg, in dem die einen als Puristen gelten und die anderen als Ausbeuter, die einen als Money-Maker und die anderen als Trouble-Maker, und in dem es so lang keine Wahrheiten gibt, bis der erste Mensch im Rachen verschwindet.

Es wird Mittag an diesem sechsten Tag. Einige Crewmitglieder füttern die Website mit aktuellen Digitalfotos, andere analysieren das Haiverhalten mit den Meeresbiologen an Bord und schicken ihre Berichte via Satellit hinaus in die Welt. Nur einer steht einsam am Oberdeck, ein junger Kerl mit sonnengebleichten Haaren und hellblauen Augen und einem T-Shirt mit der Aufschrift: »Save the Great White Shark«. »Die Tiere werden vorgeführt«, sagt Chris Fallows. »Wenn man Tiere liebt, spielt man nicht mit ihnen.« Fallows sagt, er liebe Weiße Haie, er liebe sie von ganzem Herzen, sie seien herausragende Persönlichkeiten und gleichzeitig ein so großes Mysterium, weil man sie nie wird richtig erforschen können.

Wahrscheinlich hat kein Mensch der Welt mehr Weiße Haie gesehen als Chris Fallows. Seit acht Jahren schon fährt er auf seinem kleinen Fischerboot »Blue Point« hinaus zu einer Robbeninsel in der benachbarten False Bay und kommt erst in der Dunkelheit zurück. Für jeden einzelnen Weißen Hai hat er ein Portfolio angelegt, in dem er alles festhält: die Größe und das Aussehen, das Jagdverhalten und die Erfolgsquote bei Angriffen auf Robben. Er gibt den Raubfischen Namen wie Christmas Tree (der mit der tannenbaumähnlichen Rückenflosse) oder Rasta (schläfrig, *easygoing*) und hat begonnen, mittels Markierungen und eines Radar-

Weiße Haie sind vollkommene Tiere. Seit etwa 60 Millionen Jahren leben sie in allen Ozeanen. Sie können zehnmal besser sehen als Menschen, hervorragend hören und erreichen eine Höchstgeschwindigkeit von 40 km/h.

systems ihre Wege zu verfolgen. Manche der bisher als Einzelgänger geltenden Tiere hielten sich über Tage in losen Gruppen auf, andere ließen sich wochenlang nicht blicken. Und das Wiedersehen, das sei für ihn so emotional, schwärmt Chris, »gewaltiger als jeder Film, gewaltiger als jede menschliche Begegnung«.

Es gibt Leute, die Chris Fallows für einen Spinner halten, für einen einsamen Tierfanatiker, für das jugendliche Pendant zu der pudelvergötternden Witwe im Lehnstuhl. Dabei ist er ein stiller, bescheidener Typ, der davon lebt, dass er hin und wieder mal einzigartige Fotos verkauft von einem springenden Weißen Hai. Fotos, die in dem Bruchteil einer Sekunde entstehen und für die er monatelang mit gezückter Kamera in seinem Boot ausharrt, bis er

Krämpfe in den Armen bekommt und Kopfschmerzen vor lauter Konzentration. Manchmal schaffen es die Bilder dann tatsächlich auf die Titelseiten einer Tageszeitung – in Vancouver, Los Angeles oder Sydney – und bekommen Überschriften verpasst, die er so hasst: *»Killer on the Loose.«* Oder: *»Be Afraid. Be Very Afraid.«*

Die Population der Weissen Haie hat sich in den vergangenen Jahren etwas stabilisiert, laut Internationaler Tierschutz Union aber sind sie weiter vom Aussterben bedroht. In Australien leben nur noch etwa 200, in Südafrika, wo sie wie in Australien und Teilen der USA geschützt sind, mindestens 1500 Tiere. Erst mit 15 Jahren werden Weiße Haie geschlechtsreif und bringen nur sechs bis sieben Junge zur Welt. Zudem werden sie weiter illegal abgeschlachtet und nach Asien exportiert, weil ihre Flossen dort als Delikatesse gelten, ihre Knorpel als Wundermittel gegen Krebs und ihre Zähne als wertvolle Devotionalien. Bis zu 10.000 Mark bezahlen Sammler für den kompletten Kiefer des Raubtiers.

Weitere Haie tauchen auf an diesem letzten guten Tag auf hoher See; die meisten sind scheu und ängstlich, Schaulustige, die sich neugierig der »Starship« nähern und sich schnell wieder verdrücken. Aber einer ist dabei, der zu bleiben scheint, der mutig ist. Ein Spieler. Endlich ein Spieler. Rutzen lacht, er gluckst, es ist das Lachen eines aufgeregten kleinen Kindes.Er schmiert seine Hand mit Leberöl ein, kniet sich auf die Plattform, zieht den Köder ein und hält dem großen Weißen seine stinkende Hand entgegen. Dieser schwimmt auf ihn zu, entschlossen und kraftvoll, schnappt mit seinem ausdehnbaren Kiefer nach dem Köder, verfehlt ihn, schnappt nach der Hand, verfehlt sie und schießt nun mit Macht aus dem Wasser heraus. In diesem Moment hebt Rutzen seine Hand, führt sie kreisförmig zur Nase des Tieres und berührt sie kurz. Der Hai reißt sein Maul auf, dieses berühmteste Maul der

Tierwelt, mit den Dolchzacken im Oberkiefer und den spitzen Fangzähnen im Unterkiefer, mit diesen fünf stahlharten Zahnreihen, die jeden Knochen durchbeißen. Er verfehlt die Hand erneut, ragt weiter aus dem Wasser hervor, taumelt hin und her, erscheint plötzlich wie hypnotisiert, und gleitet erst nach wenigen Sekunden, die eine Ewigkeit zu dauern scheinen, rücklings ins Meer.

Es ist der so herbeigesehnte Tanz des Großen Weißen in den schwarzen Wellen des Atlantiks. Es ist die elegante Show des Michael Rutzen mit einem Raubtier, aus dem für einige Minuten ein Spielkamerad geworden zu sein scheint. Dabei ist er nichts anderes als ein unberechenbarer Jäger, der nur eins will: fressen. Und so kommt er wieder. Achtmal. Bis die Filme voll sind und die Köpfe auch und bis das Ganze tatsächlich wie ein Spiel erscheint, wie Routine und nicht wie das, was es wirklich ist: ein lebensgefährlicher Akt.

Der Wind legt sich, und zum ersten Mal seit Tagen ist das Meer ruhig. Zeit zum Aufbruch, bevor der Southeaster den Turn ums Kap der Guten Hoffnung wieder unmöglich macht. Michael Rutzen und André Hartman werden sich an diesem Abend wieder den Fischlebergestank vom Körper schrubben – mit Zahnpasta und Allzweckreinigern, mit einer Hard-Core-Mixtur, ohne die ihre Frauen sie nicht küssen und ihre Freunde sie nicht feiern.

Und die »Starship« wird in der Abenddämmerung die Walker Bay verlassen, wird vorbeifahren an Robbeninseln und Pinguinkolonien, an einer Walmutter, die mit ihrem Albino-Kind für die große Reise zur Antarktis trainiert, und wird sich schließlich aufmachen zum nächsten Abenteuer. Richtung Norden.

Abstecher zu den Himbas

Namibia ist ein Land schroffer landschaftlicher und klimatischer Gegensätze. Michael Poliza traf dort auf Menschen, die sich der Natur auf ideale Weise angepasst haben. Die einen seit Jahrtausenden, die anderen erst in jüngster Zeit

Namibia ist ein Land der Weite. Und der Kontraste. Mercury Island liegt voraus, eine winzig kleine Insel im kalten Meer, auf dem Weg von Lüderitz nach Walvisbay. Wir haben Ladung für die Insel an Bord, Gemüse, Salat, alles, was grün ist. Denn Mercury bekommt selten Besuch. Eigentlich nur einmal im Jahr. Dann kommt ein Schiff und bringt Proviant und Wasser – genau 50.000 Liter. Die müssen dann wieder ein Jahr lang reichen für die Inselbewohner: zwei Menschen, 16.000 Pinguine, 5000 Kormorane und 2000 Tölpel.

Die Menschen heißen Rian und Joan, ein junges Paar, das hier seit fünf Jahren lebt, glücklich, wie es beteuert, um als Vogelwarte auf die Insel und ihre Mitbewohner aufzupassen. Beide kommen aus der Großstadt und können sich ein Leben dort nicht mehr vorstellen. Weg von Mercury? Nie! Aber dann scheinen sie doch leise Zweifel zu haben. Nicht an ihrem Insel-Dasein, sondern an sich selbst. Vorsichtig fragen sie uns aus. Hintergrund ihrer Fragen die eine große Frage: Wirken wir noch normal?

Mercury Island ist Heimat einer Kolonie von Kormoranen, Tölpeln und 16.000 Eselspinguinen.

Am Rand der Namib-Wüste lebt das Volk der Himbas wie zu Urzeiten.

Wir können sie beruhigen. Sie sind erleichtert. Und freuen sich über das Grünzeug wie Kinder zu Weihnachten. Zuletzt haben wir die Bescherung noch abgerundet mit einer Kiste Cola, 30 Eiern und einem Computer, den sie sich schon lange sehnlich wünschen, um ihre Vogel-Statistiken besser führen zu können. Und dann blieben sie zurück, auf ihrer einsamen Insel im weiten Meer.

Ist es wirklich das gleiche Land, in dem gerade noch diese andere Begegnung stattgefunden hat? Wir waren mit Vierradantrieb in der staubigen Wüste unterwegs, als wir den Himbas begegneten. Eine Zeitreise. Ein Volk der Rinder- und Ziegenzüchter, das keine Schrift kennt, in kleinen Kralgemeinschaften und festen Hierarchien lebt, in Lehmhütten wohnt und nahezu nichts von dem nutzt, was unseren zivilisatorischen Alltag ausmacht. Das Dorf, auf das wir stoßen, ist winzig. Fünf Hütten, eine Gehege für die Ziegen. Kein Mann ist zu sehen, wahrscheinlich sind sie mit den Ziegen unterwegs, die abends wieder in den Kral getrieben werden. Die Frauen, die mit ihren Kindern allein im Dorf sind, ihre Körper mit einem Gemisch aus Fett und zerriebenem Roteisenstein eingerieben, zeigen nicht die geringste Befangenheit. Im Gegenteil, sie wirken selbstbewusst, ja stolz. Wenn sie gefilmt werden, lächeln sie, und die Kinder jubeln, als sie sich dann im Display der Digitalkamera selber sehen. Die Frauen beschließen, einen Tanz für uns aufzuführen, aber immer wieder bricht eine von ihnen aus der Formation zu einer spontanen Aktion aus, belacht und bejubelt von den anderen. Es ist ihr Fest. Und ihr Leben. Und sie wirken nicht so, als ob sie mit uns tauschen würden. Ebenso wenig wie Rian und Joan, die einsamen Insulaner.

Das Erbe der deutschen Pioniere

Deutsch-Südwest – vor einem Jahrhundert wurde ein Stück Deutschland in die afrikanische Wüste exportiert. Dank Diamantenfunden blühte es zu einer turbulenten Hafenstadt auf. Heute schleift Flugsand die Reste der kolonialen Pracht. Eine Spurensuche in Lüderitz

VON WOLFGANG METZNER

Von Südwest die Gischt des endlosen Atlantiks mit seiner eiskalten arktischen Strömung. Vorn der Glutofen der Namib-Wüste, gewaltige Wanderdünen, eine sandfarbene Wand. Langsam schiebt sich die »Starship« mit ihren leise brummenden Dieselmotoren auf die Küste zu, passiert die Klippen, wo 1487 der portugiesische Entdecker Bartholomaeo Diaz als erster Weißer seinen Fuß auf dieses Land gesetzt hat, gleitet zwischen der Pinguin- und der Robbeninsel durch, deren schrundige Felsen von weißem Vogelkot gefleckt sind. Dann ein Hafen mit rostigen Fischerbooten und einem Häuserhaufen, der auf nacktem Gestein daliegt wie gestrandet: Lüderitzbucht. Einer der skurrilsten Orte der Erde. Ein Stück Deutschland auf einem anderen Planeten.

»Woermann-Linie AG« ist in großen Lettern unter dem geschwungenen Giebel eines alten Kontorhauses zu lesen, vor dem einst Dampfschiffe aus Hamburg festmachten. »Bismarck-Straße«, »Vogelsang-Straße«, »Ringstraße«: vertraute Emailleschilder an Gassen, in denen überall Fachwerkverzierungen, Türmchen und schmiedeeiserne Gitter zu sehen sind.

Leicht könnte man sich in einen Berliner Villenvorort der Jahrhundertwende träumen, wären nicht die meisten Passanten in den staubtrockenen Straßen Farbige. Heute leben nur noch rund 200

Menschen deutscher Herkunft in der Stadt, die auf mehr als 10.000 Einwohner gewachsen ist. Aber die alten Schriftzüge an den Gebäuden, »Kapps Konzert- u. Ball-Saal«, die »Lesehalle« neben dem »Männer-Turnverein«, das würdige Fimenschild von »Krabbenhöft & Lampe«, wo einst alles verkauft wurde von Petroleumlampen bis zu Kamelen, erzählen Geschichten aus einer anderen Zeit.

»Es war eine wunderschöne Zeit damals«, sagt Friedel Druker, die im Seniorenheim »Hermine Offen« sitzt und aus einem Fenster über die Stadt schaut, in der sie so viel erlebt hat: die ersten Jahre der deutschen Schule. Die Theatervorführungen und Turnfeste in girlandengeschmückten Hallen. Rauschende Tanzabende und Fackelzüge und einen Flottenbesuch, bei dem die Kapelle des Kreuzers »Karlsruhe« die Bevölkerung jubeln ließ. Jetzt ist Friedel Druker 81, aber die Augen der alten Dame mit dem sonnengegerbten Gesicht beginnen zu strahlen, wenn sie leise die Töne summt, die zur Melodie ihres Lebens geworden sind: das »Südwester-Lied«, das ein Land »hart wie Kameldornholz« und seine endlosen Weiten besingt.

»Deutsch-Südwest«. Heute entweder vergessen oder als imperialistische Sünde verfemt. Dabei ist diese verschwiegene Epoche ein faszinierendes Stück Geschichte von Abenteurern, die voller Hochmut und Eroberungslust, aber auch voller Opferbereitschaft aufbrachen in eine neue Welt.

Franz Adolf Eduard Lüderitz war einer der Ersten. Noch heute erinnert ein Gedenkstein auf der wellenumspülten Haifisch-Insel am Hafen an den Pionier, den alte Bilder mit ungestümen Locken und mächtigem Schnäuzer über dem Stehkragen zeigen. In Amerika war der Sohn eines Bremer Tabakgroßhändlers mit seinen Geschäften gescheitert. Nun wollte er in Afrika sein Glück machen, in dieser baumlosen Bucht, die alles andere als einladend aussah. Es war der 10. April 1883, als dort ein Erkundungstrupp ins kalte Wasser sprang und mit einem lauten »Hurra!« an Land stürmte.

Der Bremer Kaufmann Franz Adolf Eduard Lüderitz landete 1883 in der Bucht, die heute seinen Namen trägt und gründete eine deutsche Kolonie.

Vier Männer schafften Balken und Kisten ans Ufer, um einen Vorposten aufzubauen. Lüderitz, der bald folgte, wollte nach Mineralien suchen und einen Handelsposten in der Ödnis gründen, die noch von keiner europäischen Macht besetzt war.

Mit Hilfe von rheinischen Missionaren kaufte er dem Nama-Häuptling Joseph Fredricks für 100 Pfund Sterling in Gold und 200 Gewehre einen Uferstreifen ab. Der lebte mit seinem Volk weiter im Inland. Aber in der Bucht hatten sich auch schon ein paar englische Robbenfänger niedergelassen. Gegen diese Rivalen brauchte Lüderitz den Schutz der Regierung in Berlin.

Kanzler Bismarck war an Kolonien nicht interessiert, nachdem der Reichstag die »Samoa-Vorlage« und damit die Schutzherrschaft über die Südseeinsel abgelehnt hatte. Aber die Öffentlichkeit machte Druck. Deutschland hatte 1882 eine Überseeauswanderung von 220.000 Menschen. So garantierte Bismarck Lüderitz schließlich in einem Telegramm die Protektion durch das »Empire«. Und schickte 1884 die Kriegsschiffe »Elisabeth« und »Leipzig« in seine Bucht.

»Mit voller Musik zogen wir den Abhang hinauf, in dessen Mitte eine hohe Flaggenstange errichtet worden war«, schrieb der Marinegeneralarzt Dr. Harry König, der mit 300 Mann Besatzung dort landete, »die Kriegsflagge stieg am Mast empor, und in das donnernde dreifache Hoch mischte sich der Kanonenschall der beiden Fregatten, die der Flagge den Salut von je 21 Schüssen brachten.« Es waren die Startschüsse für eine Kolonie, deren goldene Zeiten Lüderitz nie mehr sah.

Der Kaufmann aus Bremen konnte sein Abenteuer schon bald nicht mehr finanzieren, nachdem sein Schoner »Tilly« mit wertvol-

Deutsche Architektur mit Erkern und Fachwerk prägt bis heute Teile von Lüderitz. Rund 200 Deutschstämmige leben noch in der Stadt.

ler Ladung wenige Meter vor Afrika an den Klippen zerschellt war. Er selbst verscholl für immer, als er mit einem winzigen Faltboot von der Mündung des Oranje-Flusses die Küste im Süden erkunden wollte, die so viele Menschenleben gekostet hat. Wer heute an den endlosen Felsstränden unterwegs ist, stößt immer wieder auf Skelette von Schiffen, die Strömung und Sturm ans Ufer geworfen haben. Und wer sich vom Meer aus auf den Weg nach Osten macht, ins Inland, trifft auf unzählige Knochen von Zugochsen, die in den Dünen jämmerlich verdurstet sind. Hundert Kilometer breit ist der Wüstengürtel, der sich am Atlantik entlangzieht: hundert Kilometer Todeszone für die Ochsentrecks, die immer wieder im Sand stecken blieben, wenn sie mit ihren schweren 24-Spännern die glühende Namib durchquerten. Hundert Kilometer flimmernde Luft, die glitzernde Seen in der Ferne vorgaukelt, aber beim Näherkommen im Nichts verschwinden lässt.

Weder in Lüderitzbucht noch in den umliegenden Dünen gibt es irgendwelche Quellen, und Trinkwasser musste zu horrenden Preisen mit dem Schiff von Kapstadt herantransportiert werden, bis 1897 ein Dampfkondensator gebaut wurde. Erst nach der Durststrecke beginnt das gelobte Land. Es ist dieses Land, das vor hundert Jahren die Farmer anlockte und bis heute jeden in seinen Bann zieht: Gras, so weit das Auge reicht. Termitenhügel und Springböcke in der Steppe, aus der im fernen Dunst braune Bergketten aufragen. Auf den ersten Blick eine spröde Schönheit. Aber wenn die gewaltigen Regengüsse kommen, ein grünes Paradies.

Die unendlichen Weiden bieten dann Nahrung für riesige Rinderherden, und so entstanden dort vor einem Jahrhundert immer mehr deutsche Farmen. Als sich die eingeborenen Hottentotten dagegen wehrten, wurden Eisenbahngleise durch die Namib gelegt: Die »Schutztruppe« sollte anrücken. Immer wieder blieben

Bauarbeiten und Bahnwaggons im Flugsand stecken. Aber gerade dort schlummerte auch ein Wunder: Über Nacht wurde die Wüste zum Dorado für Glückssucher aus aller Welt. Als im fernen Deutschland schon über die teure »Streusandbüchse« auf dem Schwarzen Kontinent gespottet wurde, fand der Streckenarbeiter Zacharias Lawala neben den Bahngleisen einen merkwürdig glitzernden Stein. Der »Cape Boy« aus Südafrika brachte ihn zu seinem deutschen Bahnmeister. August Stauch machte einen Ritzversuch auf seinem Uhrglas. Die Schramme, die zurückblieb, löste ein wahres Fieber aus.

Wie ein Lauffeuer verbreitete sich im Mai 1908 die Nachricht, dass im Wüstensand Diamanten lagen. Ein Wettrennen um die besten Schürfgebiete begann. Selbst nachts krochen die Männer auf Knien durch die Dünen, um nach den Glitzerdingern zu sehen.

»Die Diamanten funkelten derartig im Lichte des Mondes, dass sie mühelos aufgelesen werden konnten«, schrieb einer der Schürfer. Ein Suchtrupp Stauchs sah südwärts die edlen Steine »wie Pflaumen unter einem Baum« liegen. Die Rubine daneben waren so zahllos, dass man sie achtlos zurückließ. Von 1908 bis 1913 wurden 4.963.321 Karat Diamanten aus der Namib gebuddelt, fast eine Tonne, und ein großer Teil davon kam aus Kolmannskuppe: damals Bahnstation und Schürfer-Hochburg, zwölf Kilometer von Lüderitzbucht entfernt auf einen Dünenkamm gesetzt. Heute Geisterstadt, längst verlassen. Eine Zeitmaschine, die den Besucher in eine vergangene Welt beamt.

»Sperrgebiet« steht auf den abgeblätterten Metallschildern, die früher das Reich der Diamanten umgrenzten. In einem ausgebleichten Holzhaus liegen sonnenversengte Arbeitsstiefel und brüchige Schüttelsiebe. Im Regal alte Anstellungsverträge (»54 Stunden pro Woche«) für Männer aus Glasgow und München (»Staatsangehörigkeit: Bayern«). Daneben die »Fiebertabelle« aus dem »Eingeborenen-Lazarett«. Im »Tante-Emma-Laden«, säuberlich abgeheftet, die Bestellungen einer Haushälterin: »Brillantine, Kautabak, Curry Powder, Freiburger Brezeln, Datteln und Waschpulver Persil.«

Das riesige Casino von 1927 beweist, dass Kolmannskuppe auch nach dem Ersten Weltkrieg wieder aufblühte, als »Südwest« unter das Protektorat Südafrikas kam. In der Kegelbahn hängt noch das Emblem des Vereins »Gut Holz« neben den Ebenholzkugeln, und ein Stockwerk höher schritten die besseren Herrschaften durch die holzgetäfelten Flure in ihren reservierten Speisesaal.

Heute sind die Scheiben von Hospital, von Bäckerei, vom Lehrerhaus zersplittert, und Sandgebirge stehen darin bis unter die Decken, deren Anstrich sich wie Haut im Sonnenbrand abpellt.

Die Felsenkirche von 1912 wurde mit dem Gelöbnis eingeweiht, »auf immer an deutscher Art und Sitte festzuhalten«. Heute finden nur noch selten Gottesdienste statt.

Durch alle Ritzen bläst der Wüstenwind feine Körner in die verwaisten Räume, als wäre eine gigantische Sanduhr am Werk. Nicht nur in Kolmannskuppe hat der Diamantenrausch seine Spuren hinterlassen. In Lüderitzbucht machte er aus einer Hand voll von Häusern und Schuppen eine Boomtown mit einem Leben wie in einer europäischen Großstadt. Schmucke Gebäude schossen wie Pilze aus dem Boden. Ein neues E-Werk sorgte für Straßenbeleuchtung. Eine eigene Zeitung wurde herausgegeben, und bei Pferderennen und Maskenbällen flossen Ströme von Champagner und Bier.

»Die meisten Südwester leiden an chronischen Durstgefühlen«, amüsierte sich eine junge Anwaltsgehilfin, die damals frisch angekommen war und mit staunenden Augen in das Nachtleben eintauchte. Wenn in Kapps Bar die Geldscheine ausgingen, um die Barmädchen für einen Tanz auf dem Tresen zu bezahlen, kullerte schon mal ein glitzernder Klunker über den Tisch.

Friedel Druker aus dem »Hermine Offen Haus« hat diese Stein-Zeit nicht mehr selbst erlebt. Sie ist auf einer 14.000-Hektar-Farm am Rand der Namib aufgewachsen. Und die 81-Jährige erinnert sich voller Wehmut an die langen Backäpfel-Abende auf der Farm, wo man mit den »Boys« Deutsch sprach. An die Zeit, in der Geschäfte für sie »Store« waren, eine Straße »Pad« hieß und Mischlinge ohne böse Gedanken »Bastarde« genannt wurden. Sie weiß auch noch genau, wie ihr Vater kommandierte: »In mein Haus kommt keine Hakenkreuzfahne, sondern nur Schwarzweißrot.«

Wie die anderen Deutschen hier weist sie empört den Verdacht zurück, dass die Siedler in »Südwest« besonders nazifreundlich gewesen seien. »Ja, wir waren sehr deutsch, aber die Leute hier haben Kaisers Geburtstag und nicht den von Hitler gefeiert«, sagt die Frau, die mit einem Juden verheiratet war.

Lüderitzbucht heißt heute »Luederitz« auf den englischsprachigen Karten. Die »Deutsche Afrika-Bank« in der Hauptstraße ist zur »Commercial Bank of Namibia« geworden. Die »Felsenkirche«, 1912 erbaut, von »Wilhelm Zwo« mit einem Altarfenster bedacht und von Pastor Alexander Metzner mit dem Gelöbnis eingeweiht, auf immer »an deutscher Art und Sitte festzuhalten«, liegt fast verwaist über der Stadt, die mal die Keimzelle einer Kolonie war.

Draußen in der Sturmvogelbucht, wo 1913 eine Walfangstation war, frisst sich der Rost durch die Kocher, Kapps legendärer Ballsaal wird zum Supermarkt umgebaut. Frauen wie Charlotte Bergknecht, die dort noch regelmäßig die Kugel schieben im »Kegelverein Fleißige Lieschen«, sind auch schon über 80. Und im fachwerkgeschmückten Rathaus, wo eine ganze Galerie mit Fotos deutschstämmiger Bürgermeister hängt, sitzt jetzt Emilia Amupewa unter einem Porträt von »Onkel Sam«.

Im Kegelklub »Fleißige Lieschen« schieben deutschstämmige Seniorinnen ihre ruhige Kugel.

Emilia Amupewa gehörte wie Präsident Sam Nujoma der Swapo an: der Organisation, die für Namibia die Unabhängigkeit von Südafrika erkämpfte. Und wie der Übervater der Nation zählt die neue Bürgermeisterin zu den Ovambo: dem Volk, von dem Tausende vor der letzten Wahl nach Lüderitzbucht umgesiedelt wurden, um für die richtigen Mehrheitsverhältnisse zu sorgen. Ein Teil fand Jobs in den stinkenden Fischfabriken und Zuflucht im »Sand Hotel«, wie Weiße den Wellblech-Slum am Berghang schimpfen. Aber die »Germans«, sagt Emilia Amupewa ganz freundlich, sind immer noch »strong in town«.

So fühlen sie sich auch – zumindest diejenigen, die noch aushalten: ein verschworener Haufen, der jedes Jahr seinen Karnevals-

Die stolze Bürgermeisterin der Stadt, Emilia Amupewa, posiert vor einer Darstellung der ersten europäischen Landung durch Bartholomaeu Diaz 1487.

prinzen wählt und sich jeden Samstag zwischen Kolonnen deutscher Bierdeckel an der Bar der »Turnhalle« trifft. Dort werden nicht mehr Gewichte, sondern Gläser mit Saft nach deutscher Braukunst gestemmt.

»Das Leben hier, das ist immer noch die große Freiheit«, sagt Werner Zwicker, der eine Autowerkstatt betreibt. Er möchte das nicht missen: die wilden Fahrten mit den Kameraden vom »4-by-4-club« in Geländewagen durch die Dünen und den Canyon des Fish River. Die Touren durch den endlosen Busch und die Lagerfeuer an den gelbtrockenen Flussbetten. Die Flamingos am Strand und die Lobster im knietiefen Wasser. »Vor der Tür haben wir einen großen Sandkasten, und hinter uns dieses riesige Meer.«

Dort liegt die Zukunft: Die »Starship« wird die Bucht wieder verlassen, aber bald sollen Kreuzfahrtschiffe kommen. Kreditkartengespickte Passagiere für die Shops und Souvenirläden an der neuen »Waterfront«, die gerade am Hafen hochgezogen wird.

Noch ist der Blick frei auf das Kontor der »Woermann-Linie« und die Fassade von »Krabbenhöft & Lampe«. Aber das alte Lüderitzbucht, diese herbe Schönheit, könnte bald zum letzten Tanz bitten, wenn der Karnevalsprinz nicht mehr zum jährlichen Maskenball nach Kolmannskuppe ruft. Der Garde fehlen schon die jungen Mädchen.

Spiegel der See

Auf der Fahrt von Namibia nach St. Helena führt Wolfgang Röhl ein Tagebuch, meditiert über das Meer, seine wechselvollen Gesichter und die Gedanken, die es auslöst

Walvis Bay, Donnerstag, 16.00 Uhr
Walfischbucht, was für ein romantischer Name. Du stellst dir darunter Wasweißich vor. Einen Kapitän-Ahab-Hafen vielleicht. Rumselige Burschen, rauchgeschwängerte Kaschemmen. In Wahrheit ist Walfischbucht ein Fischindustriekaff an der Küste von Namibia. Triste Hüttensiedlungen, Fischöltanks, Fischmehllager, über allem Fischgestank. Rostige Trawler, gammelige Lagerhallen, bröckelnde Kaimauern. Am Ortsausgang, im Wüstensand, verwehte Gräber von unbekannten Malochern, die irgendeine Epidemie hinweggerafft hat. Wir sind froh, als die »Starship« endlich ablegt.

Schwache Dünung
Hinter uns die ockerfarbene Namib-Wüste mit ihren enormen Dünenkämmen. Übergangslos fällt sie ins graugrüne Meer. Robben springen aus dem Wasser wie Delfine, Kormorane patrouillieren die Wellen. Schwarze Möwen folgen dem Kielwasser, Abfälle witternd. Im Hintergrund Bergketten. Golden bestrahlt, während wir ins Bleigrau abdampfen. Tief hängt die Wolkendecke. Martin, unser englischer Kapitän, von Haus aus Tanker- und Containerschifffahrer, hat den Kurs der »Starship« auf der Bildschirmkarte per Mausklick festgelegt und in den Navigationscomputer eingegeben. Noch ein paar Wendemarken, die von Hand zu bestätigen sind. Danach wird die »Starship« stur Kurs 290,5 Grad Nordwest halten. Die Abdrift wird ständig ausgeglichen durch das Satelliten-Navigationssystem. Sechs Tage werden wir für die 1222 Seemeilen bis St. Helena brauchen, falls das Wetter so bleibt. Sagt der Computer. Sollte unterwegs die Windrichtung wechseln und sich der »Speed over ground« (tatsächlich gefahrene Geschwindigkeit) ändern, wird sich der Computer laufend korrigieren. Am Ende liegt er immer richtig. Beneidenswert.

9.30 Uhr
Raue See. Allen ist ein bisschen unwohl. Die »Starship« rollt und schlingert. Wir werden während der ganzen Passage wahrscheinlich kein anderes Schiff sehen, meint Martin, der oft im Südatlantik fuhr. Wenn er in solchen

schiffsverlassenen Gegenden denn doch mal was auf dem Radar entdeckt, greift er gern zum Funkgerät, Kanal 16. »What are you doing here?« Die Antwort lautet meistens: »What are you doing here?«

Freitag, 12.00 Uhr

Schlecht geschlafen. Einmal schmerzhaft zu Boden gegangen, beim Versuch, aus der oberen Koje zu klettern. Das Boot bricht manchmal achtern aus wie ein Auto bei Glatteis. Dann kommen Kräfte zum Zuge, die einen in unerwartete Richtungen schleudern können. Dünung: ungefähr drei Meter. Beileibe nicht die »Roaring fourties«, die gefürchteten Sturmgebiete unterhalb des 40. Breitengrades. Aber in Verbindung mit Rückenwind genug, um uns zuzusetzen. Die Espressomaschine fällt von der Anrichte und gibt den Geist auf. In unserer Kabine reißt ein Drucker aus seiner Sicherheitshalterung und geht k.o. Überall knarzt und ächzt es. Muss das Boot abkönnen, pflegte Lothar-Günther Buchheims »Kaleu« zu knurren.

Eine verwischte Stimme im Radio, Kanal 16. Verstehe nur »Island«. Nichts zu sehen, weder mit den Augen noch auf dem Radarschirm. Fregattvögel segeln über die Wellenkämme. Es klart auf, wird wärmer. Der kalte Benguela-Strom verliert an Wirkung. Lasse, unser schwedischer Koch, ist seekrank. Die

anderen sind müde, wegen des ewigen Geschaukels und der Pillen gegen die Seekrankheit. Birgit, unsere Bord-Biologin, trägt ein Armband gegen Übelkeit. Schaut damit aus wie vom Club Med. Blick von der Fly Bridge. Hier oben wirkt das Boot erst so richtig rollig. Ich bin zum Glück nicht seekrank. Wellen. Weite. Grauweißblau. Diffuser Horizont. Wie mutterseelenallein so ein Schiff sein kann. Was, um Himmels willen, finden Einhandsegler daran, um den Erdball zu schaukeln? Hundeleben. Saufraß. Und keiner, keiner da zum Reden. Es schüttelt einen bei der Vorstellung. Muss wie eine Droge wirken, diese extreme Segelei. Anders ist sie nicht begreifbar.

14.00 Uhr

Es klart auf, wird wärmer. Weiße Kappen auf den Wellen. Das Wasser auf einmal gnadenlos blau. Auf Kanal 16 ruft einer die Yacht »Schipso« oder so. Wieder nichts zu sehen. Wir laufen rund 8,5 Knoten, 15 km/h. Sogar ein Hollandrad würde uns überholen. Über den Bug schauend, hat man das Gefühl, kein Stück voranzukommen. Jeder Bezugspunkt fehlt. Wiederentdeckung der Langsamkeit. Obwohl, an unserem rechteckigen, schmalen, fast auf Wasserhöhe gelegenen Kabinenfenster entlang sprudelt es, als segelten wir den Admiral's Cup. Alles relativ.
Abends zieht es sich wieder zu. Höhere Wellen. Der Kühlschrank im Salon ist jetzt nur noch durch zwei Leute zu handhaben. Einer hält ihn einen Spalt auf, der andere bedient sich. Sonst Kladderadatsch. Es gibt Reis mit Champignonsauce sowie Schwarzwälder Kirschtorte, gekauft beim deutschen Bäcker in Walvis Bay. Die Crew, alle bis auf Birgit Angelsachsen, ist von dem gewaltigen Teil beeindruckt.

Samstag, 8.00 Uhr

Schiff in Sicht! Zunächst nur auf dem Schirm, aber immerhin. Endlich was zu sehen! Man glaubt ja gar nicht, wie anstrengend es ist, dauernd nichts zu sehen. Sonst nur Routine. Jede Stunde kontrolliert Corinne, unsere englische Maschinistin (eine richtige »Marine Mechanic«, viel rumgekommen auf Riesenpötten), den Maschinenraum. Liest die Instrumente ab, lauscht, ob sich Geräusche verändert haben. Sie traut jenem Bildschirm auf der Brücke, der die Motorendaten anzeigt, längst nicht mehr. Einige davon sind falsch. Ist auch gut, um sich Bewegung zu verschaffen, sagt Corinne in ihrem gewöhnungsbedürftigen Birmingham-Akzent.
Langeweile, Geißel der Seefahrer! Kein Land, nirgends. Früher wurden die Sailors eisern unter Dampf gehalten, damit sie nicht auf dumme Gedanken kamen. Immerzu Deck schrubben, Reling streichen. Keine Schikane, bloß angewandte Psychologie. Wäre Captain Bligh von

der »Bounty«, der nach Ansicht von Historikern nicht halb so hart neurotisch war, wie ihn Hollywood im Film darstellte, noch strenger mit seiner Mannschaft umgegangen, vielleicht wäre ihm die Meuterei erspart geblieben.

Alles fällt schwer bei dem Geschaukel

James, unser talentierter Multimedia-Mann, kann sich immer nur für ein paar Minuten konzentrieren, wenn er seine Videofilme am Bildschirm schneidet. Brady, kanadischer Web-Unternehmer, der sich eine lange Auszeit vom Stress der New Economy genommen hat, geht es genauso mit dem englischen Internet-Logbuch, das er jeden Abend schreibt.
Das andere Schiff: ungesehen vorbei. Nicht mal Funkkontakt. Unser einziger Besucher: ein fliegender Fisch, der tot im Schlauchboot liegt. Wie hoch sie fliegen können, diese eleganten Zwitterwesen! Hinten auf dem Deck ist die Raucherecke. Da sinniert man und guckt in die Wellengebirge und wiegt sich mit dem Boot und könnte ewig so weitergucken. Wasser ist wie Feuer. Dieselbe Magie. Besser als jedes Fernsehprogramm.
Zu einer Schiffsreise gehört das richtige Buch. Ich habe die wunderbaren »Seestücke »von James Hamilton-Paterson dabei. Darin geht es zum Beispiel um eine schräge Diät aus dem Jahre 1891 gegen die Seekrankheit. Nach Einnahme wurde man vielleicht nicht seekrank, dafür aber blind, taub und heroinabhängig. Hamilton beschreibt auch die Sekte der Zeteriker, die das kopernikanische Weltbild leugnet. Einer ihrer Anhänger verfasste vor 60 Jahren das Standardwerk »100 Beweise, dass die Erde keine Kugel ist«. Beweis Nummer 45 geht so: Eine exakt vertikal abgeschossene Kugel fiele nachweislich auf die Kanone zurück, auf diese Weise anzeigend, dass die Erde stillstehe. Allein die Vorstellung! Müsste man in Gänze lesen.
Das elektronische Lot zeigt an: 4795 Meter bis zum Grund. Und was ist da unten? Hoffentlich kein amerikanisches U-Boot mit Zivilisten an Bord.

Das Meer (I)

Wenn du lange genug draufguckst, auf seine amorphe, gleichgültige Masse, erkennst du, was es ist. Kitsch. Der größte Kitsch der Welt. Insofern, dass es das Abgeschmackteste, Platteste in dir hervorlockt. Das Meer ist wie eine Nacht in der Wüste, am Lagerfeuer, unter sternklarem Himmel. Da schwirren im Kopf die Gemeinplätze. Wie klein wir Menschenwesen doch sind! Wie schwach und unbedeutend! Ja, ja, geschenkt. Haben wir alle schon mal gedacht, wir Hobbyphilosophen. Birgit hat es gut. Die Biologin erfreut sich

an einer unbekannten Pinguin-Zecke, die sie auf einem Felsen vor Südafrika aufgegabelt hat und durch unser fabelhaftes Olympus-Mikroskop analysiert. Vielleicht werden kommende Pinguin-Generationen dadurch vor großem Schaden bewahrt.
Abends Lamm. Ganz gut, geht natürlich besser. Der Cuisine sind auf der »Starship« Grenzen gesetzt. Zutaten sind oft nicht frisch, auch darf bei Überfahrten nicht mit Öl gebraten werden (Feuergefahr). Ab in die Koje. Schlafe jetzt besser.

Sonntag, 7.00 Uhr

Aufregung. Gestern Nacht gegen 2.30 Uhr, die Wache hatte James, ein Schiff. Containerfrachter, 25 Knoten schnell, voll auf Kollisionskurs. James musste hart Steuerbord gehen, denn das Dickschiff fuhr stur weiter. Dass so was möglich ist in einer Wasserwüste! Erinnert an die Flugzeuge, die vor der namibischen Küste zusammenstießen. Fast leerer Raum, und die beiden einzigen Benutzer weit und breit stoßen zusammen.
Lasse hat seinen freien Tag. Seltsame Idee auf einer 23-Meter-Yacht, wo man weder joggen noch Rad fahren, noch in die Disco gehen kann. Aber soziale Errungenschaften müssen bewahrt werden, und Lasse ist auch noch Schwede. Später kocht er doch. Hab sonst Langeweile, sagt er.

Das Meer (II)

Kitsch hin oder her. Man muss das Gemüt eines Fleischerhundes haben, beziehungsweise das des ätzend rationalen Ingenieurs aus Max Frischs Roman »Homo Faber«, um ein solches Stück Leere betrachten zu können, ohne in finale Seinsfragen abzudriften. Zitat Hamilton: »Der Ozean bewegt sich niemals ohne einen tiefen Ernst, selbst an wellenlosen Tagen des Funkelns und Wiegens – kein Wetter ist unpassend für eine Seebestattung.« – »Die aufgewühlten Wasser in mittlerer Entfernung haben selbst dem stumpfesten Empfinden etwas Wortloses und Unbarmherziges zu sagen.« – Zu den Eigenschaften des Meeres gehören das Verbergende, die Versinnbildlichung der Zeit und das Auslöschende. Zum Abendessen gibt es Fischstäbchen. Zu weich. Das Bratöl fehlt.

Montag, 12.00 Uhr

Mit Corinne in den Maschinenraum gegangen. Alles für sie Lilliput, natürlich, verglichen mit den Monsteraggregaten auf ihren Tankern und Containerschiffen. Aber auf der »Starship« ist sie allein verantwortlich, und das mag sie. Wir unterhalten uns schreiend – auch ein Acht-Zylinder-MAN-Diesel mit nur 420 PS macht reichlich Krach. Eine Frau als Maschinist, *how come*? Man braucht keine Kraft bei modernen Motoren, brüllt mir Corinne ins Ohr.

Es kommt darauf an, Probleme zu erkennen, Lösungen auszutüfteln. Kann eine Frau genauso gut. Okay, war nur 'ne Frage.

Himmel noch immer bedeckt

Es wird aber immer wärmer. Alle chronisch müde, wegen der permanenten Muskelanspannung. »Lethargisch«, schreibt Birgit ins deutsche Internet-Logbuch. Reif für die Insel. Gibt's da Kneipen? Strände? Grüne Hügel? Ein Handynetz, in das wir uns einloggen könnten? Und wie sind die Leute? Gegen 19.00 Uhr überqueren wir den Nullmeridian, die prominenteste Zeitzäsur (Greenwich Mean Time). Foto von der Crew auf dem Vorderdeck.

Dienstag, irgendwann

Blödsinniger Gedanke, dass die See die Zeit versinnbildliche. Sie schafft sie im Gegenteil ab. Wir bombardieren uns mit Quizfragen, um nur in der Welt zu bleiben. Alle wollen jetzt auf die verdammte Insel. Land! Bar! Fun! Martin hat das 122-Quadratkilometer-Eiland schon auf dem Monitor. Da liegt es, mit allen Untiefen, Buchten, Felsen. Zum ersten Mal auf dieser Fahrt sehen wir Sterne. Herrlich.

Mittwoch, 6.30 Uhr

Ob man eine Insel mit dem Sextanten oder per Mausklick ansteuert: Der allererste, jungfräuliche Blick ist immer wie der des jungen Jim Hawkings aus Robert Louis Stevensons »Treasure Island«, als er von Bord der »Hispaniola« die Umrisse der Schatzinsel erkennt. Abenteuer ahoi! Ja, genauso muss man sich einer Insel nähern. Von See her. Mit dem Flieger wäre es nur halb so schön. Zugegeben, direkt schön wirkt sie nicht gerade. Ein dunkler Klotz unter verhangenem Himmel, vulkanisch, archaisch, abweisend. Napoleon, der 1815 hierher deportiert wurde, auf dass er keinen Schaden mehr stifte, soll das Herz gesunken sein. Unseres schlägt höher. St. Helena, Felsen der Verbannung, einsamer Anachronismus im Atlantik – wir kommen!

Bob Marley

WESTAFRIKA

St. Helena – Splendid Isolation

Nicht umsonst wählten die Engländer St. Helena als Verbannungsort für Napoleon, der dort die letzten sechs Jahre seines Lebens in einem schmucklosen Flachbau zubrachte. Bis heute hat die Insel weder eine Flugpiste noch einen richtigen Hafen. Wer sie dennoch erreicht, entdeckt eine eigenwillige Schönheit

VON WOLFGANG RÖHL

Keinen Fußbreit dem Verbrechen! Mit dieser Devise trat Royce Hipgrave vor neunzehn Monaten seinen Dienst in Übersee an. Der Chief Inspector aus Sussex hatte sich freiwillig in ein entlegenes Relikt des British Empire versetzen lassen. Dessen verschnarchten Polizeiapparat auf Vordermann zu bringen schien ihm eine Herausforderung. »Ich bin für das Konzept der Amerikaner«, bekennt Royce, der sich wie alle Insulaner mit Vornamen anreden lässt. »Und das heißt: zero tolerance.«

Nun ist die Insel St. Helena, vor der die »Starship« ankert, nicht gerade eine Brutstätte des Bösen. Der letzte Mord geschah Anfang der achtziger Jahre, der davor fand 1904 statt. Der Polizeibericht dieser Woche liest sich ähnlich wie der von der letzten und der vorletzten: 1 leichter Verkehrsunfall, 2 streunende Hunde in den Felshängen um den Hauptort Jamestown, 1 Einbruch (2 Lautsprecherboxen gestohlen), 1 Fall von Lärmbelästigung. Was fehlt, sind 1 obszönes Telefonat (im Durchschnitt einmal pro Woche gemeldet) sowie harte Drogensachen. Die gab es hier noch nie.

Vorbeugung, meint Royce, sei das Wichtigste. Seine Truppe, insgesamt 32 Männer und Frauen, patrouilliert St. Helena bei Tag und Nacht, zu Fuß und motorisiert. Ein Arbeitsbeschaffungsprogramm, lästern die Insulaner, die ihre Autos nie und ihre Häuser

Polizeichef Royce Hipgrave vor dem Gefängnis, in dem keine Insassen sind, weil sie auswärts arbeiten. Kehrt einer nicht zurück, passiert nichts: Früher oder später kommt er doch, weil die Küche so gut ist.

nur selten abschließen. Am Wochenende, wenn sie sich einen auf die Lampe gießen und es in den vier Pubs von Jamestown schon mal laut wird, tigern die Ordnungshüter rastlos herum. Der Polizeichef führte sogar ein »Pubwatch«-Programm ein – Kneipenwirte sollen ihre Kollegen telefonisch vor anrückenden Betrunkenen warnen. Fast alle Gesetzlosigkeit geht von acht »Troublemakers« aus. Die werden scharf überwacht. Royce hat die Kriminalitätsentwicklung des 5000-Einwohner-Eilands penibel dokumentiert. »Die Verbrechensrate wurde im letzten Jahr halbiert«, sagt er. »Die Aufklärungsquote beträgt jetzt 67 Prozent. Davon kann Großbritannien mit seinen 20 Prozent nur träumen.«

Er führt uns in das 1827 erbaute Gefängnis neben der St.-James-Kirche, mit 15 Zellen Englands kleinstes. Niemand da. Die Hand voll Knackis arbeitet auf einer Farm am Ortsausgang, einer als Gärtner bei Privatleuten. Abends fahren sie wieder ein. Wenn mal einer türmt, was tut's? »Sobald er Hunger kriegt, kommt er ja zurück«, sagt Royce, »Linda kocht wirklich gut.« Linda ist die voluminöse Küchenfee der Strafvollzugsanstalt.

Ein Unikum, dieses St. Helena. Anno 1502 von den Portugiesen entdeckt und benannt, ab 1659 Stützpunkt der englischen Ostindiengesellschaft. Position 5° 43' West und 15° 56' Süd im Südatlantik. Fast zweitausend Kilometer entfernt von der Westküste Afrikas, fast dreitausend von der Ostküste Lateinamerikas. 122 Quadratkilometer groß, vulkanisch, bis zu 800 Meter hoch. Kein natürlicher Hafen. Kein Flugplatz. Nur das Linienschiff »St. Helena« hält die Verbindung nach England und Südafrika. Manchmal lässt es fünf Wochen auf sich warten. Einer der solitärsten Flecken auf dem Globus.

Die Briten hatten die Insel genau deshalb ausgewählt, als sie nach Waterloo einen Verbannungsort für den geschlagenen Napoleon suchten. Aus seinem ersten Exil, der Insel Elba, war der Korse alsbald auf die Bühne der Machtpolitik zurückgekehrt. Diesmal ging man auf Nummer sicher. Entkommen oder Befreiung von außen schien auf St. Helena unmöglich. Napoleon ahnte das. Ein zeitgenössisches Bild zeigt ihn finsteren Gesichts an Deck der Fregatte »Northcumberland«. Als er von dort am 15. Oktober 1815 die Insel erblickte, soll er gesagt haben: »Das ist kein schöner Ort. Ich hätte besser daran getan, in Ägypten zu bleiben.« Eine Dame aus seiner Entourage drückte es so aus: »Diese Insel hat der Teufel geschissen.«

Tatsächlich lag unser erster Eindruck, als die »Starship« von Südosten näher kam, irgendwo zwischen Mondlandschaft, »Mad Max«-Kulisse und lebenslänglich. Doch St. Helena ist eine umgekehrte Mogelpackung. Kahl und feindselig wirkt nur der Mantel. Sobald wir uns in einem klapprigen Leihauto über Haarnadelkurven ins Innere vorarbeiten, läuft ein Reisefilm. Lanzarotes Lavalandschaften, mit Agaven und Ohrenkakteen. Die Fujicolor-grünen Hügel Irlands. Die duftenden Pinienhaine des Mittelmeerraums. Während feuchte Wolkenfetzen an der einen Bergkammseite hochlecken, brütet über der anderen die Sonne. Niedliche indische Krähen mit gefleckten Flügeln. Knallrote Kardinalvögel aus Madagaskar. Knorrige Coral Trees aus Südafrika. Grandiose Ausblicke in Täler und Schluchten. Oder auf den giftgrünen Sportplatz der Prince-Andrew-Schule, wo sie am Wochenende ganz in Weiß das mysteriöse Kricket spielen.

Unverwechselbar sind die Saints, wie sich die Insulaner selbst nennen. Ein Mischvölkchen, dessen Vorfahren madagassische Sklaven, chinesische Kontraktarbeiter, indische Händler, burische Kriegsgefangene und englische Soldaten waren. Braune Haut dominiert, in allen Abstufungen. Wer die Main Street von Jamestown hochschlendert, ein Stück lupenreines Miss-Marple-England, wird wie selbstverständlich gegrüßt. In einem sanften Singsang, in unterschiedlichen britischen Akzenten. Unablässig grüßen und zurückgegrüßt werden, das ist Inselkodex. Gilt auch im Straßenverkehr – Hand hoch, wenn dir jemand entgegenkommt. Gäbe es eine Hölle für Autisten, dann hieße sie St. Helena. Jedermann lässt sich jederzeit in einen Schwatz verwickeln. St. Helena ist ein Museum von Verkehrsformen, an die sich im Rest der Welt nur noch die Älteren erinnern.

Mit der Privatsphäre freilich, heilige Kuh im Mutterland, hapert es auf der Insel. Jeder weiß alles von allen, auch von deren Eltern und Urgroßeltern. Kunststück in einer Gemeinde, deren meistgenutztes Medium die Buschtrommel ist. Wer hartnäckig falsch parkt, schafft es damit schon mal in die Nachrichten des Lokalradios. Steckbriefe von vier Insulanern, die Randale machten, hängen in allen Läden aus, welche Alkohol verkaufen dürfen. Zwölf

Das Hochland St. Helenas ist grün, mild und sicher. Ideal für Touristen und Rentner – wenn es nicht so abgelegen wäre.

Monate ohne Stoff, das ist hart. Andererseits wird niemand, der was angestellt hat, von den anderen ausgegrenzt. Depressionen, Vereinsamung: not on this island! Ebenso wenig wie Handys, Kreditkarten oder ein eigenes Fernsehprogramm. Das Internet hat es hier schwer. Zu teuer, finden die Saints, und auch nicht wirklich interessant. Nirgendwo Werbeschilder. Sie lohnen sich nicht. Bei Gehältern, die nur ein Fünftel des britischen Standards betragen, kauft jeder nur das ein, was er wirklich braucht.

Isolation kommt von Insel. Als die »Starship«-Crew anbietet, Post zum 1000 Kilometer entfernten Ascension Island mitzunehmen, wo eine Militärmaschine zweimal wöchentlich nach England startet, hängt das Post Office eine Ankündigung aus. Rasch kommt ein großer, schwerer Sack zusammen. Die Post dauert ansonsten ja ewig. Ach, die Saints sind nicht so ganz von dieser Welt.

Ob das immer ein Nachteil ist? Im Pub des »Consulate«-Hotels, der führenden Trinkstätte von Jamestown, treffen wir Basil George, ehemals Lehrer, heute Lokalhistoriker, Inselführer, Witzereißer, Lyriker, Anekdotenerzähler. Basil gehört zu jener Minderheit der Insulaner, die schon einmal die kostspielige Reise nach England angetreten hat. Prompt der Kulturschock. »Konnte es nicht fassen, dass einen dort keiner grüßt«, sagt er. »Und wenn du im Bus jemanden fragst, wie geht's, was hast du heute vor, guckt der dich an wie einen Verrückten.« So etwa dürfte sich Crocodile Dundee in Amerika gefühlt haben.

Zugegeben, die Saints leben hinterm Mond. Damit fahren sie ganz gut. Als 1995 das Fernsehen eingeführt wurde – ein Programm der BBC und zwei aus Südafrika –, brachen viele in Tränen aus. Um die Bilder von Massengräbern in Ruanda zu ertragen, waren sie einfach nicht abgestumpft genug. »Bei uns werden die Toten besonders in Ehren gehalten«, sagt Basil. Tatsächlich stehen überall Steine und Gedenktafeln herum, auf denen der lieben Verblichenen gedacht wird.

Von ihrem prominentesten Leichnam zehrt die Insel bis heute. Das weitläufige Longwood House im Nordosten, wo die Engländer Napoleon und sein Gefolge die meiste Zeit interniert hielten, ist das Muss aller Touristen. 800 bis 1000 sind es pro Jahr, hinzu kommen Tagesbesucher von Kreuzfahrtschiffen wie der »QE 2«. Longwood gehört der französischen Regierung, ebenso wie The Briars Pavilion, sein Übergangsquartier. Schließlich gibt es noch die Grabstätte, in der er zwischengelagert war, bevor ihn Frankreich 1840 heimholte. Michel Martineau, Ehrenkonsul, Kurator und Hausmeister in einem, hält über allem die Trikolore hoch. Das Amt hat er von seinem Vater geerbt. Manchmal fühlt er sich selbst wie ein Verbannter, hier, am Arsch von St. Helena, wo dauernd Nebel wabern. »Ich hasse Longwood«, sagt er sachlich.

Aber das Leben im langen Schatten einer Legende birgt wohl auch Reize. Martineau führt mit verhaltenem Stolz das penibel in Schuss gehaltene Anwesen vor, in dem viele Originalstücke verblieben sind. Etwa die Wanne, in der Napoleon Stunden zu baden pflegte, oder sein Schreibtisch. »Longwood war für alle die Hölle«, sagt er. Ständig Hahnenkämpfe der Hofschranzen. Jeder wollte der Eckermann des romantischen Helden werden, zu dem sich der gefallene Herrscher mit großem Geschick stilisierte. Der Mythos Napoleon, da sind sich die Biografen einig, hätte ohne sein Ende auf St. Helena so nicht gedeihen können. Insofern triumphierte er posthum doch noch über seine Bewacher.

Der Autor Johannes Wilms hat die Treibhausatmosphäre von Longwood in dem Buch »Napoleon. Verbannung und Verklärung« mit Liebe zum Detail nachgezeichnet. Paranoia, Intrigen, Inselkol-

Die touristische Attraktion der Insel heißt Bonaparte. Seine Totenmaske kann man im Longwood House besichtigen.

ler. Ein bisschen Hurerei mit Sklavinnen, die man aus Jamestown kommen ließ. Ewige Querelen mit den Engländern, die das Anwesen von bis zu 3000 Soldaten bewachen ließen. Das Gezänk der Frauen. Und immer das gnadenlose Nichtstun.

Als der Ex-Kaiser 1821 mit 51 Jahren starb, lautete die Todesursache auf Magenkrebs. Freilich summen Gerüchte bis auf den heutigen Tag, Napoleon sei von einem seiner Gefolgsleute vergiftet worden, weil er sich dessen Frau genähert habe. Typischer Journalisten-Blödsinn, meint Martineau. Und total unlogisch. Schließlich hätten die Eingeschlossenen von Longwood ausnahmslos nach den Weisheiten des Ex-Imperators gefiebert, um sie später zu Papier zu bringen und damit reich und berühmt zu werden. Ein toter Napoleon war ein schlechter Napoleon.

Longwood ist Vergangenheit. Gibt es auch eine Zukunft? Selbst versorgen konnte sich das »Abhängige Territorium« Ihrer Majestät noch nie. Fast alle größeren Unternehmungen, wie die Ostindiengesellschaft, die Flachsproduktion und die Fischindustrie, gingen früher oder später den Bach runter. Sogar eine Brauerei, für die es auf St. Helena wahrlich genug Kunden gäbe, machte Konkurs. Das Zeug habe nach Aluminium geschmeckt, schaudern Einheimische noch heute. Ein modernes Kühlhaus bei Jamestown gammelt vor sich hin – keine Ware. 40 Prozent der Bewohner müssen auf Zeit in England, auf Ascension oder den Falklands arbeiten. St. Helenas Ökonomie ist eine Kette von Pleiten, Pech und Pannen.

Jahrhundertelang war die Insel ein strategisches Juwel, den Briten kein Preis dafür zu hoch. Vergessen, vorbei. England, das jährlich fast zehn Millionen Pfund hineinpumpt, ist des kolonialen Restpostens überdrüssig. Wie sagte Churchill, der Zyniker? »Es gibt zwei Arten von Kolonien. Die einen sind schwer zu behalten, die anderen schwer loszuwerden.«

1981 hatte die damalige Thatcher-Regierung mit Blick auf die nahende Unabhängigkeit Hongkongs die seit 1673 bestehende britische Staatsbürgerschaft der Insulaner widerrufen. Seither dürfen sie nicht länger als vier Jahre am Stück in England arbeiten. »Wir sind Gefangene auf unserer eigenen Insel«, klagen die Saints unisono. Dabei hätten sie auf den Falkland-Inseln treu für das Königreich gekämpft. Heute gibt es für sie nur einen Weg, dauerhaft in Großbritannien zu leben: sie müssten einen Mord begehen. Mörder werden aus Sicherheitsgründen ins Mutterland abgeschoben.

Was tun? Inselgouverneur David J. Hollambry, auf das Problem angesprochen, zeigt uns in seinem kolonialen Amtssitz »The Castle« erst mal die Bilder von königlichen Visiten. Sieh da, auch die Queen war hier! Als Prinzessin, 1947. Der letzte Royal ließ sich 1984 blicken, in Gestalt von Prinz Andrew. Alle Hoffnung gründet sich darauf, dass Labour an der Macht bleibt. »Die Blair-Regierung«, sagt der Gouverneur, »hat sich dafür ausgesprochen, die alten Rechte wieder in Kraft zu setzen.«

Könnte es die Insel schaffen, weg vom britischen Subventionstropf zu kommen? Vielleicht durch Zuwanderung, glaubt der Gouverneur. Neuerdings häuften sich Anfragen von älteren betuchten Weißen, die es in Südafrika mit der Angst bekämen. Für sie werde seine Insel der Sicherheit immer attraktiver. »Nachts allein durch deinen Ort zu gehen, ohne überfallen zu werden – purer Luxus«, habe eine Besucherin aus Johannesburg geschwärmt.

Manche glauben, allein ein Flugplatz schaffe Prosperität. Mit dem Anschluss ans Flugnetz könnten Investoren angelockt werden, vielleicht die Fischerei erblühen. Das Problem ist nur: Welche Airline würde einen Fleck im Atlantik bedienen? Andere sind von der Flugplatz-Idee sowieso nicht angetan. »Unsere paar Touristen kommen doch gerade deshalb, weil sie Ruhe und Abgeschieden-

Jeden Sonnabend spielt die Kapelle der Heilsarmee in der Markthalle: »I'm so glad that Jesus loves me«.

heit wollen«, sagt Stephen Biggs. Er führt das wunderbar weltentrückte Farm Lodge Country House Hotel im Inselinneren, wo man exklusiven Kaffee aus eigener Pflanzung serviert bekommt und Chablis trinkt, der in Napoleons persönlichem Weinkühler dümpelt. Den meisten ist der Airport Wurscht. Sie würden nie einen Flieger besteigen. Viel zu teuer. Und außerdem, echte Saints verlassen die Insel nur aus nackter Not.

Was soll mit St. Helena geschehen? Soll überhaupt etwas geschehen? Samstagsabend in Jamestown. Alle sind auf der Main Street unterwegs. Wie immer im Zeitlupengang, wie üblich um sich grüßend. Die wichtigen Leute natürlich auch. Der Polizeichef, sardonisch lächelnd, *very british indeed*. Der leutselige Pater der St.-James-Kirche mit dem Hemingway-Bart. Der wachsbleiche Chefredakteur Johnny Drummond vom Wochenblatt »St. Helena

News«, der nach ein paar Lions-Bieren so herrlich über die Inselgewaltigen hämen kann. Sein Kollege Tony Leo vom Lokalsender »Radio St. Helena«, dessen Credo lautet: »Niemals etwas senden, das Hass sät.« Colin Corker, der meistfotografierte Mann der Insel, der Touristen in seinem offenen Chevrolet-Bus, Baujahr 1929, herumkutschiert. Und die samthäutige Karen Ellick vom Tourismusbüro, die nicht sehr viele Kunden hat, dafür umso mehr Broschüren über die Wunder von St. Helena. Zum Beispiel über die schätzungsweise 170-jährige, aber noch immer liebestolle Schildkröte Jonathan.

Um halb acht spielt am Platz vor der Fischmarkthalle die Heilsarmeekapelle. *I am so glad that Jesus loves me, Jesus loves me, Jesus loves me*, geht der Refrain, und alle summen mit. Nicht, dass sie besonders fromm wären. Aber die Musik klingt hübsch, und mitsingen gehört sich einfach in einer Gemeinde, wo jeder jeden immerfort grüßt. Und der Besucher wird das Gefühl nicht los, es liefe ein Remake. »Local Hero 2«, gefilmt im Südatlantik.

Nach einer Woche legt die »Starship« ab. Schade eigentlich, denn es tut sich was auf St. Helena. Ein zwielichtiger Fremder ist aufgetaucht, der sich im Seglertreff »Ann's Place« eingenistet hat. Gerüchten zufolge versucht er, Edelsteine zu verscherbeln. Die Polizei ermittelt mit Hochdruck. Weiter so, Royce! Null Toleranz! *Crime shall never pay*.